A María Mercedes Garcés, mi abuela.

MJF

Para C.

ZC

El idioma secreto

María José Ferrada

Ilustraciones de

Zuzanna Celej

FAKTORÍA K DE LIBROS

El idioma secreto me lo enseñó mi abuela.

Y es un idioma que nombra las plantas de tomate, la harina, los botones.

Un día me llamó.

Me dijo que antes de que la muerte se la llevara quería entregarme algo.

Mi herencia era una caja de galletas con ovillos de lana y boletas de ferretería.

Ahí dentro estaban las palabras.

Aprendí el arte de hacer planetas de lana.
Los hago de todos los tamaños y colores.
Armo una galaxia de abrigo y luego la desarmo.
De mis ovillos salen hebras
que cruzan las paredes de mi casa de una esquina a la otra.
Hebras que cuelgan de las lámparas
y florecen desde los armarios como enredaderas.
Colgamos de ellas los columpios en los que Dios juega a veces.

Dios y las arañas blancas.

Mi abuela ponía semillas en tazas, potes vacíos de yogurt
y ollas viejas
que al llegar la primavera florecían.
Y era una primavera en la que no había horario ni había escuela.

Mi abuela hacía pequeñas camas de tierra para alojar la luz.
Tazas, potes vacíos de yogurt, ollas viejas y dedales,
de los que brotaban todo tipo de plantas.

Recuerdo especialmente la menta
porque de ella colgaban los pequeños fantasmas de la familia.
También la manzanilla.
El cedrón.

Fue un invierno especialmente lluvioso.
Alguien encendió la chimenea.
Puse una miga de pan en mi espalda.

Y me fui con las hormigas.

Había seres que cruzaban la huerta
cuyo paso asociábamos a la buena suerte.
El santuario de la hierba y su panteón:

El dios conejo,
el dios diente de león.

La mariposa nocturna.

Había tarros de pintura en los que mi abuela guardaba el trigo.
Trigo que se transformaba en harina y luego en pan.

Había tarros de luz.

Los plumones eran tibios y livianos como nube de marzo.
En ellos se mezclaban las plumas con la luz de la huerta
a las seis de la tarde.
Por eso el abrigo.
Comenzaba nuestra leve educación:

En sueños,
aprendimos el idioma de los pájaros.

También había estrellas
que solo aparecían en el cielo de los pobres.
Y mi abuela sabía hacerlas brillar.
En esa galaxia, los huevos de cáscara azulada
ocupaban un lugar preferido.
Las gallinas nos daban a veces ese regalo,
y mi abuela lo depositaba con cuidado
en el bolsillo de su delantal.
Pasan los años
y yo no sé dónde se van los días cuando finalmente se van.

Pero recuerdo las mañanas
y esos pequeños soles
iluminando la mesa junto al pan del desayuno.

Mi abuela guardaba todo en pañuelos:
botones,
llaves.
Incluso una pequeña fotografía en blanco y negro de mi abuelo.
Me gustaba ver como abría con sus manos esos nidos de tela.
Mirar aparecer las cosas
como si fueran pequeños cometas
que se apresuraban a brillar frente a mis ojos.
Tiempos en que todo cabía en un pañuelo.

También el cielo.

Recuerdo que pasé el día inventando un idioma con migas de pan.
Que abrí las ventanas y me quedé frente a la mesa
durante toda una noche
esperando que un fuerte viento se llevara mi poema.
Fue el invierno más frío de la década.

Vinieron días y días de regaños, aspirinas y paños fríos.

Pero en medio de la fiebre,
las palabras volaron una a una de la mesa
y se fueron a vivir junto a los pájaros.

Todos los vendedores del mundo pasaban por casa.
Y a veces comprábamos uno o dos tesoros.

Recuerdo especialmente al vendedor de castañas,
al vendedor de moras.
Al vendedor de leña y su secreto de humo.

Nadie habló del pequeño naranjo que por primera vez
dio frutos dulces y jugosos.

Tampoco de las magnolias
que ese año durmieron más que de costumbre.

No nombraron siquiera el corazón de las luciérnagas.

Rayé la hoja de marzo.
Dio igual.

El Almanaque del 84 no decía nada.

Pasé la tarde sentada en la rama más alta.
Y entonces lo supe.
Fui corriendo a contárselo a mi abuela.

El cerezo que crecía en nuestra huerta
sostenía la tierra
en su columpio de raíces.

Mi abuela aprendió a leer con una Biblia
y fue el único libro que leyó en su vida.
No había día en que alguien no tocara a su puerta
pidiendo un plato de comida.
Y había poco, pero siempre había algo.

Mi abuela leyó un único libro en su vida.

Pero aprendió a multiplicar
el pan,
los peces.

En el verano se sacaba la lana a las ovejas.
Días lavando en el río esas nubes de abrigo
de las que saldrían en fila nuestros trajes de invierno.

Bufandas,
chalecos,
calcetines.

Las ovejas,
y el río.

El recuerdo es borroso como niebla,
pero me abrigo con él
cuando hace frío.

Hice un largo hilo de hierba
y lo deposité en uno de los nidos.

En tres semanas mi abrigo estuvo listo.

Botones de maíz,
cinturón de menta
y bolsillos de morera.

El tiempo pasa
y sueño a veces con el armario
que crece al final de los bosques.

En su interior,
el pequeño abrigo brilla
como lo que fue:
un regalo de los pájaros.

Tarde de labores:
Tejí un saltamontes y dos mariposas.
Mi abuela me ayudó con las antenas
y luego me llevó de la mano hasta los girasoles.

Sacamos los insectos del canasto
y los depositamos con cuidado entre los pétalos.
Cuando los perdí de vista en ese mar amarillo
derramé un par de lágrimas
que mi abuela secó con su delantal.

Luego la tarde siguió su curso.
Porque así era la vida.

En las dalias
vivían pequeños dioses,
que florecían al costado de la flor
siempre amarillos, naranjas,
violeta.

Era un secreto que se guardaba con cuidado
como se guarda una estrella en el bolsillo.

Había dioses pequeños en las dalias.
Y yo cada tarde les llevaba
el agua.

A veces íbamos juntas a la ciudad
y era una fiesta.

Yo,
abrigo de alas.

Mi abuela,
corona de higos.

Me pregunto si alguien reparaba en la felicidad
de esas princesas campesinas
que se paraban de la mano -toda una tarde por delante-
frente a los escaparates.

No hay un recuerdo igual al otro.

Y este tiene el perfume del azúcar,
los jazmines.

Los caballos salían de la memoria de mi abuela
a pastar sobre la mesa.
Recuerdo su galope por el mate.
El descanso en las castañas y la miel.
El padre y los hermanos de mi abuela,
montados en pequeños caballos
cruzando la cordillera del pan y de la leche.

No hay un recuerdo igual al otro.

Y este no se deja arropar.
Aunque haga frío.

Cuando mi padre nació,
mi abuela bordó para él una pequeña sábana blanca.
Descubrí en un cajón ese pedazo de tela
en el que aún se distingue lo que un día fueron
cuatro flores y un pájaro celeste.

Cuando mi padre nació,
mi abuela bordó para él una pequeña explicación de la vida.

Llegas al mundo un día.
Te abrigarán las flores y los pájaros.

Pensaba que las calas eran tazas.
Y tomaba en ellas la leche de la tarde.
Mis únicos invitados eran los caracoles
y una nube blanca de la que sacaba el azúcar para mi merienda.

El abuelo titilaba en las flores del manzano.

Y todo
era perfecto.

A veces, al caer la tarde, llegaba a casa un fantasma nuevo.
Lo recibíamos con el pan recién horneado
y un perfume de membrillos.

Los conejos silvestres y yo,
escuchábamos sus cuentos y le hacíamos preguntas
sobre las nubes y jazmines de su país natal,
que él respondía
amable y dulce.

Cuando llegaba el silencio,
le dábamos la bienvenida a la familia
y le hacíamos una cama tibia en la maceta.

Después me iba a dormir
y los conejos volvían a la huerta.

Esperé que se pusiera el sol sobre los girasoles
y recolecté todo el amarillo que cabía en mi canasto.

Recuerdo que pase la tarde dibujando una fila de polluelos
que salieron del cuaderno
y se perdieron allá por los atardeceres,
las colmenas.

Los recuerdos comenzaron a pasearse por la casa
y mi abuela tejía pequeños abrigos
para cada uno de ellos.

La oveja que llevaba cencerro,
el hilado de la lana
y el vestido azul que mi abuelo le regaló con su primer salario.

Los recuerdos
caminaban por los pasillos y luego se escondían
dentro de las lámparas,
el azucarero,
los ovillos.

Nuestra despedida comenzaba.
Afuera florecían los ciruelos.

A veces nos visitaban los parientes del sur:
gorriones, mirlos, saltamontes.

Poníamos en la hierba migas de pan
y tazas
que llenábamos de miel y de rocío.

De los parientes lejanos,
recuerdo a alguno que pasaba en forma de nube.

También el canto y los zumbidos
alrededor del sol.

Cuando la tarde terminaba
nos despedíamos con abrazos y ramos de cerezas.

Y todo seguía,
alegre,
el camino de los vientos.

Cuando llegaban las nubes con su lana negra y sus cascadas,
mi abuela me ponía la manta,
un dios en el bolsillo
y las botas.

La recuerdo mirando desde la ventana
como me internaba en la huerta
a realizar mi tarea dulce y preferida:

Recoger el abrazo del viento.
Guardar entre la lana el idioma de la lluvia.

Con los restos de lana de ese invierno
mi abuela tejió para mí una sombra de ciervo.

Y confundí con ella a los árboles,
al viento,
a la maestra.

La noche disolvió lentamente mi regalo
en su mantón agujereado.

Pero mi sombra de ciervo cruza a veces el umbral de los días.
Y vuelve.

Lo anoto todo en el cuaderno de los recuerdos y las apariciones.

Las manos de mi abuela eran dos nidos tibios
donde volvíamos
luego del vuelo por los sauces y los limoneros.

Y cuando se van los días que sin querer se llevan con ellos
el tiempo de los pájaros,
sigo las migas de pan con las que marcamos el sendero
desde la puerta de casa
hasta el corazón de los árboles.

Vuelvo por él
a las horas en las que el sol brillaba al alcance de la mano.

Vuelvo al tiempo de las maravillas.

A veces llegaba algún zorro,
con su manta de trigo.

Lo veíamos atravesar la huerta,
como si se tratara de un pariente querido
o de un pequeño hilo del sol.

Dejábamos para él secretos envueltos
con aroma a calabaza.
Un poco de pan o de bizcocho.

Él tomaba esos regalos,
y parecía agradecerlos, así, con las orejas.
Luego seguía su camino.

Quedábamos esperando una nueva visita.

La carrera entre la hierba,
las noticias de la luz.

Quería un idioma
para nombrar nuestros recuerdos.

Un idioma secreto con palabras de pájaros y colmenas.
Un idioma de higos.

Pasé todo un verano buscando las semillas
para construir ese alfabeto.
Y ese fue también el último verano de mi abuela.

Vinieron días y días de silencio
luego de que mi abuela se convirtiera en mariposa.

Pero llegó la primavera
y comenzó otra vez
la marcha de los caracoles al ritmo de los brotes.

Entonces pasó.
Nuestra memoria floreció de pronto
en las nubes,
en el viento,
en la historia del manzano.

El idioma secreto me lo enseñó mi abuela.
Y es un idioma que nombra las plantas de tomate, la harina, los botones.
Un día me llamó.
Me dijo que antes de que la muerte se la llevara quería entregarme algo.
Mi herencia era una caja de galletas con ovillos de lana y boletas de ferretería.
Ahí dentro estaban las palabras.

Y con ellas
hice mi habitación en el mundo.

FSC
www.fsc.org
MIXTO
Papel procedente de fuentes responsables
FSC® C104983

Italia, 37. 36162 Pontevedra
Tel: 986 86 02 76
faktoria@faktoriakdelibros.com
www.faktoriakdelibros.com

Faktoría K de libros es un sello editorial de Kalandraka

Impreso en Gráficas Anduriña, Poio
Primera edición: marzo, 2013
ISBN: 978-84-15250-49-4
DL: PO 79-2013

Obra ganadora del V Premio de poesía para niños «Ciudad de Orihuela»

El jurado estuvo formado por:

Rosa Martínez, Ramón Lloréns, Manuel García, Xosé Ballesteros y Manuel Ferrer.

AQUARIUM VRAAGBAAK

AQUARIUM VRAAGBAAK

Gina Sandford

FONTAINE UITGEVERS

Projectredactie
Jill Fornary
Beeldredactie
Helen Diplock
Eindredactie
Francis Ritter
Vormgeving
Derek Coombes
DTP
Sonia Charbonnier
Beeldresearch
Mariana Sonnenberg
Aquaria en speciale fotografie
Frank Greenaway
Productie
Kevin Ward

Oorspronkelijke uitgave: *Aquarium Owners Manual*
Verschenen bij Dorling Kindersley Limited,
London (eerste druk 1999)
Vertaling en bewerking: Peter Heukels

ISBN 90 5956 148 1
NUR 434

Inhoud

Inleiding 6

Historische aquaristiek 8 • Vissen begrijpen 14

Zoetwater- en brakwateraquaria 30

Labyrintvissen 34 • Meervallen 38 • Karperzalmen 44
Cichliden 54 • Karperachtigen 62 • Modderkruipers 74 • Killivissen 76
Levendbarenden 78 • Regenboogvissen 84 • Koudwatervissen 88
Brakwatervissen 94 • Zoetwaterplanten 102

Het zeeaquarium 110

Anemoonvissen 114 • Juffertjes 116 • Keizersvissen 120
Koraalvlinders 124 • Doktersvissen 130 • Trekkervissen 132
Lipvissen 134 • Andere tropische zeevissen 136
Vissen uit koude zeeën 146 • Tropische ongewervelden 150
Koudwater-ongewervelden 154 • Mariene algen 156

Hoe zet ik een aquarium op?

Aquariumapparatuur 160

Bak en Onderstel 162 • Filters 164 • Luchtpompen 168
Verwarming en Koeling 169 • Verlichting 170 • Substraten 172
Water 173 • Decoratie en Accessoires 174

De inrichting van het aquarium 176

Eerste toebereidselen 178 • Nieuwe zoetwaterbak 180
Tropisch zoetwateraquarium 184 • Zachtwateraquarium 186 • Riftvallei-aquarium 188
Koudwateraquarium 190 • Nieuw brakwater- en zeeaquarium 193-194
Brakwateraquarium 194 • Tropisch zeeaquarium 196 • Rifaquarium 198

Vissen en hun verzorging 200

Omgaan met vissen 202

Overwegingen vooraf 204 • Vissen kopen 206
Nieuwe vissen inzetten 210 • Vissen observeren 212 • Vissen uitvangen 213
Watereigenschappen 214 • Aquariumonderhoud 217

Voedsel en voedering 218

Wat eten vissen? 220 • Aquariumvoer 222 • Voer aanbieden 225

Vissen gezond houden 226

Primaire gezondheidszorg 228 • Vaak voorkomende ziekten 230

Aquariumvissen kweken 234

Een kweek opzetten 236 • Kweekbak voor vrijleggers 240
Kweekbak voor substraatleggers 241 • Kweekbak voor bodemleggers 242
Kweekbak voor muilbroeders 243 • Kweekbak voor nestbouwers 244
Kweekbak voor levendbarenden 245 • Commerciële kweek 246

Register van soortnamen 248 • Zakelijk register 252 • Verantwoording 256

INLEIDING

HISTORISCHE AQUARISTIEK

VISSEN HIELD MEN eerst alleen om praktische redenen in gevangenschap: als bron van voedsel. De aquaristiek als hobby begon pas toen men uit nieuwsgierigheid vreemd gekleurde exemplaren apart ging zetten en selectief probeerde voort te kweken. Vooral in China begon men al vroeg karperachtigen massaal in vijvers te kweken, niet alleen in afwijkende kleuren maar ook met vreemd gevormde romp en vinnen. In de 15de eeuw kwamen gekleurde karpers naar Japan. Nog geen eeuw later hadden ze Europa bereikt en ook in Amerika werden al voor 1900 goudvissen gehouden.

DE EERSTE AQUARIA

De eerste moderne aquaria ontstonden vermoedelijk vroeg in de 19de eeuw. Uit de vroegste jaren hebben we maar een paar berichten over vissen die langere tijd in een glazen pot gehouden werden. De doorbraak kwam in 1850, toen ene R. Harrington in een artikel in een Brits scheikundig tijdschrift beschreef hoe hij een aquarium lange tijd stabiel had weten te houden. Dat trok veel aandacht, en het houden van vissen werd populair.

In 1852 bouwde de Londense Dierkundige Vereniging het eerste publieke aquarium, dat een jaar later werd geopend. In de dierentuin van Surrey, ook in Engeland, kwam weldra een tweede te staan, en het duurde niet lang of iedere grote stad in Europa had er een, met zowel zoet- als zeewaterbakken. Het publiek kwam er in drommen op af.

De eerste amateur-aquariumhouders hielden meestal inheemse vissoorten. In plaatsen langs de kust probeerde men zeedieren te houden; landinwaarts kon men haast alle levensvormen van het zoete water in aquaria tegenkomen. Zoetwatervissen waren meestal makkelijk te vangen, maar aquariumboeken uit die tijd gaan toch vaker over koudwater-zeevissen. Veel inheemse waterplanten die in de oudere literatuur worden genoemd, zijn nu helaas zeldzaam geworden door de watervervuiling.

In Victoriaans Engeland werden aquaria al snel een modieus stukje huisraad. Men kon ze echter nog niet kant-

Gekleurde karperachtigen waren misschien wel de eerste vissen die voor de sier werden gehouden. De moderne, door mensen gemaakte goudvisvariëteiten lijken vaak nog maar weinig op die oervormen, maar zijn daar wel nauw aan verwant. Goudvissen zijn nog steeds machtig populair, vooral bij beginnende aquariumhouders.

◁ EEN SCHOOL ZWARTSTAARTJUFFERTJES BOVEN EEN KORAALRIF.

en-klaar kopen; veel boeken uit die tijd beschrijven dus gedetailleerd hoe men er een bouwt. De modellen waren vaak meer decoratief dan functioneel. De constructie was vaak van hout dat met teer waterdicht gemaakt was, en met alleen een glazen voorruit; ook leisteenwanden kwamen voor. Er waren ook allerlei glazen vaten en potten te koop, maar het zelfgemaakte aquarium was meestal langwerpig en paste precies in een nis in de muur, zodat het goed te zien was.

Het houden van vissen werd snel een populaire hobby, en er waren enthousiastelingen die steeds meer gecompliceerde bakken probeerden te construeren. In 1857 schreef H. Noel Humphreys in zijn boek *Ocean and River Gardens*: "Het zal niet lang duren of we hebben ook tropische aquaria,

In de oertijd van de aquaristiek werden fantasievolle bouwsels ontworpen, zoals dit decoratieve tafelstuk. Het bestaat uit een rond, cilindrisch vat en huisvest inheemse vissen en planten. Aldus functioneert het deels als een soort vaas, deels als aquarium.

De eerste aquarianen maakten gecompliceerde onderstellen voor hun bakken. Helaas zal het fraaie metalen frame van dit zeeaquarium de bewoners ervan door zijn giftige werking weldra noodlottig zijn geworden. Vers zeewater en zeedieren kon men destijds wel langs onvervuilde kusten inzamelen.

waarin de temperaturen en andere eigenschappen van de zeeën tussen de keerkringen met succes zullen worden nagebootst."

De basisprincipes

Die meneer Humphreys had een vooruitziende blik. Hij voorspelde niet alleen de uitvinding van verwarmingselement en thermostaat, dankzij welke we nu de meest uiteenlopende dieren in aquaria kunnen houden, maar hij was ook een van de eersten die het belang inzagen van waterchemie bij het houden van vissen. Ook herkende hij een principe dat zelfs nu nog door veel aquariumhouders wordt veronachtzaamd, namelijk dat er niet te veel vis in de bak mag zwemmen. In een reactie op het aquarium van een kennis schreef hij: "Hoewel zijn interessante bak er niet overbevolkt uitzag, ontdekte hij al spoedig dat de grens van het toelaatbare was overschreden en dat dieren niet kunnen leven als ze ieder slechts een vierkante duim ruimte krijgen toegewezen."

Zoals Humphreys had voorzien kwamen allengs verwarmingstoestellen, lampen en filtersystemen in gebruik, al waren de eerste modellen nog erg primitief. De eerste verwarmde aquaria hadden vaak een bodemplaat van leisteen, met daaronder een kleine petroleumbrander. Nadat elektrische verwarmingselementen en thermostaten waren ontwikkeld, ging men aquaria van glas maken, in een metalen frame.

Voordat er televisie was, vormde het aquarium vaak het brandpunt van het gezinsleven. Niet afgeleid door zulke nieuwerwetse zaken, waren de eerste liefhebbers vaak met gretige ogen bij hun bakje te vinden, en vaak schreven ze hun waarnemingen ook nog gedetailleerd op. Daar kunnen we nog steeds veel van leren.

NIEUWE HORIZONTEN

Naarmate de apparatuur werd verbeterd, begonnen aquariumhouders ook verder uit te zien naar leuke vissen om te houden. De hobby was al een beetje ingezakt omdat men genoeg kreeg van de nogal saaie inheemse soorten die algemeen verkrijgbaar waren. In de oudste aquariumboeken komen maar heel weinig uitheemse soorten voor; daaronder was ook de Goudvis. In publicaties uit 1858 (VS) en 1890 (Engeland) lezen we dat de Goudvis, hoewel als koudwatervis geboekstaafd, toch uit warmere luchtstreken afkomstig is en een watertemperatuur van 27 °C goed kan doorstaan.

De aquariumhobby herleefde door de import van bontgekleurde tropische soorten zoals de Paradijsvis, die omstreeks 1876 in Duitsland bekend werd en in 1890 ook voor Engeland wordt vermeld. Van nu af zou de liefhebberij alleen maar aan kracht winnen. Overal werden aquariumverenigingen opgericht, die tentoonstellingen hielden en prijzen uitloofden. De hobby werd zo toegankelijk voor een groot publiek en beleefde een bloeitijd in de sobere jaren

Na de introductie van tropische soorten duurde het net als bij de Goudvis ook weer niet lang voor de importeurs, kwekers en amateurs ze door selectieve kweek begonnen te 'verbeteren', waarbij verschillende teeltlijnen met bepaalde gewenste eigenschappen ontstonden. Door moderne kweekmethoden heeft men allerlei nieuwe variëteiten van vissen gewonnen. Deze oranje-met-zwarte Zeilvintandkarper is het resultaat van zo'n teelt in zuivere lijnen, en hij verkoopt goed.

tussen de beide Wereldoorlogen.

Toch moesten er toen nog veel nuttige zaken worden uitgevonden. Een zeewateraquarium was indertijd haast niet in stand te houden, want het metalen frame ging roesten en bracht gif in het water, waaraan veel zeedieren stierven. Om dat te voorkomen werd het frame gegalvaniseerd, meervoudig gelakt of van roestvrij staal gemaakt. De echte doorbraak kwam echter pas in de late zestiger jaren, met de uitvinding van siliconenkit. Daardoor kon men aquaria voor het eerst geheel van glas maken, in allerlei vormen en maten. Men kon de bakken ook eenvoudig verplaatsen zonder dat er lekken ontstonden tussen glas en stopverf. Hoekijzer-aquaria raakten uit de mode, al bracht men soms nog een plastic frame aan, louter voor de mooiigheid.

Een aquarium kan nooit de pracht en verscheidenheid van een koraalrif ten volle nabootsen. Maar dankzij de techniek komen we daar toch bij in de buurt: namelijk bij de grote showbekkens van publieke aquaria, waarin we de vissen heel natuurlijk op elkaar zien reageren.

MODERNE AQUARIUMSTIJLEN

Vaak wordt nu plastic (acryl) gebruikt in plaats van gewoon glas, als men aquaria met ongebruikelijke vormen wil maken, zoals zeshoekige. Deze 'buitenmodellen' zijn ook niet bijzonder duur meer, prettig licht in gewicht, en omdat er steeds hardere, meer krasbestendige plasticsoorten worden gemaakt, vormen ze een acceptabel alternatief voor de glazen bak. Het traditionele rechthoekige onderstel heeft veelal plaatsgemaakt voor fraaie en tevens functionele kastombouwen waarin men allerlei achtergronddecoraties kan verwerken.

Alle aquarium-accessoires zoals ver-

Tropische zoetwatervissen blijven onveranderlijk de troeteldieren van de hobby. Ze zijn gemakkelijker te houden en ook te kweken dan zeevissen, en worden door de handel vaak sterk doorgefokt, waarbij steeds nieuwe, kleurige variëteiten ontstaan. Meestal zijn zoetwatervissen sterker dan zeevissen, en doorstaan ze dus beter het transport. En wat wellicht het leukste is: ze kunnen ook door amateurs worden voortgekweekt.

warmingen, lampen, filters en luchtpompen zijn voortdurend verbeterd, veiliger en efficiënter geworden. Niet alleen de apparatuur maar ook veel vissen zijn 'high-tech' geworden, met verlengde vinnen, fellere kleuren en vreemde lichaamsvormen. Men kan er over twisten of zulke selectieve kweekmethoden wel ethisch verantwoord zijn.

Men begint zich toenemend zorgen te maken over het welzijn van vissen, niet alleen als individueel dier, maar ook over de soorten in hun geheel. Veel dierentuinen en publieke aquaria proberen bedreigde soorten in gevangenschap te kweken, vaak in samenwerking met ervaren particuliere aquariumhouders. Op die manier hoopt men de soorten te kunnen behouden, en ook levert dat veel nieuwe kennis en waardering op.

VISSEN BEGRIJPEN

VAN ALLE LEVENDE gewervelde dieren hebben de vissen het langst kunnen evolueren, wel zo'n 350 miljoen jaar. Dat heeft geresulteerd in een grote verscheidenheid van soorten en ondersoorten, elk met zijn eigen, unieke eigenschappen en aanpassingen aan het waterleven. Maar waarom is de vorm van vissen per soort nu eigenlijk zo verschillend? Waarom is de ene vis veel kleuriger dan de andere? Waarom zien hun vinnen er zo gevarieerd uit? Al deze verschillen zijn zinvol, en met een beetje basiskennis van de anatomie en fysiologie van vissen kunt u de oorzaken van hun uiterlijk en gedrag beter begrijpen. Begrip voor het functioneren van vissen in hun natuurlijke leefomgeving is ook onmisbaar als u ze met succes in het aquarium wilt houden.

ANATOMIE VAN EEN VIS

Vissen kunnen heel verschillend gevormd zijn, maar ze zijn toch steeds volgens hetzelfde grondplan gebouwd. De tekening laat de voornaamste onderdelen van het vislichaam zien.

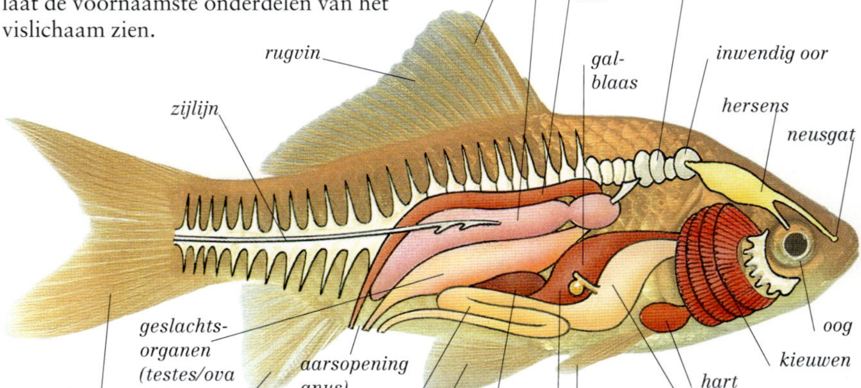

GEWICHTLOOS IN WATER

De meeste vissen bewaren moeiteloos hun positie in het water; ze gaan niet drijven en zinken ook niet. Dat vermogen danken ze aan hun unieke zwemblaas. Deze is met gas gevuld, wat de vis juist genoeg drijfvermogen geeft om zijn eigen gewicht gelijk te maken aan dat van het water. Bij sommige vissen wordt gas in en uit de zwemblaas gelaten door een speciaal luchtkanaal; bij andere soorten is de zwemblaas gesloten en wordt gas uitgewisseld via het bloedvaatstelsel. Bij bodemvissen is de zwemblaas vaak gereduceerd, want ze hebben minder drijfvermogen nodig. Sommige vissen maken knorgeluiden door de zwemblaas via de omringende spieren in trilling te brengen. De zwemblaas dient ook als trommelvlies; trillingen worden via een reeks benen 'hefboompjes' of door uitsteeksels van de zwemblaas naar het inwendige oor overgebracht.

◁ EEN SCHOOL ROODNEUSZALMEN IN EEN ZACHTWATER-AQUARIUM.

Lichaamsvormen

Water heeft een veel hogere dichtheid dan lucht, en dus moeten waterdieren veel meer energie in hun voortbeweging steken dan landdieren. Een gestroomlijnde vorm helpt daarbij; daarom is de romp van vissen die veel zwemmen in dynamisch opzicht efficiënter dan bij vissen die weinig van hun plaats komen. Lichaamsvorm en leefwijze zijn sterk met elkaar verbonden en op zich ook weer een afspiegeling van de natuurlijke leefomgeving, het voedsel en de wijze van vergaring.

Spoel- of torpedovormig

Om langdurig te kunnen doorzwemmen heeft de Neontetra, net als veel andere karperzalmen en voornachtigen, een rompvorm die de weerstand in het water minimaliseert. De spoelvorm blijkt voor vissen uit open water het meest efficiënt.

Zijdelings samengedrukt

Vissen met een hoog, dun, samengedrukt lichaam zoals deze Blauwe discusvis vindt men in zwak stromend water, waar ze vaste plekken bewonen en veel tussen de begroeiing zwemmen. Door hun schijfvorm kunnen ze niet met snelle stroming overweg.

Sterk gekielde buik

De diepe, kielvormige buik van bijlzalmen is sterk gespierd, en daardoor kunnen ze goed boven water springen, waarbij ze sturen met de hoog aangezette borstvinnen. Zo ontsnappen ze aan roofdieren en vangen ze zelf vliegende muggen.

Rechte ruglijn

Een rechte rug zien we vooral bij vissen van het oppervlak, zoals veel killivissen (hier *Aplocheilus lineatus*), en ook weer de bijlzalmen (zie linksonder). Ze kunnen daardoor gemakkelijk voedsel aan het oppervlak of iets daarboven grijpen.

In doorsnee driehoekig

De meeste bodembewonende meervallen, zoals deze Gevlekte pantsermeerval, hebben een platte buik waarmee ze goed vastliggen op de bodem van snelstromende wateren. De kracht van het water op de flanken duwt ze tegen de grond.

Aal- of wormvormig

Aalvormige vissen zoals deze Botervis vindt men meestal op de bodem, waar ze al kronkelend in kleine holten en door spleten kunnen glippen. Vaak kunnen zulke slanke vissen zich ook in het zand ingraven.

BEKVORMEN

DE BEKSTRUCTUUR VAN VISSEN bepaalt wat en hoe ze kunnen eten. Vissen kunnen piscivoor (vis-etend) zijn, of insectivoor (levend van ongewervelden), of herbivoor (planten-etend), of gespecialiseerd op fytoplankton dan wel zoöplankton, of zelfs op visschubben. Vaak ook passen ze in een aantal categorieën van specialisatie. De bek is door grootte en stand optimaal op de voedselopname ingesteld en laat zien welk dieet de vis prefereert.

EINDSTANDIGE BEK

Een eindstandige bek zoals bij deze *Nannostomus*-soort en veel andere vissen uit de middelste waterlagen zit aan de snuitpunt en wijst recht vooruit. Boven- en onderkaak zijn even lang.

ONDERSTANDIGE BEK

Bij vissen die hun voedsel op de bodem zoeken, zoals deze modderkruiper, is de onderkaak korter dan de bovenkaak; de bek is dus omlaag gericht. Gevoelige tastdraden komen bij dit type veel voor.

BOVENSTANDIGE BEK

Bij oppervlaktevissen zoals deze schuttervis, maar ook bij sommige planteneters (bijv. *Anostomus*) is de onderkaak langer dan de bovenkaak. Zo kunnen ze beter voer van het oppervlak halen.

UITSTULPBARE BEK

Een uitstulpbare bek zien we vaak bij roofvissen, zoals bij deze Ramirezi. De structuur is gecompliceerd en staat verwijding en het plotseling uitschieten van de bek toe, tijdens de jacht op voedsel.

ZUIGBEK

Deze *Ancistrus*-meerval leeft in snelstromende beken en zuigt zich daar aan stenen vast. In de zuigmond zitten rasptanden waarmee de vis algen van stenen kan schrapen.

STERK VERLENGDE BEK

De Groene snavellipvis kan met zijn lange snuit voedsel uit diepe spleten van koraalriffen halen. Ook in zoetwater leven zulke vissen; zij peuteren hun voedsel uit het zand.

HET GEBIT VAN VISSEN

De meeste vissen hebben tanden; vorm en plaatsing daarvan worden door het dieet bepaald. Bij beenvissen bestaan de tanden uit dentine met een glazuurlaagje, en ze bevatten een pulpaholte met zenuwen, bloedvaatjes en bindweefsel. Afhankelijk van de soort vindt men tanden op de kaken, in de mondholte, in de keelholte, of een combinatie daarvan. Soms staan ze in paren (eentje in functie, de andere klaar om hem te vervangen), of worden ze in een rij gewisseld. Kaaktanden hebben 1, 2 of 3 toppen. Tanden in de mondholte komen voor op verhemelte en mondbodem; zulke tandvelden zien we bij veel meervallen. Keeltanden zijn ver naar achteren geplaatst, bijvoorbeeld op de onderste keelbeenderen van cichliden: fijne, dunne naalden bij planktoneters, krachtige dolken bij roofvissen en platte, stevige maalkiezen bij slakkenkrakers. Karperachtigen hebben geen kaaktanden, maar wel allerlei keeltanden op een van de kieuwbogen, om hun speciale dieet mee te verwerken. Roofdieren zoals de Rode piranha hebben sterke kaken en scherpe snijtanden, om vlees van hun prooi te trekken; de tanden staan hier vaak naar binnen, zodat de prooi in de bek blijft.

De huid van vissen

Zoals alle gewervelden zijn ook vissen bedekt door twee huidlagen – een onderhuid (dermis) met bloedvaatjes en zenuwen, en een dunnere opperhuid (epidermis) die afslijt en voortdurend moet worden vervangen. Veel (maar lang niet alle) vissen hebben schubben, die per soort kunnen verschillen in grootte, structuur en aantal. Als de beschubbing (deels) ontbreekt, is de opperhuid dikker. In de onderhuid wordt huidslijm gevormd, waardoor de vis glibberig aanvoelt.

Schubben

De meeste moderne beenvissen zijn meer of minder volledig met schubben bedekt. Ze zijn plaatvormig, bestaan uit stoffen die op tandbeen of glazuur lijken, en ze overlappen elkaar dakpansgewijs; aldus glijdt het water er gemakkelijk langs. Bodembewonende vissen missen vaak schubben op de buikzijde, waar ze gemakkelijk zouden losraken als de vis in de snelle stroming tegen het substraat botst. Sommige vissen, zoals pantser- en harnasmeervallen, hebben geen schubben maar benige huidplaten, die al in de vroege jeugd worden aangelegd door verbening van huidplooien. Weer andere vissen hebben noch schubben, noch huidplaten, maar zijn bedekt met een dikke, taaie huidlaag; dit zien we vaak bij bodemvissen. Vaak kunnen soorten worden onderscheiden aan het aantal schubben in de lengterichting.

Ctenoïdschubben

Ctenoïdschubben hebben een kamvormig getande rand aan de vrije achterzijde. Vissen met dit type schubben, waaronder veel baarsachtigen, kunnen vasthaken in het netje als men ze uit het aquarium probeert te vangen.

Cycloïdschubben

Cycloïdschubben hebben een gladde achterrand. Ze zijn rond en overlappen elkaar sterk, zodat maar ongeveer 20% uitsteekt. Bij vergroting zijn groeiringen zichtbaar, overeenkomend met perioden van snelle en langzame groei.

Ganoïdschubben

Dit is een archaïsche vorm van rompbedekking, met een meer oorspronkelijke structuur dan de hiervoor genoemde typen. De schubben liggen grotendeels vrij en zijn met een klein, kort aanhangsel in het weefsel verankerd.

Beenplaten

Bij pantser- en harnasmeervallen ontstaan al bij de pas uitgekomen larven huidplooien die naderhand verbeend raken en beenplaten vormen. Deze pantsering bestaat niet uit echt been, maar uit verbeend bindweefsel.

Naakt

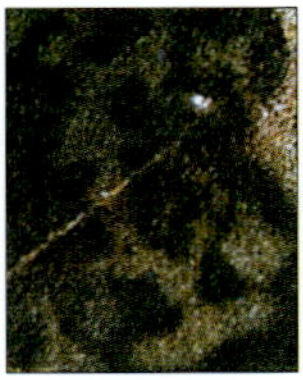

Meervallen hebben soms beenplaten, maar nooit schubben, en ze kunnen ook geheel naakt zijn. Om toch beschermd te zijn, hebben ze een dikke opperhuid. Veel bodemvissen hebben alleen een onbeschubde buik.

Vreemde huidpantsers

Vissen zonder schubben kunnen er nogal bizar uitzien. Bij mariene koffervissen is de romp geheel bedekt door een stijf, doosvormig pantser van beenplaten. Sommige kogel- en egelvissen zijn bedekt met forse stekels die overeind gaan staan als de vis zich opblaast; zo schrikt hij roofvijanden af.

DE ZIJLIJN

Het zijlijnorgaan fungeert als een soort 'tastzin op afstand'; de vis neemt er trillingen mee waar, zoals die worden opgewekt door de stroming en door andere vissen. Het is belangrijk bij hun oriëntatie, het voedselzoeken en het vermijden van gevaar. De zijlijn is te zien als een overlangse rij fijne poriën in de schubben of beenplaten op de flanken; vaak loopt hij van vlak achter de kop tot op de staartwortel. Water stroomt deze poriën binnen en vult een reeks onderling verbonden buisjes onder de schubben. In de buisjes zitten neuromasten, gevoelige zenuwuiteinden die verstoringen in het omringende water registreren en doorgeven aan de hersenen. Soortgelijke zintuigen komen ook op de kop voor.

KLEUREN

Visschubben zijn gewoon doorzichtig; de kleur ontlenen ze aan pigmentcellen in de huid, de chromatoforen. Deze bevatten rode, oranje, gele of zwarte pigmenten; ze kunnen zich samentrekken en uitdijen, waardoor allerlei kleuren ontstaan. In de huid zit ook een laag guanine (een bijproduct van de stofwisseling), die licht reflecteert, waardoor de vis er zilverig, wit of iriserend kan uitzien. De Blinde holenzalm, die in het volkomen duister leeft, heeft geen pigment; hij is roze door de zichtbare bloedvaatjes.

Vissen kunnen hun kleuren gebruiken ter camouflage, als herkenningsteken, of om indruk op elkaar te maken. Pelagische (in open water zwemmende) vissen hebben meestal een zilverwitte buik die zich weinig aftekent tegen de lucht of de waterspiegel, zodat hij van onderen niet wordt opgemerkt; hun rug is vaak donker, zodat hij van boven gezien tegen de bodem niet opvalt. De Rugzwemmende meerval eet ondersteboven; hier is de buik donkerder dan de rug, zodat roofvijanden hem niet zien als hij bij het oppervlak eet. Soms maakt de tekening op de flanken een vis onzichtbaar tussen stenen of planten, terwijl bodemvissen vaak grauw van kleur zijn, net als de bodem. Maar vissen uit donkere of troebele wateren kunnen ook heel felgekleurd zijn, zodat een potentiële partner ze kan zien.

De oogvlek van deze Pincetvis leidt roofvijanden om de tuin.

De meeste vissen kunnen van kleur veranderen. Sommige soorten vertonen een duidelijk dag-en-nachtritme. *Nannostomus*-soorten hebben overdag krachtige overlangse strepen, maar 's nachts korte dwarsbanden. Gestresste of zieke vissen verbleken, maar in de paartijd krijgen vooral mannetjes door hormoonwerking vaak stralende kleuren, om een partner aan te trekken.

Met hun kleuren kunnen vissen ook dreigen of waarschuwen. De Vuurkeelcichlide heeft een vlek op elk van beide kieuwdeksels; als ze zich tegen een indringer opstellen, zetten ze de kieuwdeksels wijd open, zodat de vlekken twee dreigende ogen lijken. Valse oogvlekken op de staartwortel kunnen een aanvaller afleiden. Bij jonge visjes dient de jeugdtekening ook vaak ter verdediging, want een samengebalde school lijkt daardoor op een enkel groot dier. Roofvissen hebben soms weer een tekening die de prooi misleidt en doet denken dat hij in onschuldig gezelschap verkeert. Sommige diepzeevissen hebben lichtgevende organen ontwikkeld, waarvan de functie overigens nog niet volledig wordt begrepen.

Vinnen – vorm en functie

Elke vin speelt een rol bij het zwemmen; de bewegingen van de afzonderlijke vinnen zijn het best waar te nemen bij langzaam zwemmende, zeer wendbare soorten zoals cichliden. Er zijn ongepaarde en gepaarde vinnen. De ongepaarde vinnen zijn de rugvin, de staartvin en de aarsvin (de laatste vlak achter de aarsopening gezeten). Gepaard zijn de borstvinnen (homoloog met onze armen) en de buikvinnen (opzij voor de aarsopening). Soms ontbreekt bij vissen een bepaalde vin, maar soms hebben ze er nog andere vinnen bij, zoals een tweede rugvin of een vetvinnetje – een vlezig lobje achter de rugvin, met onduidelijke functie. De echte vinnen zijn dunne huidmembranen, gesteund door benige vinstralen en bestuurd door spieren aan de vinbasis.

Rug- en aarsvinnen

De rug- en aarsvinnen helpen de vis een verticale stand te bewaren. Rugvinnen kunnen zachte of harde tot zelfs stekelige vinstralen bezitten, of een combinatie daarvan; dat is per soort verschillend. Sommige vissen hebben een zeer lange rug- of aarsvin, en bewegen zich voort door golvende spiercontracties aan de vinbasis.

Zachtstralige rugvin

Zachtstralige rugvinnen, zoals bij deze Keizertetra, bestaan merendeels uit vrij buigzame, vertakte vinstralen die het vinmembraan ondersteunen; alleen aan de voorrand staan meestal enkele onvertakte stralen.

Aarsvin

De aarsvin is bij dit Fluwelen juffertje goed ontwikkeld. Hij bestaat hier uit zachte en enkele harde vinstralen. Net als de rugvin dient hij de vis om stabiel in het water te staan.

Het stekelvinnige type

Bij veel baarsachtigen, waaronder de Noordamerikaanse Schijfbaars, heeft de rugvin (evenals de aarsvin) harde, onvertakte stralen in het voorste deel, en zachte, vertakte stralen in het achterste deel.

De vetvin

De vetvin wijkt af van andere, normale vinnen, doordat hij in hoofdzaak uit vetweefsel bestaat. Bij een paar soorten zijn er echter rudimentaire vinstralen in te zien. Lang niet alle vissen hebben een vetvin, en de vorm en grootte kunnen sterk wisselen. Bij vissen die veel ondersteboven zwemmen, zoals de Rugzwemmende meerval, is de vetvin heel groot; hij dient daar blijkbaar voor hetzelfde doel als de aarsvin bij normaal rechtop zwemmende vissen, namelijk om een verticale stand te bewaren.

STAARTVIN

De staartvin dient voor de voortbeweging van de vis. Heen en weer geslagen, levert hij de stuwkracht die de vis door het water vooruitdrijft; de vaart wordt erin gehouden door met de romp golvende bewegingen te maken. Bij sommige soorten loopt de staartvin door in de rugvin en/of de aarsvin, zodat een ononderbroken vinzoom ontstaat.

GEVORKTE STAARTVIN

Bij vissen die veel zwemmen, waaronder tetra's en voorns (zoals deze Kegelvlekbarbeel), is de staartvin diep gevorkt maar vrij laag, voor een goede stuwkracht bij geringe weerstand.

BREED AFGERONDE STAARTVIN

Een staartvin met brede, gespierde staartsteel heeft meer weerstand, maar ook grote stuwkracht. Vissen met zo'n staart, waaronder veel cichliden, bewegen zich doorgaans langzaam en weloverwogen.

BORST- EN BUIKVINNEN

Vissen hebben meestal twee gepaarde vinnen, al kunnen de buikvinnen ook ontbreken (zoals bij de aal). De buikvinnen dienen als rem en als hoofdrichtingsroer; met de borstvinnen kan de vis heel precies manoeuvreren en zich ook omdraaien. Om van koers te veranderen worden de gepaarde vinnen uitgeklapt.

VERTICALE BORSTVINNEN

Bij vissen uit de middelste waterlagen, zoals deze Congozalm, zijn de borstvinnen verticaal gesteld voor een maximale manoeuvreerbaarheid, vooral bij trage, afgemeten bewegingen.

BUIKVINNEN

Vissen veranderen van koers door de buikvinnen scheef te stellen (zoals bij dit Javaanse juffertje). Bij snelle beweging in rechte lijn zijn ze vaak ingeklapt om de weerstand te verminderen.

HORIZONTALE BORSTVINNEN

Veel bodemvissen, zoals deze zuigmeerval, hoeven niet goed te kunnen zwemmen, maar moeten wel op de bodem blijven liggen. Grote, horizontaal geplaatste borstvinnen houden de vis op de grond.

VINSTEKELS

Bij meervallen is de voorste rugvinstraal vaak verdikt en stekelvormig. De stekel is vaak heel scherp en kan verticaal worden vastgezet. Dat schrikt roofvijanden af; de vis kan zich zo ook in spleten schrap zetten. Soms heeft hij een functie bij de paring, om er het vrouwtje mee te stimuleren of zelfs te omhelzen. Vinstekels zijn bij mannetjes vaak sterker ontwikkeld en kunnen soms dienen om soorten van elkaar te onderscheiden.

FYSIOLOGISCHE PROCESSEN

VOOR DE INSTANDHOUDING van de voornaamste lichaamsfuncties, en dus voor hun bestaan, zijn vissen sterk afhankelijk van hun leefmilieu. De watereigenschappen, waaronder temperatuur, chemische samenstelling en zoutgehalte, hebben diepgaande effecten op de fysiologische processen die zich in waterdieren afspelen. De meeste vissen kunnen slecht tegen wisselende zoutgehaltes. Sommige soorten (zoals zalmen) trekken echter van zoet water naar zee en weer terug; daarbij moeten ze hun osmoregulatie steeds aanpassen.

ZOUTHUISHOUDING EN THERMOREGULATIE

Alle vissen hebben in hun lichaam van nature vergelijkbare zout- en waterhoeveelheden, maar zoetwater- en zeevissen vertrouwen op verschillende mechanismen om het zoutevenwicht tussen hun lichaamsvloeistoffen en het omringende water in stand te houden. De huid van vissen is een semipermeabele membraan, waardoor water in een bepaalde richting kan passeren. Door het natuurlijke proces van osmose zal bij verschillende zoutconcentraties aan weerszijden van zo'n membraan het water uit de meest verdunde oplossing altijd naar de sterkere oplossing stromen en deze verdunnen, tot de concentraties gelijk zijn geworden.

Omdat de zoutconcentratie in een zoetwatervis hoger is dan in het omringende water, wordt water door de huid en de kieuwen geabsorbeerd in het vislichaam. De vis hoeft dus geen water te drinken, en de nieren houden de noodzakelijke zouten vast terwijl ze grote hoeveelheden sterk verdunde urine uitscheiden. Bij zeevissen echter is de omgeving zouter dan zijzelf, en daarom verliezen ze door osmose water uit hun lichaam. Om uitdroging te voorkomen moeten zeevissen dus wel zeewater drinken. De overtollige zouten worden hier door de nieren in kleine hoeveelheden zeer geconcentreerde, zoute urine uitgescheiden. Vanwege de fundamentele verschillen in de wijze waarop de zoutconcentraties in het lichaam worden gehandhaafd, kunnen zoetwatervissen en zeevissen niet in elkaars leefomgeving voorkomen.

Als u vissen in een aquarium wilt houden, moet u eraan denken dat ze in het algemeen hun lichaamstemperatuur niet zo kunnen reguleren zoals zoogdieren dat doen; ze nemen de temperatuur van hun omgeving aan. De levensprocessen van elke vissoort zijn ingesteld op het functioneren binnen bepaalde temperatuurgrenzen. Daarom moeten vissen in gevangenschap ook altijd binnen die temperatuurgrenzen worden gehouden, willen ze zich prettig voelen.

ZOETWATERVISSEN

ZEEVISSEN

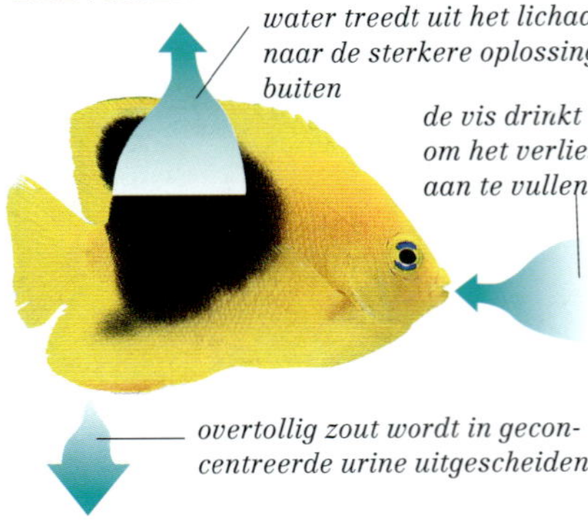

Ademhaling

Vissen hebben net als mensen zuurstof nodig; ze halen die uit het water, in opgeloste vorm. Ze hebben geen longen zoals landdieren; in plaats daarvan nemen ze met de bek water op en laten dat over de kieuwen stromen, aan weerszijden achter in de kop. Tijdens het passeren over de kieuwen worden gassen met het bloed uitgewisseld: zuurstof komt via de kieuwmembranen in het bloedvaatstelsel, terwijl kooldioxide en vaak wat ammoniak aan het water worden afgegeven. Bij veel zoetwatervissen kunnen de kieuwen overigens ook water afgeven. Het opgehapte water wordt vervolgens via de kieuwspleet onder het kieuwdeksel uitgeperst. Het bloedvaatstelsel verspreidt de zuurstof over het lichaam, neemt intussen kooldioxide op en brengt deze afvalstof weer naar de kieuwen om te worden geloosd, waarmee de cirkel rond is.

Is er te weinig zuurstof in het water opgelost, dan komen de vissen naar het oppervlak, waar de zuurstofconcentratie het hoogst is. Vissen die op ongebruikelijke wijze aan het oppervlak 'hangen' lijden dus aan zuurstofgebrek. In gebieden waar de wateren geregeld uitdrogen leven vissoorten met een accessorische (hulp)ademhaling. Pantsermeervallen en sommige modderkruipers kunnen lucht inslikken, waarna ze in hun zeer bloedvatrijke einddarm de zuurstof eruit opnemen in het bloed.

Nog sterker gespecialiseerd zijn de meervallen uit de familie Clariidae en ook vele labyrintvissen, die een soort longen hebben ontwikkeld waarmee ze zuurstof uit de lucht kunnen opnemen. Dit achter de kieuwen gelegen hulporgaan, labyrint genaamd, heeft een doolhofachtige structuur en moet vochtig gehouden worden om te kunnen functioneren; de vissen kunnen daartoe water in de labyrintholte opslaan. Dankzij hun labyrint kunnen zulke vissen perioden van zuurstofgebrek overleven, en men vindt ze dan ook vaak in modderige, stilstaande, ondiepe of erg warme poelen.

Ademen via kieuwen

De kieuwen bestaan uit weefsel waarin zeer veel bloedvaatjes vlak onder het oppervlak doorlopen; ze zijn daardoor normaliter rozerood van kleur. Uitgaande van een korf van kraakbenige kieuwbogen verlopen kamvormige aanhangsels (filamenten) die zelf weer kieuwplaatjes (lamellen) dragen, die sterk doorbloed zijn. De lamellen zijn erg teer en kunnen licht beschadigd worden door vuil dat in het water zweeft; daarom hebben sommige vissen fijne kieuwzeefjes ontwikkeld om dergelijke rommel uit te filteren en tevens voedseldeeltjes binnen te houden

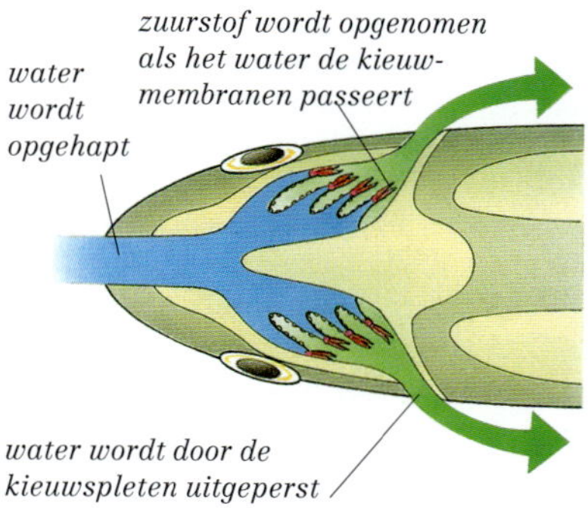

Slaap

De meeste vissen zijn gedurende een deel van de dag of nacht verminderd actief; zo'n slapende vis kan men als het ware met de blote hand vangen. Omdat vissen geen oogleden hebben, zien ze er echter ook dan nog wakker uit. Tijdens de slaap nemen vissen vaak camouflerende houdingen aan. Sommige gaan op de bodem liggen, andere juist met de kop omlaag onder de waterspiegel hangen. Weer andere zoeken een hol of een rotsspleet op, en er zijn ook vissen die gewoon horizontaal in de middelste waterlagen slapen.

Bepaalde rifbewonende papegaaivissen verbergen zich in een hol en omhullen zich met een dikke laag slijm; als ze weer wakker worden, moeten ze zich eerst uit hun 'slaapzak' wringen voor ze weg kunnen zwemmen.

Bedenk wel dat vissen in een aquarium niet altijd dezelfde slaapgewoonten hebben. Houd kleine visjes die 's nachts slapen niet samen met nachtdieren die jacht op ze kunnen maken.

ZINTUIGEN EN INSTINCT

VISSEN ZIJN WATERDIEREN en maken dus een ander gebruik van hun zintuigen dan landdieren zoals wij. Hun zintuiglijke vermogens zijn aan het waterleven aangepast, en vaak ook aan heel bepaalde omstandigheden daarin. Zo vertrouwen vissen uit troebele wateren vaak meer op hun tast- en geurzin dan op hun ogen. Sommige soorten hebben minder vertrouwde vermogens ontwikkeld, zoals elektrogene radar. Alle fysieke eigenschappen, vermogens en instinctmatige gedragingen van vissen zijn door evolutie ontstaan, en zijn essentieel voor een bepaalde leefwijze.

GEZICHTSVERMOGEN

Voor de meeste vissen in het gezichtsvermogen van direct levensbelang; ze moeten voedsel en potentiële partners kunnen waarnemen, maar ook roofvijanden en andere gevaren. Hun waterige leefomgeving maakt vissen veel meer bijziend dan landdieren. De meeste vissen zien helemaal geen diepte omdat hun ogen in verschillende richtingen kijken, maar er zijn ook soorten (vooral roofvissen) die beide ogen op een bepaald voorwerp kunnen richten en zo de afstand kunnen bepalen. Vieroogvissen (*Anableps*-soorten) grijpen veel voedsel (insecten) boven water; daartoe hebben ze horizontaal gedeelde ogen met dubbelfocus-lenzen ontwikkeld, zodat ze zowel onder als boven water goed kunnen zien.

Vissen uit de middelste waterlagen hebben meestal relatief grote ogen, die doorgaans 25-50 procent van de hele kop in beslag nemen en zo geplaatst zijn dat de vis een beeld heeft van zijn hele omgeving, maar zonder dieptewerking. Bij roofvissen overlappen de gezichtsvelden van beide ogen elkaar; zo kunnen ze beter afstanden schatten en efficiënt op prooien jagen.

Licht dringt slecht in water door; veel bodemvissen maken daarom minder gebruik van hun ogen en des te meer van hun geur- en tastzin. Ze hebben relatief kleine ogen boven in de kop, zodat ze gevaren van boven goed zien aankomen. Grotbewonende vissen hebben sterk gereduceerde ogen, of zelfs helemaal geen ogen; compensatie vinden ze in een uitzonderlijk goed ontwikkeld zijlijnorgaan om mee te navigeren.

Vissen hebben geen oogleden of traanbuisjes nodig, want hun ogen worden door het water natgehouden. Sommige soorten uit ondiep, helder water hebben echter een huidlobje dat over het oog kan worden geschoven om het netvlies tegen fel zonlicht te beschermen.

ALZIJDIG ZIEN

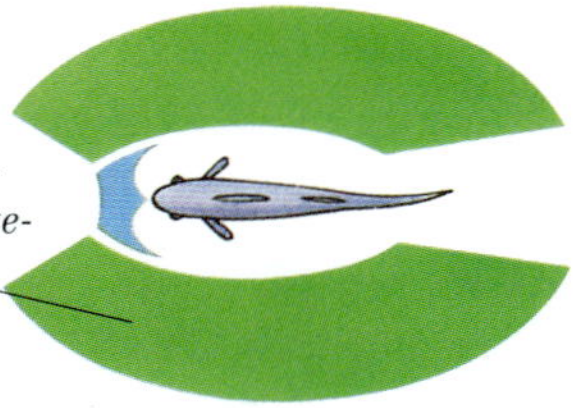

Bij niet-jagende vissen staan de ogen meestal opzij van de kop. Het gezichtsveld omvat zo bijna 360° – zijwaarts, omhoog en omlaag. Door zijn brede gezichtsveld kan de vis gevaren uit alle richtingen tijdig zien aankomen.

AFSTANDEN SCHATTEN

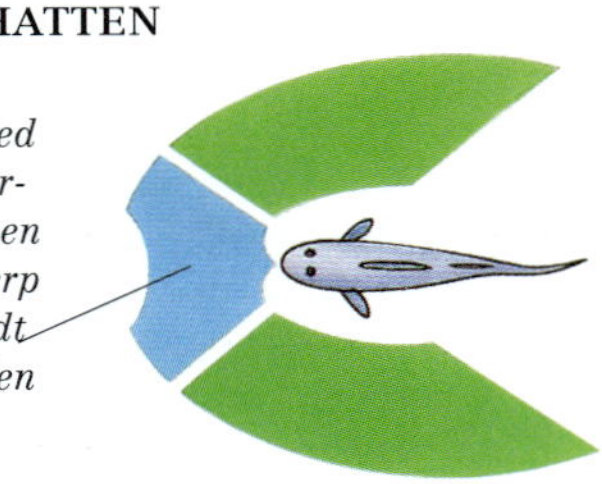

Bij roofvissen staan de ogen vaak naast elkaar, zodat ze op hetzelfde object kunnen worden gericht. Het stereoscopische beeld maakt afstandsschattingen mogelijk, zodat de prooi scherp kan worden gelocaliseerd

Het gehoor

Hoewel vissen geen uitwendige oren hebben, kunnen ze toch vaak goed horen met hun inwendige oor achter in de kop. Water is dichter dan lucht; daarom planten geluidsgolven zich in water sneller voort en worden ze beter waargenomen. Bij sommige visgroepen staat de zwemblaas met het inwendige oor in verbinding via het Orgaan van Weber, een reeks beenstukjes die trillingen doorgeven. Het gehoororgaan van vissen omvat ook het evenwichtsorgaan.

Geur- en tastzin

Vissen gebruiken hun geurzin om voedsel op afstand te localiseren. Anders dan landdieren hebben vissen geen neus om door te ademen en daarbij ook te ruiken. Wel hebben ze neusgroefjes met een aantal kleine zintuigkransen die rijkelijk zijn voorzien van geurreceptoren. Deze staan via het zenuwstelsel in verbinding met de hersenen. De meeste vissen hebben twee paar onderling verbonden neusopeningen. Door spierwerking wordt water de voorste neusopeningen binnengepompt, waarna het over de zintuigkransen stroomt en via de achterste openingen verdwijnt. Veel meervallen, vooral soorten met gereduceerde ogen, hebben een verbeterd reukorgaan, met een langere buis tussen de openingen, waarin meer geursensoren een plaats vinden. Deze vissen kunnen daardoor veel beter geuren waarnemen. Cichliden en diverse andere baarsachtigen hebben maar één paar neusopeningen; het ingepompte water wordt hier via dezelfde opening weer uitgestoten.

Mensen hebben alleen een tong om mee te proeven. Vissen echter hebben allerlei smaakzintuigen – op de lippen, in de mondholte, buiten op de kop, soms ook op andere lichaamsdelen. Baarddraden zijn een soort uitwendige tong. Onvertakte baarddraden vinden we vaak bij bodemvissen met onderstandige bek; ze worden gebruikt om de bodem af te zoeken naar iets eetbaars. Sommige meervallen (met name *Synodontis*-soorten) hebben vrij korte, veervormig vertakte baarddraden met een vergroot oppervlak waarop meer smaakreceptoren een plaats vinden.

Er zijn ook soorten met bladvormige baarddraden, voorzien van een huidplooi met smaakzintuigen. De Zuid-Amerikaanse meerval *Pseudodoras niger* heeft een hele verzameling aanhangsels op het verhemelte en op de mondbodem, geheel bedekt met smaakknoppen. Veel goerami's hebben draadvormig verlengde buikvinstralen met zintuigorganen.

Onvertakte baarddraden

Vertakte baarddraden

Vindraden

De tastzin

Vissen hebben een ander soort tastzin dan wij. Soms schuren ze zich langs voorwerpen om huidirritatie door parasieten te verlichten, maar in het algemeen is de tastzin bij vissen gerelateerd aan de smaak. Baarddraden en sommige vindraden worden wel gebruikt om objecten af te tasten, maar ze bevatten ook smaakzintuigen en de vis is in feite bezig te proeven of iets eetbaar is. 's Nachts actieve bodemvissen (zoals veel meervallen) gebruiken hun baarddraden vaak om hun weg in het duister te vinden.

Elektrische organen

In het lichaam van alle gewervelden worden kleine elektrische ontladingen van de zenuwuiteinden op de spieren overgebracht. Bij sommige vissen zijn bepaalde spiercellen echter omgevormd tot elektrische organen die deze ontladingen versterken. Vissen met krachtige elektrische organen (zoals siddermeervallen uit het geslacht *Malapterurus*) gebruiken deze om prooien te verdoven en roofvijanden af te schrikken. Ze kunnen forse schokken toedienen, en aquariumdieren moeten met de voorzichtigheid worden behandeld. Zwakkere organen vinden we bij olifantsvissen (bijv. *Gnathonemus*-soorten); de schokjes kunnen hier alleen met een ampèremeter worden ontdekt. De vis gebruikt ze om een elektrisch veld om zich op te bouwen. Aan verstoringen in de terugkerende signalen herkent hij obstakels of andere vissen in zijn omgeving. Elektrische vissen hebben veel nut van hun aanpassing; ze leven in troebele, modderige wateren en hebben kleine ogen, waaraan ze voor de navigatie en het voedselzoeken niet genoeg zouden hebben.

Geluiden maken

Sommige vissen kunnen geluiden maken; de functie daarvan is overigens onduidelijk. Misschien doen ze het om vijanden af te schrikken, of soms ook om een partner te vinden – dat dan vooral bij solitair levende soorten. Geluiden planten zich in water nog beter voort dan in lucht en kunnen dus ook dienen als communicatiemiddel in een groep, vooral in troebel water waar de ogen weinig nut afwerpen.

Vissen hebben geen strottenhoofd, dus moeten ze geluiden op andere wijze maken. Sommige soorten (vooral meervallen) kunnen het borstvingewricht aanspannen zodat frictie ontstaat tussen de beenstukjes; zo ontstaat een laag, knorrend geluid. Andere vissen kunnen de zwemblaas doen trillen, door de spieren waaraan hij is opgehangen, of anders door een gecompliceerde, elastische groep beenstukjes aan de voorzijde. In beide gevallen ontstaat een lage, grommende toon. Nog weer andere soorten, met name *Botia*-soorten en enkele zeevissen, maken harde klikgeluiden door een beweeglijke stekel onder het oog snel in- en uit te klappen. De functie van dit geluid is onbekend.

Lichaamstaal

Zoals de meeste dieren geven ook vissen signalen via hun lichaamstaal. Soms pronken vissen tegen elkaar, om te dreigen of om te waarschuwen dat ze giftig zijn, maar het vaakst nog om een partner aan te lokken. Sommige wetenschappers denken dat de lichaamstaal van vissen uit dezelfde familie maar van verschillende continenten tegenovergesteld kan zijn, zodat een onderdanige houding van de ene soort door een verwante soort van elders juist als dreighouding wordt opgevat. Principiële contrasten van dit type zijn gevonden bij Amerikaanse en Afrikaanse cichliden.

Territoriaal gedrag

Sommige soorten zijn van nature territoriaal ingesteld en verjagen alle andere dieren die binnendringen in wat zij als hun revier zien – en in de natuur kan dat een veel groter gebied zijn dan in een aquarium past. De territoriumgrenzen worden vaak aan het begin van de paartijd vastgesteld. De agressie richt zich vaak alleen op de eigen soort. Zo kunnen *Ancistrus*-meervallen onderling heftig strijden om een woning in een hol of onder een stuk hout, maar andere vissen laten ze volledig met rust. Gelukkig kalmeren veel vissen weer als de pikorde eenmaal is vastgesteld, en leven ze daarna vreedzaam samen.

Sommige soorten maken trektochten naar de paaiplaatsen, in de natuur soms over enorme afstanden. Dat vissen soms lastig in gevangenschap zijn na te kweken, kan te maken hebben met de onderdrukking van dit instinctieve trekgedrag.

Aquatische oecosystemen

Natuurlijke wateren zijn zelfregulerend. Vers water komt via neerslag binnen, de waterchemie (zuurgraad en hardheid) wordt gecontroleerd door de rotsen en mineralen waar het overheen stroomt, en stromingen zorgen dat er steeds nieuw water aan het oppervlak komt, waar zuurstof wordt opgenomen. In het gesloten oecosysteem van een aquarium is het watervolume veel geringer, het water dampt weg en moet dus steeds worden aangevuld. Gedeeltelijke waterverversing is regelmatig vereist, om ophoping van giftige stoffen tegen te gaan. Verder moet worden gefilterd om de stikstofcyclus op gang te houden, een natuurlijk proces dat essentieel is voor de instandhouding van het leven in het water.

De stikstofcyclus

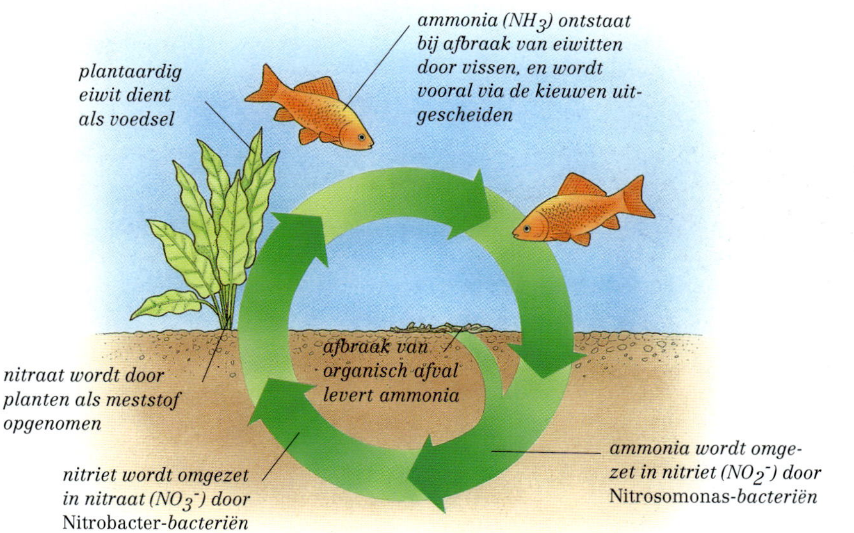

De stikstofcyclus is een natuurlijk chemisch proces waardoor gifstoffen worden omgezet in minder schadelijke of zelfs nuttige stoffen; aldus ontstaat een leefbaar milieu in het water. In een aquarium duurt het 36 dagen voor de cyclus zich heeft ingesteld, en dat gebeurt in drie stadia. Eerst worden eiwitten afgebroken tot ammonia (NH_3), dat erg giftig is. Eiwit wordt als afval door de vissen uitgescheiden (via aars en kieuwen) en komt ook vrij bij rotting van organische stoffen (bacteriën, planten, voedselresten en dode vissen die niet zijn weggehaald). Een ongezonde bak verspreidt ook een naar ammonia-luchtje.

Als de cyclus goed werkt, wordt ammonia omgezet in nitriet (NO_2^-), dat ook giftig is, en daarna in het minder schadelijke nitraat (NO_3^-). De nitraten worden als meststof door de planten opgenomen, die er van groeien, zelf als voedsel dienen en ook zuurstof in het water brengen. Zo sluit zich de cyclus. In een bak zonder planten worden de nitraten gebruikt door nuttige filterbacteriën. Een teveel aan nitraat wordt door regelmatige waterverversing weggenomen.

De soortbeschrijvingen

Elk boek over het houden van levende organismen geeft op zijn best vingerwijzingen. In elke groep van levende wezens is er altijd wel een die niet voldoet aan de gemaakte generalisaties. Dit boek beoogt de lezer te voorzien van de basisinformatie die hij nodig heeft om aquariumvissen, ongewervelden en planten te houden, maar ijzeren regels bestaan niet. Voor u in de hobby duikt, moet u zoveel mogelijk erover lezen; daarna moet u zich laten leiden door uw eigen ervaringen en naspeuringen. Een succesvol aquariaan wordt u pas als u inzicht hebt gekregen in de hobby, en daarvoor moet u doorzetten. De beste raad is dus: houd nooit op met leren over uw vissen.

Aquariumvissen uit zoet en brak water

Dwerg-goerami

Beginners kunnen kiezen uit een verwarrend assortiment van vissen uit zoet en brak water. Bedenk in de eerste plaats dat u deze soorten niet bij elkaar kunt zetten; brakwatersoorten vragen omstandigheden die het midden houden tussen zoet water en zeewater. Sommige vissen stellen heel bepaalde eisen aan de watereigenschappen, het dieet en de ruimte. Aan de hand van de soortbeschrijvingen in dit boek kunt u vissen uitkiezen die u met succes kunt houden, en soorten die daarbij in een gezelschapsaquarium goed passen, qua behoeften en uw eigen smaak.

Zoetwatervissen zijn populair, want ze zijn relatief sterk, vaak gemakkelijk te houden en zelfs voort te kweken. Veel soorten verdragen schommelingen in het aquariummilieu zonder schade. Maar toch moeten grote en vooral plotselinge veranderingen worden vermeden, zoals bij alle vissen.

Zilverbladvis

Vissen en ongewervelden uit zeewater

Gele zeilvin-doktersvis

Veel mensen vinden een zeewateraquarium het meest indrukwekkend en begeerlijk, maar het onderhoud is niet bepaald eenvoudig. De waterconditie is de kritieke factor, vooral als men ook tere ongewervelden wil houden. Als u nooit eerder een aquarium hebt gehad, kunt u beter eerst ervaring opdoen met zoetwatervissen, die minder gevoelig zijn voor de waterkwaliteit.

Juist omdat ze zo veeleisend zijn, moeten mariene soorten met bijzondere zorg worden uitgekozen. Natuurlijk is een rifaquarium met vissen én ongewervelden erg aanlokkelijk, maar zorg er wel voor dat de bewoners vreedzaam kunnen samenleven, anders krijgt u een onderzees slagveld te zien. Bij uw zoektocht naar het perfecte ‘onderwaterplaatje’ moet u overbevolking vermijden. Een zeeaquarium met een correct samengestelde fauna ziet er misschien zelfs wat onderbevolkt uit, maar laat u niet verleiden het maximum aantal dieren te overschrijden, want dat is funest voor hun gezondheid.

Gehoornde slijmvis

Hoe zitten de beschrijvingen in elkaar?

Alle vissen en ongewervelden zijn hier apart beschreven. Elke beschrijving bevat ook alle voor aquariumhouders relevante gegevens om de dieren gezond te houden. In de gekleurde kadertjes staan de belangrijkste feiten bijeen, waaronder de vereiste aquariumcondities. De hoofdtekst geeft een korte beschrijving en adviezen over de verzorging, of over problemen die zich kunnen voordoen. Ter verduidelijking geven we hieronder een definitie van de diverse onderdelen van de beschrijvingen.

(1)—*Papiliochromis ramirezi* RAMIREZI (2)

—(3)

(4)—**Familie:** Cichlidae
(5)—**Areaal:** Zuid-Amerika: West-Venezuela, Colombia
(6)—**Grootte:** 7,5 cm
(7)—**Dieet:** omnivoor; accepteert vlokvoer, voedseltabletten en diepvriesvoer, maar geef ook geregeld levend voer zoals watervlooien en muggenlarven.
(8)—**Milieu:** temp. 22-26 °C; pH 6,0-7,0; dH 3-8°
(9)—**Zone:** bodem, midden
Kweek: substraatlegger

(10)— De Ramirezi is erg populair, al ziet hij er in beginnersbakken vaak niet best uit als hij te veel drukke medebewoners heeft. Deze wat zenuwachtige soort voelt zich pas thuis als een school-
(11)— tje kleine tetra's hem als wachtpost dient – zolang zij rustig rondzwemmen voelt hij zich ook veilig. Geef de dieren zowel dichtbeplante schuilhoeken als open, zandige bodemgedeelten met wat platte stenen om op te rusten. Broedpaartjes graven kuilen om er de jongen in groot te brengen en te verdedigen.

Opmerking: vrouwtjes blijven kleiner, hebben een rode buik en een kortere tweede rugvinstraal.—(12)
Beide ouders nemen deel aan de broedzorg.

Zachtwateraquarium (p. 186-187)—(13)
Kweekbak v. substraatleggers (p. 241)—(14)

(1) **Wetenschappelijke naam:** de 'latijnse' naam waarmee de soort internationaal wordt aangeduid, en die de soort van alle andere onderscheidt.
(2) **Nederlandse naam:** we gebruiken de naam die in de handel gebruikelijk is, al varieert dat wel eens, van plaats tot plaats.
(3) **Moeilijkheidsgraad:** een enkel vis-symbooltje geeft aan dat de soort vrij eenvoudig te houden is; 2 symbooltjes staan bij een soort die al wat moeilijker is; en 3 symbooltjes staan voor een soort die tamelijk hoge eisen aan de verzorging stelt en alleen voor meer ervaren liefhebbers geschikt is. Een vis is moeilijker te houden als hij groter wordt, bijzondere eetgewoonten heeft of zich slecht aan gevangenschap aanpast.
(4) **Familie:** de verwantschapsgroep waartoe de soort behoort.
(5) **Areaal:** het verspreidingsgebied (rivierstelsel, meer, zeegebied) waar de soort van nature voorkomt.
(6) **Grootte:** de romplengte van de vis (de staartvin niet meegerekend); tenzij anders vermeld is hier de lengte opgegeven die in het aquarium bereikt wordt. In het aquarium worden sommige vissen groter dan in de natuur, andere (vooral zeevissen) blijven er veel kleiner.
(7) **Dieet:** de voedingswijze van de soort in de natuur (carnivoor, herbivoor of omnivoor), met opgave van geschikte alternatieven in het aquarium.
(8) **Milieu:** de watereigenschappen, vooral zeer kritisch voor zeedieren. Wilt u vissen bij elkaar zetten, dan moeten ze dezelfde eisen stellen aan temperatuur, zuurgraad (pH), hardheid (dH) en zoutgehalte (s.g.). Zie voorts p. 214-215.
(9) **Zone:** de waterlagen in het aquarium waar de vis zich meestal ophoudt (al kunnen vissen hun gewoonten wijzigen).
(10) **Kweek:** bijzonderheden over de voortplantingsstrategie van de soort, indien bekend.
(11) **Profielschets:** een beschrijving van de soort (uiterlijk, temperament, behoeften, adviezen voor de verzorging en andere bijzonderheden).
(12) **Opmerking:** aantekeningen over het geslachtsonderscheid, de kweek, of bijzondere behoeften en gewoonten.
(13) **Inrichtingsvoorstel:** verwijst naar een modelaquarium dat geschikt is voor de soort.
(14) **Kweekbak:** verwijst naar een model-kweekbak die gebruikt kan worden; zeedieren worden zelden in huisaquaria nagekweekt, dus daar ontbreekt deze verwijzing.

Aquarium-vissen uit zoet en brak water

Aquarium-vissen uit zoet en brak water

In de aquariumwinkel zijn tegenwoordig duizenden tropische zoetwatervissen verkrijgbaar. Ook worden voortdurend nieuwe kweekvormen in de handel gebracht. Dat alles kan in dit boek natuurlijk niet beschreven worden. We geven alleen een profielschets van de meer algemene soorten en we vermelden de voornaamste eisen die ze stellen, zodat u een meer gefundeerde keuze kunt maken bij de inrichting van uw aquarium. Als u soorten bij elkaar wilt houden, zorg er dan ook voor dat ze bij elkaar passen, wat betreft grootte, watereigenschappen, temperatuur, levenswijze, vereiste inrichting en voeding. Gaat u graag een extra uitdaging aan, probeer het dan eens met brakwatersoorten – boeiende vissen met een gespecialiseerde levenswijze, aangepast aan het grensgebied van zout en zoet.

◁ Een grote school Neontetra's, zeker een van de populairste aquariumvissen uit zoet water.

LABYRINTVISSEN

LABYRINTVISSEN leven in Afrika en Azië; de groep omvat de families Anabantidae, Belontiidae, Helostomatidae en Osphronemidae. Vele zijn fraai gekleurd en ook eenvoudig te kweken – ideaal voor de aquariumhandel. Enkele soorten worden commercieel gekweekt als consumptievis, en die worden soms ook aan aquariumliefhebbers aangeboden – zelfs de Reuzengoerami (*Osphronemus goramy*), die als volwassen vis veel van zijn charme verliest en al snel veel te groot wordt voor een normaal aquarium.

Alle labyrintvissen hebben een accessorisch ademhalingsorgaan, het labyrint. Daardoor kunnen ze overleven in zuurstofarme wateren, zoals uitdrogende poelen. Sommige soorten kunnen zelfs in vochtige nachten een stuk over land trekken, 'lopend' op hun borstvinnen, teneinde een plas met meer water te vinden.

Om hun kroost betere kansen in het leven te geven, maken sommige labyrintvissen een schuimnest aan de waterspiegel, waarin de eieren en larven optimaal van zuurstof worden voorzien. Interessant genoeg wordt het nest door het mannetje gebouwd en bewaakt. Voor de kweek heeft men een aquarium nodig met goed afsluitende dekruit, zodat de lucht boven in de bak erg vochtig blijft; is de lucht te droog dan zullen veel jonge visjes te gronde gaan.

Betta splendens SIAMESE KEMPVIS

Familie: Belontiidae **Areaal:** Thailand, Cambodja **Grootte:** 7 cm	**Dieet:** omnivoor; liefst kleine ongewervelde waterdiertjes, levend of diepvries; accepteert ook vlokvoer	**Milieu:** temp. 24-29 °C; pH 6,0-8,0; dH tot 25° **Zone:** midden, boven **Kweek:** schuimnestbouwer

Bij de kweek is geselecteerd op kleur en grote vinnen bij de mannetjes. De soort wordt veel gehouden, ondanks het agressieve karakter – de mannetjes vechten op leven en dood. Andere soorten laten ze met rust; maar in een gezelschapsbak kunnen hun medebewoners het vaak weer niet laten een hap uit hun golvende vinnen te nemen, waarna de wond vaak geïnfecteerd raakt. Mannetjes kan men beter alleen houden. Vrouwtjes zijn vreedzamer; daarvan kan men er een paar bij elkaar zetten.

Opmerking: zet voor de kweek 1 mannetje bij 2 vrouwtjes, om de agressie te verdelen.

Kweekbak v. schuimnestbouwers (p. 244)

Colisa lalia DWERGGOERAMI

Familie: Belontiidae
Areaal: India
Grootte: 5 cm
Dieet: omnivoor; kleine ongewervelde waterdiertjes zoals watervlooien en muggenlarven, levend of diepvries; voorts vlokvoer, en geef ook rijkelijk plantenkost
Milieu: temp. 22-28 °C; pH 6,5-7,5; dH tot 15°
Zone: midden, boven
Kweek: schuimnestbouwer

Meestal als paartje verkocht; mannetjes zijn kleuriger, met rode en blauwe strepen, vrouwtjes meer zilverkleurig. De draaddunne buikvinnen dragen zintuigen waarmee voedsel wordt opgespoord. Houd de dieren paarsgewijs in een gezelschapsbak met andere vreedzame vissen. Vaak worden afwijkend gekleurde kweekvormen aangeboden, waaronder geheel blauwe of rode; die kan men beter niet kruisen met het wilde type.

Opmerking: Dwerggoerami's zijn nogal vatbaar voor ziekte; goede waterkwaliteit en zorgvuldig gekozen medebewoners zijn essentieel. Elke vorm van stress, zoals vuil water of aggressie van andere vissen, leidt al gauw tot infecties. Voor de kweek moet plantenmateriaal aanwezig zijn, om in het schuimnest te worden verwerkt.

Kweekbak v. schuimnestbouwers (p. 244)

Sphaerichthys osphromenoides CHOCOLADEGOERAMI

Familie: Belontiidae
Areaal: Sumatra, Borneo, Maleis Schiereiland
Grootte: 5 cm
Dieet: omnivoor; bij voorkeur levend of diepvriesvoer; neemt eventueel ook vlokvoer
Milieu: temp. 25-27 °C; pH 6,0-7,0; dH 2-4°
Zone: midden
Kweek: muilbroeder of schuimnestbouwer

Bepaald geen vis voor de beginner; hij vraagt optimale waterkwaliteit in een gerijpt, beplant aquarium, anders krijgt hij last van bacteriële infecties en huidparasieten. Een hoge temperatuur wordt aanbevolen, maar schoon water is het voornaamste. Stel de temperatuur voor de kweek nog een graadje of twee hoger in dan normaal; de voortplanting komt vaak op gang als de bak via een waterverversing weer iets wordt afgekoeld

Opmerking: koop deze vissen alleen als u ze de juiste omstandigheden kunt bieden. Neem dan een schooltje van 6-10 stuks en laat ze zelf paren vormen. Het vrouwtje broedt de eieren in de bek uit. Dat duurt 14 dagen, en dan eet ze niet; dus moet ze tevoren in topconditie zijn.

Kweekbak v. muilbroeders (p. 243)

Trichogaster trichopterus GETIPTE GOERAMI

Familie: Belontiidae
Areaal: Zuidoost-Azië en Indo-Australische archipel
Grootte: 10 cm

Dieet: omnivoor; levend of diepvriesvoer, vlokvoer en pellets; aanvullen met plantenkost

Milieu: temp. 22-28 °C; pH 6,0-8,5; dH tot 35°
Zone: midden, boven
Kweek: schuimnestbouwer

Een sterke soort, ook nog eenvoudig te kweken, dus heel geschikt voor de beginner. Het lichaam is bleek staalblauw; het mannetje is te herkennen aan de langere, spitsere rugvin. Van deze soort komt in het wild ook een roodbruine variëteit voor. De dieren zijn wat schuw en kruipen weg als ze worden nagejaagd; houd ze dus alleen samen met andere vreedzame, even grote vissen in een gezelschapsbak met goede filterinstallatie. Ze houden van warmte en zijn ook blij met drijfgroen en wat holen, opgebouwd uit stenen of kienhout.

Opmerking: een andere naam is Blauwe spat, een verbastering van Maleis 'ikan sepat'. Koop altijd een paartje van deze vissen. In de broedtijd kan het mannetje agressief zijn, als hij het schuimnest bewaakt; haal het vrouwtje na de ei-afzetting weg. Het jongbroed is eenvoudig groot te brengen met pas uitgekomen artemia-naupliën en fijngewreven vlokvoer. Infusoriën zijn ook erg geschikt als eerste opfokvoer.

Tropische zoetwaterbak (*p. 184-185*)
Kweekbak v. schuimnestbouwers (*p. 244*)

GOUDGOERAMI

Er bestaan diverse kweekvormen van *Trichogaster trichopterus*; de Goudgoerami en de Cosby-goerami worden zelfs meer aangeboden dan de wilde vormen. De Goudgoerami heeft opvallende gele en oranje vlekken op de lange aarsvin, en de mannetjes zijn feller gekleurd.

COSBY-GOERAMI

De Cosby-goerami heeft wel de kleur van de wilde vorm, maar is sterk gemarmerd of gevlekt; de ronde stippen op de romp zijn minder duidelijk. Net als de Goudgoerami komt hij niet in het wild voor. Bij de vrouwtjes zijn het lichaam en de aarsvin meer afgerond.

Trichogaster leeri DIAMANTGOERAMI

Familie: Belontiidae
Areaal: Sumatra, Borneo, Maleis Schiereiland
Grootte: 12 cm
Dieet: omnivoor; klein levend voer zoals muggenlarven en cyclopskreeftjes; ook diepvries- en vlokvoer, voedertabletten, pelletvoer, en plantenkost
Milieu: temp. 22-28 °C; pH 6,5-8; dH tot 30°
Zone: midden, boven
Kweek: schuimnestbouwer

De Diamantgoerami is een indrukwekkende vis, geschikt voor een grote gezelschapsbak met andere vreedzame soorten. Zoals alle *Trichogaster*-soorten is hij eenvoudig te houden; hij is tolerant ten aanzien van de waterkwaliteit. Mannetjes hebben langere vinnen, een spitse rugvin, en de aarsvin lijkt door de uitstekende vinstralen gerafeld; keel en borst zijn meer geel of oranje, vooral in de broedtijd.

Opmerking: houd de dieren paarsgewijs. Vaak maken ze een schuimnest in een rustig hoekje van de gezelschapsbak, onder drijfplanten of in hoge begroeiing. Om de jongen te beschermen tegen de vraatzucht van grotere vissen moet u ze dadelijk naar een opfokbak overbrengen.

Tropische zoetwaterbak (p. 184-185)
Kweekbak v. schuimnestbouwers (p. 244)

Helostoma temminckii ZOENGOERAMI

Familie: Helostomatidae
Areaal: Java, Thailand
Grootte: 10-15 cm
Dieet: omnivoor; rijkelijk plantenkost, plus kleine waterdiertjes (levend of diepvries); neemt ook droogvoer aan
Milieu: temp. 22-28 °C; pH 6,5-8,5; dH tot 30°
Zone: midden
Kweek: vrijlegger (drijvend legsel)

HET KENMERKENDE ZOENGEDRAG

Deze vissen koopt men vaak om hun merkwaardige zoengedrag – geen uiting van genegenheid, maar een krachtproef tussen mannetjes, en onderdeel van het baltsritueel. Deze grote goerami vraagt een ruime bak, maar is vreedzaam en kan goed met andere grote vissen worden samengehouden. De Javaanse vorm is roze, de Thaise groen. Beide passen zich gemakkelijk aan, maar voelen zich prettiger in warm water.

Opmerking: Zoengoerami's zijn nuttig omdat ze de alggroei in een pas ingerichte bak onder controle houden. Ze plukken de algen voorzichtig van de planten, zonder ze te beschadigen, al worden erg tere planten wel gegeten. Houd ze in een grote bak met stevige planten zoals Javavaren, zwaardplanten en crypto's, of plastic namaakgroen. Het geslachtsverschil is amper te zien. Het legsel drijft aan het oppervlak.

MEERVALLEN

MEERVALLEN ZIJN EEN zeer veelvormige groep, met ruim 30 families en meer dan 2000 soorten. Ze komen wereldwijd voor (buiten de poolgebieden), in zoet, brak en zout water, en in alle vormen en maten. Schubben ontbreken; sommige meervallen hebben beenplaten of schilden op de flanken, ontstaan door verbening van huidplooien. Hun opvallendste kenmerk is het bezit van baarddraden aan de mondhoeken, gelijkend op een kattensnor. Verder hebben ze scherpe stekels aan de vinranden; wees dus voorzichtig bij het vangen.

Veel meervallen zijn nachtdieren, maar sommige geslachten (bijv. *Corydoras*) zijn overdag actief. Meestal leven ze op of nabij de bodem, en ze hebben rustige hoekjes nodig om in weg te schuilen of te slapen. Het Afrikaanse geslacht *Malapterurus* kan electrische schokken opwekken, tot wel 350 Volt.

De eetgewoonten van meervallen lopen sterk uiteen; er zijn roofvissen onder, maar ook kalm grazende herbivoren. Meestal zijn soorten met lange baarddraden roofzuchtig; ze gebruiken die uitsteeksels om prooi te localiseren. De Aziatische *Chaca*-soorten zien er onnozel uit, met hun korte baarddraden, maar hebben een enorme muil – ze kunnen vissen opslokken die half zo groot zijn als zijzelf! Vraag de handelaar om bijzonderheden voor u een meerval aanschaft.

Brochis splendens SMARAGDPANTSERMEERVAL

Familie: Callichthyidae
Areaal: Zuid-Amerika: Ecuador, Per, Brazilië
Grootte: 7 cm

Dieet: omnivoor; kleine waterdiertjes (levend of diepvries); ook vloevoer en voedertabletten

Milieu: temp. 21-27 °C; pH 6,0-7,5; dH 6-25°
Zone: bodem
Kweek: substraatlegger

Een prima vis voor de gezelschapsbak. Houd hem wel in een groepje, of samen met *Corydoras*-soorten. Hij wroet graag in de bodem naar kleine ongewervelden en ander eetbaars, maar ontwortelt geen planten. Een zachte zandbodem is het beste; dan raken de baarddraden niet beschadigd. Hij plant zich ook in het aquarium voort; de eieren worden aan de onderkant van een blad afgezet, of soms gewoon aan de ruiten.

Opmerking: als deze vissen in goede conditie verkeren, kunnen ze prachtig bronskleurig tot smaragdgroen glanzen. De soort wordt vaak verward met *Corydoras aeneus*, die ook fraai bronskleurig is. Bij het geslacht *Brochis* telt de rugvin echter 8-18 stralen, bij Corydoras zijn dat er slechts 6-8.

Kweekbak v. substraatleggers (p. 241

Corydoras barbatus BRUINE PANTSERMEERVAL

Familie: Callichthyidae
Areaal: Zuid-Amerika: Brazilië (Rio de Janeiro, São Paolo)
Grootte: 12 cm
Dieet: omnivoor; kleine waterdiertjes zoals cyclopskreeftjes, tubifex en watervlooien (levend of diepvries); aanvullen met vlokvoer en voedertabletten
Milieu: temp. 22-26 °C; pH 6,5-7,5; dH tot 12°
Zone: bodem
Kweek: substraatlegger

Dit is een van de grotere *Corydoras*-soorten, maar heel geschikt voor een gerijpt gezelschapsaquarium. Er zijn twee kleurvormen; bij de vorm van Rio de Janeiro is de nettekening op de kop van de mannetjes dieper goudkleurig, en midden over de kop loopt een duidelijke gouden streep. Bij beide vormen zijn de mannetjes althans in de paartijd te herkennen aan de borstels op de wangen. Ook zijn de vinstekels bij de mannetjes meestal langer dan bij de vrouwtjes.
Opmerking: de eieren worden aan een ruit of op een blad afgezet, ook gewoon in de gezelschapsbak; men kan ze voorzichtig losmaken en in een kweekbak uit laten komen.

Tropische zoetwaterbak (p. 184-185)

Kweekbak v. substraatleggers (p. 241)

Corydoras paleatus GEVLEKTE PANTSERMEERVAL

Familie: Callichthyidae
Areaal: Zuid-Amerika: Zuidoost-Brazilië, La Plata-stroomgebied
Grootte: 7 cm
Dieet: omnivoor; kleine waterdiertjes (levend of diepvries), ook vlokvoer en snel zinkende voedertabletten; geef ook altijd wat groenvoer.
Milieu: temp. 20-24 °C; pH 6,5-7,5; dH tot 12°
Zone: bodem, midden
Kweek: substraatlegger

Deze soort vormt de ruggegraat van menige meervalcollectie. De dieren lijken wat saai, maar in een goede omgeving en rijkelijk voorzien van levend voer (of diepvriesvarianten) krijgen ze een mooie groene of bronskleurige weerschijn. Ze verdragen zeer uiteenlopende waterwaarden, maar vermijd extreme pH-waarden of zeer hard water. De mannetjes zijn slanker dan de vrouwtjes, en hebben een spitsere aarsvin.
Opmerking: er is ook een albinovorm verkrijgbaar (net zo te houden). De kweek vindt meestal plaats in een speciale kweekbak met een enkel paartje, of 1 man en 2 vrouwtjes. Bij 23 °C komen de eieren na 5 dagen uit; geef de jongen artemia-nauplиën zodra de dooierzak is opgeteerd.

Tropische zoetwaterbak (p. 184-185)
Kweekbak v. substraatleggers (p. 241)

Ancistrus spp. BAARDMEERVAL

Familie: Loricariidae
Areaal: Zuid-Amerika: Guyanalanden en omgeving
Grootte: 12 cm
Dieet: herbivoor; algen, rauwe of geblancheerde groenten, ook diepvriesvoer en vlokvoer; er moet ook kienhout in de bak zijn, om er een schuilplaats in uit te knagen
Milieu: temp. 22-25 °C; pH 6,5-7,5; dH tot 12°
Zone: bodem
Kweek: substraatlegger

Er zijn diverse *Ancistrus*-soorten in de handel. Sommige worden algemeen nagekweekt en kosten dan niet veel; andere, meer gespecialiseerde soorten zijn vaak moeilijk te houden en ook duur. Ze zijn geschikt voor een gerijpt, goed beplant gezelschapsaquarium; geef ze rijkelijk groenvoer en ook kienhout om af te raspelen. Een efficiënte filterinstallatie is vereist om het water schoon te houden.

Opmerking: de mannetjes zijn territoriaal en bevechten elkaar met de opzetbare stekels op het tussenkieuwdeksel. Koop een enkel paartje; mannetjes krijgen aanhangsels op de snuit. Eieren worden in een hol of kuil afgezet en door de man bewaakt. Geef de jongen sla en erwten.

Tropische zoetwaterbak (p. 184-185)
Kweekbak v. substraatleggers (p. 241)

Hypancistrus zebra ZEBRAMEERVAL

Familie: Loricariidae
Areaal: Zuid-Amerika: Brazilië (Rio Xingú)
Grootte: 7 cm
Dieet: omnivoor; kleine waterdiertjes zoals tubifex en watervlooien, ook gehakte regenworm, plus diepvriesvoer en vlokvoer; prefereert dierlijk voer boven groenvoer
Milieu: temp. 22-27 °C; pH 6,5-7,0; dH 5-12°
Zone: bodem
Kweek: substraatlegger

Bij de introductie in 1991 was deze soort nog niet beschreven; hij kreeg toen de afkorting L46. De fraaie streping maakte hem op slag erg gewild, wat aan de prijs te merken is. Hij is niet moeilijk te houden, maar vraagt rustig gezelschap, een bak met veel schuilplaatsen, gedempt licht en een beetje stroming. Zijn dieet verrast: harnasmeervallen staan bekend als herbivoor, maar deze houdt van vlees!

Opmerking: volwassen mannetjes hebben een grotere kop en langere stekels op het tussenkieuwdeksel. Het mannetje bewaakt het legsel. De jongen zwemmen na een week vrij; de dooierzak is na 14 dagen opgeteerd. Geef dan artemia-nauplïen, later ook plantaardig vlokvoer en fijn diepvriesvoer. Kweekbak: temp. 30 °C, pH 6,5, dH 4°.

Kweekbak v. substraatleggers (p. 241)

Hypostomus plecostomus GEWONE ZUIGMEERVAL

Familie: Loricariidae
Areaal: noordelijk Zuid-Amerika
Grootte: 28 cm
Dieet: omnivoor; groenvoer zoals sla en erwten, plus plantaardig vlokvoer; neemt ook klein levend of diepvriesvoer
Milieu: temp. 20-28 °C; pH 6,0-8,0; dH tot 25°
Zone: bodem
Kweek: substraatlegger (niet in aquaria nagekweekt)

Men koopt deze ongelooflijk taaie vis vaak als algeneter voor het gezelschapsaquarium. Dat kan, als u een grote bak hebt. De soort wordt op grote schaal voor de handel nagekweekt en kleine exemplaren zijn goedkoop en leuk om te zien; maar ze groeien snel. Ze zijn wel vreedzaam maar kunnen een grote ravage in uw bak aanrichten, planten losrukken, zelfs met hun krachtige staart de rotspartij omverwerpen. Het zijn geen beste zwemmers; ze verankeren zich vaak met hun onderstandige zuigmond aan ruiten of stenen. Ze produceren rijkelijk mest; een zeer efficiënt filtersysteem is absoluut vereist.

Opmerking: zuigmeervallen zijn vooral geschikt voor een zeer groot showaquarium, met andere grote vissen. Geef ze ook hout of kienhout.

Otocinclus affinis DWERGHARNASMEERVAL

Familie: Loricariidae
Areaal: Zuid-Amerika: Zuidoost-Brazilië
Grootte: 4 cm
Dieet: herbivoor; algen en groenvoer; accepteert echter ook klein levend of diepvriesvoer en vlokvoer
Milieu: temp. 21-26 °C; pH 5,5-7,5; dH tot 10°
Zone: bodem, midden
Kweek: substraatlegger

Een goede waterkwaliteit is absoluut vereist voor deze dieren, en verder een rijk menu van plantenkost (sla en erwten zijn een goede keus). Een extern sproeifilter levert het hoge zuurstofgehalte dat deze vissen nodig hebben. Daalt het zuurstofgehalte, dan gaan ze aan het oppervlak hangen, soms zelfs met de snuit boven water. Breng dan de temperatuur geleidelijk omlaag, breng meer stroming in de bak en verlaag zo nodig de visbezetting. Houd de dieren in een groep in een gerijpt, goed beplant aquarium met andere kleine en vreedzame vissen.

Opmerking: mannetjes zijn slanker dan vrouwtjes; de kweek is mogelijk, maar de opfok van de jongen is lastig.

Zachtwateraquarium (p. 186-187)
Kweekbak v. substraatleggers (p. 241)

Synodontis multipunctatus KOEKOEKSMEERVAL

Familie: Mochokidae
Areaal: Afrika: Tanganyikameer
Grootte: 12 cm
Dieet: insectivoor; kleine levende waterdiertjes; accepteert ook diepvriesvoer, vlokvoer en voedertabletten
Milieu: temp. 21-25 °C; pH 6,8-8,0; dH 15-30°
Zone: bodem, midden
Kweek: broedparasiet (voor uitleg zie tekst)

Deze soort is ideaal voor een aquarium met Tanganyika- of Malawicichliden, want deze cichliden en de Koekoeksmeerval hebben allemaal een grote rotsformatie nodig. Deze meerval is niet zo moeilijk te houden en is overdag en 's nachts actief. Een gerijpte bak met een goed filter is nodig, beplanting mag maar hoeft niet per se.

Opmerking: net als de koekoek legt deze meerval zijn eieren in andermans nest, in dit geval bij muilbroedende cichliden. Als de cichliden tot ei-afzetting overgaan, leggen de meervallen hun eieren er snel tussen, zodat ze door de muilbroeders mee opgehapt en uitgebroed worden; daarna worden de jonge meervallen met de eigen jongen grootgebracht. De meervaljongen komen eerder uit het ei en vreten dan van het cichlidenlegsel.

Kweekbak v. muilbroeders *(p. p. 243)*

Synodontis nigriventris RUGZWEMMENDE MEERVAL

Familie: Mochokidae
Areaal: Afrika: Congobekken
Grootte: 8 cm, het vrouwtje tot 10 cm
Dieet: insectivoor; levend of diepvriesvoer, ook vlokvoer; neemt bij voorkeur drijvend voedsel aan het oppervlak, draait zich daarbij op de rug.
Milieu: temp. 22-26 °C; pH 6,5-7,5; dH tot 12°
Zone: midden, boven
Kweek: substraatlegger

Een vreedzame, niet-veeleisende meerval, tevreden met een goed onderhouden gezelschapsbak. Hij is alleen in de schemering actief en zwemt dan op de rug bij de waterspiegel, zoekend naar voedsel. De buik is donkerder dan de rug, zodat hij dan minder de aandacht van roofvijanden trekt. Geef de dieren een drijvend stuk kurkschors om onder te schuilen; ze schieten daar onder vandaan als gevoederd wordt. Is er niets anders, dan eten ze ook voedertabletten van de bodem.

Opmerking: vatbaar voor witte stip en (in slecht water) voor bacterieziekten. De kweek is mogelijk; mannetjes zijn kleiner, slanker en kleuriger dan vrouwtjes. De jongen eten artemia-nauplïen; pas na 2 maanden gaan ze rugzwemmen.

Kweekbak v. substraatleggers *(p. 241)*

Pimelodus pictus GEVLEKTE ANTENNEMEERVAL

Familie: Pimelodidae
Areaal: Zuid-Amerika: Colombia
Grootte: 12 cm
Dieet: insectivoor; levend en diepvriesvoer, vlokvoer
Milieu: temp. 22-25 °C; pH 6,0-6,8; dH tot 12°
Zone: midden, boven
Kweek: substraatlegger (details onbekend)

Al jaren populair om zijn mooie kleuren, maar wel een vis die veel aandacht voor de waterkwaliteit vraagt. Hij is tamelijk vreedzaam maar wel een geboren jager; houd hem alleen samen met vissen die hij niet kan opeten, want 's nachts kunnen neontetra's en andere kleine visjes plotseling in zijn maag verdwijnen. Neem ook een groepje, want deze roofvisjes zwemmen het liefst in een kleine school door de bak.

Opmerking: de soort is vatbaar voor ziekte als de waterkwaliteit terugloopt. Wees voorzichtig bij het vangen: de dieren hebben zeer scherpe vinstekels die pijnlijke steken kunnen uitdelen. Als de stekels in het net verward raken, leg dan het net met de vis in het water en laat het dier zichzelf bevrijden. Trek hem nooit los; dan beschadigt u de spieren die de stekels bewegen. Knip desnoods het net stuk.

Kryptopterus bicirrhis INDISCHE GLASMEERVAL

Familie: Siluridae
Areaal: India, Zuidoost-Azië
Grootte: 10 cm
Dieet: insectivoor; klein levend en diepvriesvoer; aanvullen met vlokvoer
Milieu: temp. 22-26 °C; pH 6,0-7,0; dH tot 15°
Zone: midden, boven
Kweek: substraatlegger (details onbekend)

SCHUINE RUSTHOUDING

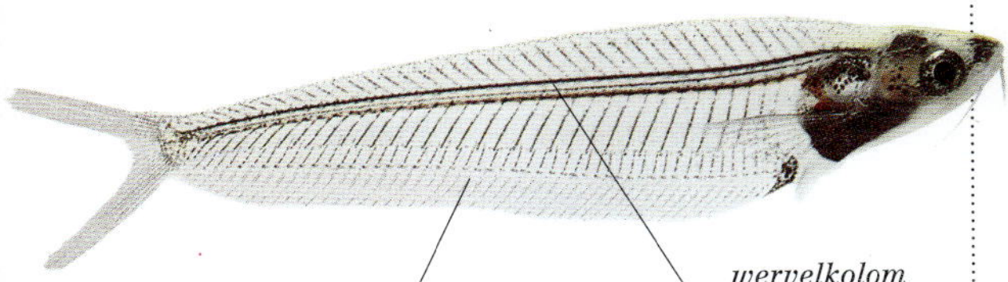

Deze uitzonderlijke, vrijwel transparante meerval wordt vaak als curiositeit verkocht, maar verdient meer waardering. Houd de dieren in een schooltje – een enkel exemplaar kwijnt weg, verstopt zich en gaat snel dood. Geef ze veel vrije zwemruimte en water van goede kwaliteit, anders krijgen ze snel infecties. Zorg voor een goed filter dat enige stroming in de bak brengt. Ze prefereren klein levend voer, maar nemen ook diepvriesvoer en in hoge nood zelfs vlokvoer aan. Ze zijn vreedzaam, maar pakken wel jonge visjes als ze de kans krijgen.

Opmerking: in rust hangen deze vissen met de staart omlaag (hoek van 30°); ze zwemmen wel horizontaal.

Kweekbak v. substraatleggers (p. 241)

Karperzalmen

Karperzalmen zijn een soortenrijke groep met vertegenwoordigers in Afrika (ca. 30 geslachten en ruim 200 soorten) en vooral Zuid- en Midden-Amerika (250 geslachten en meer dan 1000 soorten). In aquaria houden we zowel piepkleine tetra's als vreeswekkende piranha's; diepbuikige bijlzalmen alsook slanke potloodvisjes. De meeste karperzalmen hebben tanden en achter op de rug een kleine vetvin zonder vinstralen. Dankzij het Orgaan van Weber, een reeks beenstukjes tussen zwemblaas en inwendig oor, kunnen ze goed horen. Er zijn roofvissen onder, maar ook planteneters, bodemwroeters, planktonzevers en zelfs soorten die van visschubben leven. De meeste aquariumsoorten zijn echter insectivoor en nemen levend of diepvriesvoer en vaak ook vlokvoer.

Afrikaanse tetra's

Zoals de meeste karperzalmen zijn de Afrikaanse tetra's scholenvissen uit heldere, stromende wateren. Ze vragen een bak met goede waterkwaliteit en een hoog zuurstofgehalte. Ze hebben veel zwemruimte nodig en gedijen het best in een lange, goed beplante bak, liefst met een beetje stroming (van een motorfilter) maar ook rustige watergedeelten.

Arnoldichthys spilopterus Arnolds roodoogzalm

Familie: Alestidae
Areaal: West-Afrika
Grootte: 8 cm
Dieet: insectivoor; klein levend of diepvriesvoer, bijv. zwarte en rode muggenlarven; aanvullen met vlokvoer; pas uitgekomen jongen opfokken met artemia-naupliën
Milieu: temp. 23-28 °C; pH 6,0-7,5; dH tot 20°
Zone: midden
Kweek: vrijlegger

Deze soort vraagt een tamelijk groot aquarium met veel vrije zwemruimte. In de juiste omgeving, boven een donkere bodem, bij gedempt licht (of in de beschutting van drijfplanten), in water van goede kwaliteit en bij een rijk aanbod van levend of diepvriesvoer, toont de vis zijn mooiste kleuren: teer goud, groen en roze op de flanken, diepe tinten in de vinnen, en een vlammend oranjerode bovenoogrand.

Opmerking: de mannetjes hebben een holle aarsvin met gele, rode en zwarte streepjes; bij vrouwtjes is de aarsvin recht afgesneden en vrijwel kleurloos. Voor de kweek is zacht, zuur water nodig; een legsel kan 1000 eitjes bevatten. De jongen zijn schuw; als ze schrikken komen ze niet te voorschijn om te eten. Ze groeien snel.

Kweekbak v. vrijleggers (p. 240)

Lepidarchus adonis ADONISZALMPJE

Familie: Alestidae
Areaal: West-Afrika
Grootte: 2 cm
Dieet: insectivoor; fijn levend of diepvriesvoer, vooral zwarte muggenlarven en cyclopskreeftjes, maar ook vlokvoer wordt wel aangenomen; pas uitgekomen jongen eten artemia-naupliën
Milieu: temp. 22-26 °C; pH 5,5-6,5; dH tot 6°
Zone: midden
Kweek: substraatlegger

Een visje voor de specialist; deze dieren zijn vaak moeilijk aan het aquariumleven te wennen. Maar daarna is de verzorging niet lastig en lukt de kweek ook wel, althans in water van hoge kwaliteit. Hebt u geen zacht leidingwater, dan moet u beslist een onthardingsinstallatie aanschaffen. Houd de dieren in een school, met andere kleine, vreedzame soorten, in een bak met fijnbladig groen en een rustig werkend filter.

Opmerking: mannetjes hebben donkere stipjes op het lichaam; vrouwtjes zijn bijna doorzichtig. Gebruik voor de kweek zeer zacht, zuur water (onder 4° dH); de 20-30 eitjes worden aan planten afgezet. De piepkleine jongen eten toch al dadelijk artemia-naupliën. Houd de kweekbak donker; de jongen vluchten weg van het licht.

Kweekbak v. substraatleggers *(p. 241)*

Phenacogrammus interruptus CONGOZALM

Familie: Alestidae
Areaal: Congogebied
Grootte: mannetje 8,5 cm; vrouwtje 6 cm
Dieet: insectivoor; levend of diepvriesvoer zoals muggenlarven en watervlooien, ook vlokvoer; de jongen eten infusoriën en artemia-naupliën.
Milieu: temp. 22-27 °C; pH 6,0-7,5; dH 4-18°
Zone: midden, boven
Kweek: vrijlegger

Een gewilde soort voor grote sieraquaria, waar de volwassen mannetjes prachtig met hun zwierige vinnen kunnen pronken tegen hun uitverkoren vrouwtje. Houd ze in een flinke school; jonge dieren zijn minder duur. Geef gevarieerd voer en let goed op de waterkwaliteit, dan hebt u weldra een prachtige groep.

Opmerking: in slecht water vatbaar voor ziekte.

Zet er geen vinnenbijters bij; de vrouwtjes hebben overigens kleinere vinnen. De ei-afzetting kan worden opgeroepen door zonlicht of een waterverversing. Het zijn grote eierrovers, dus gebruik een afzetrooster (zie p. 240). Geef de jongen rijkelijk artemia-nauplien.

Tropische zoetwaterbak *(p. 184-185)*
Kweekbak v. vrijleggers *(p. 240)*

Zuid-Amerikaanse tetra's

Alle tetra's zijn gewilde aquariumvissen, maar de Neontetra en de Kardinaaltetra zijn bij uitstek populair. Tetra's zijn echte scholenvissen en u moet ze dus ook in een groep houden – ook al omdat het voor u leuker is ze in hun sociale leven gade te slaan dan een enkel exemplaar achter de planten te zien wegschuilen. Koop dus altijd een stuk of tien van een soort, en nog een flink groepje van een tweede, liever dan een heleboel verschillende.

Zelfs de sterkste soorten vragen zacht, iets zuur water, en een gerijpt aquarium dat minstens een paar maanden heeft gestaan. Ze voelen zich het meest op hun gemak in een goed beplante bak met gedempte verlichting of natuurlijk licht. Als u een lichte bodem gebruikt (bijv. zand), bedek die dan met veel lage planten om de reflectie weg te nemen. Kies het gezelschap met zorg: kleine tetra's worden vaak door grotere vissen opgegeten. Zelf eten ze desnoods vlokvoer, maar nu en dan klein levend of diepvriesvoer is goed voor ze.

De mannetjes zijn meestal slanker en hebben vaak langere vinnen. Ze planten zich vaak al in de gezelschapsbak voort, maar dan wordt het legsel meestal door medebewoners opgegeten. Beter kunt u een kweekstel apart zetten in een kweekbak; na de ei-afzetting verwijdert u ze weer en brengt u het jongbroed in de kweekbak groot. Het eerste voer moet zeer fijn zijn.

Familie: Characidae **Areaal:** Zuid-Amerika **Grootte:** verschillend; zie bij de soort	**Dieet:** omnivoor; klein levend voer zoals insectenlarven, ook diepvries- en vlokvoer, voedertabletten; aanvullen met groenvoer	**Milieu:** temp. 22-26 °C; pH 5,0-7,0; dH tot 10° **Zone:** midden, boven **Kweek:** vrijleggers

Hemigrammus erythrozonus
Vuurneon

Dit tot 4 cm lange visje is haast zo populair als de Neontetra. Hij is gemakkelijk te houden, maar de kweek is vrij lastig. Probeer het met een enkel stelletje in een kweekbak met zacht en zuur, warm water, en wat bossen Javamos. In zacht water, boven een donkere bodem en bij gedempt licht gloeit de rode streep prachtig op en verdient hij de naam Vuurneon ten volle.

Hemigrammus pulcher
Karbonkelzalm

Deze bedaarde, tot 5 cm lange tetra is geschikt voor een gezelschapsaquarium met zacht water en een rustig werkend filter. Wilt u ermee kweken, laat de dieren dan zelf paren vormen; het geslachtsonderscheid is anders toch al moeilijk te zien. Evenals bij andere *Hemigrammus*-soorten worden de eitjes in het wilde weg over de planten uitgestrooid.

Hyphessobrycon erythrostigma
BLOEDVLEKTETRA

Om de lange vinnen van het mannetje en de mooie kleuren is deze vis erg geliefd, maar koop er ook de minder flamboyante vrouwtjes bij, anders hebben de mannetjes niets om tegen te pronken. Over de voortplanting van deze tot 6 cm lange visjes is nog weinig bekend.

Moenkhausia pittieri
DIAMANTZALM

Bij goede verzorging, met een dieet van levend voer (vooral zwarte muggenlarven), krijgen deze tot 6 cm lange visjes fraaie grote vinnen en een prachtige zilverglans.

Zachtwateraquarium (p. 186-187)

Hyphessobrycon pulchripinnis
CITROENTETRA

Deze soort wordt vaak over het hoofd gezien omdat hij in de bak bij de handelaar meestal niet zijn mooiste kleuren vertoont. Hij wordt 4,5 cm lang en vraagt een bak met dichte beplanting langs de randen, en zacht, zuur water; anders worden deze vissen nogal kleurloos.

Nematobrycon palmeri
KEIZERTETRA

De Keizertetra wordt 5 cm lang en prefereert 'oud water', nog zachter en zuurder dan bij andere tetra's. Hij is weinig productief; de eitjes worden een voor een tussen fijnbladige planten gelegd (bijv. een pluk Javamos) en de ouders eten ze vaak nog op ook.

Paracheirodon axelrodi
KARDINAALTETRA

Een levendig gekleurd visje, tot 5 cm lang, een waar sieraad dat fonkelt met oplichtend blauw en rood. Meestal worden wildvangdieren verhandeld. Geef ze zacht en zuur water; te veel kalkzouten leiden vaak tot darmverstopping en onverwachte sterfgevallen.

Zachtwateraquarium (p. 186-187)

Paracheirodon innesi
NEONTETRA

Neontetra's worden nu overal in de tropen massaal gekweekt en bij duizenden tegelijk verzonden. Hij heeft dezelfde blauwgroene en rode strepen als de Kardinaaltetra, maar de buikpartij is zilverkleurig. Vreedzaam, sterk, tot 4 cm lang en 10 jaar oud wordend.

ALLE SOORTEN Kweekbak v. vrijleggers (p. 240)

BIJLZALMEN

BIJLZALMEN HEBBEN een ongebruikelijke vorm: zijdelings sterk samengedrukt, met een rechte rug, een diep uitgebogen, gekielde buik en hoog aangezette borstvinnen, als vleugeltjes. Het zijn pure oppervlaktevissen; de bovenstandige bek is ingericht op het grijpen van voedsel aan de waterspiegel. De grootte varieert van 2,5 tot 9 cm.

Bijlzalmen staan bekend als lastig te houden; sommige handelaren weigeren zelfs ze op voorraad te nemen. Maar als u gezonde, goed etende dieren vindt, als u ze het zachte, zure water kunt geven dat ze graag hebben, en als u voldoende ervaren bent, dan kunt u het eens met ze proberen.

Houd bijlzalmen altijd in een schooltje van minstens zes dieren, anders voelen ze zich ongelukkig. Geef ze klein levend of diepvriesvoer; vlokvoer is onvoldoende en wordt ook vaak geweigerd. Om ze gezond te houden moet het water van hoge kwaliteit zijn. Breng ook een goed sluitende dekruit aan, want deze vissen kunnen goed springen; sommige kunnen zelfs een paar meter 'vliegen' door met de borstvinnen te slaan.

Carnegiella-soorten missen de vetvin; ze blijven vrij klein en zijn alleen geschikt voor een zeer rustige gezelschapsbak. Grotere bijlzalmen kunnen wat meer hebben, maar zwemmen snel en hebben veel ruimte nodig (een bak van minstens 1,25 m); ze houden van vrij sterk stromend, zuurstofrijk water.

Familie: Gasteropelecidae
Areaal: noordelijk Zuid-Amerika
Grootte: verschillend; zie bij de soort

Dieet: carnivoor; een gevarieerd dieet van klein levend of diepvriesvoedsel; soms wordt ook vlokvoer aangenomen

Milieu: temp. 22-28 °C; pH 6,0-7,0; dH 5-15°
Zone: boven
Kweek: substraatleggers

Carnegiella strigata
GEMARMERDE BIJLZALM

Deze soort wordt 4 cm lang en is vatbaar voor witte stip, dus vermijd stress. Breng ze voor de kweek in conditie met zwarte muggenlarven en fruitvliegjes. De opfok van de jongen is lastig.

Zachtwateraquarium (p. 186-187)

Gasteropelecus sternicla
ZILVERBIJLZALM

Een middelgrote soort (tot 6,5 cm), die geringere eisen aan de waterkwaliteit stelt dan de Gestippelde bijlzalm (*G. maculatus*; tot 9 cm), waarop hij overigens sterk lijkt. Van boven gezien zijn mannetjes slanker. Houd ze in een rustige gezelschapsbak.

POTLOODVISSEN

DE VREEDZAME POTLOODVISJES uit de geslachten *Nannobrycon* en *Nannostomus* zijn een aanwinst voor elk rustig gezelschapsaquarium. Hebt u ook drukke vissen, dan kunt u ze beter in een speciaal soortaquarium houden, want anders worden deze kleine, timide visjes van het voedsel afgehouden.

Overdag schuilen ze meestal bij het oppervlak tussen bladen of in de wortelbundels van drijfplanten, doodstil in een hoekje. 's Nachts zijn ze actiever, gaan uit op voedseljacht, en hun overlangse streping verandert in een patroon van verticale banden. Sommige exemplaren hebben een vetvin, andere niet.

Houd potloodvisjes altijd in een groep van minstens zes dieren, in zacht en iets zuur water dat weinig nitraat bevat. Zorg voor plaatselijk dichte beplanting en wat drijfgroen, voor schaduw en een veilig toevluchtsoord. De pH mag tussen 5,5 en 7,0 schommelen, maar vermijd snelle fluctuaties. Een turffilter is welkom en maakt het water zachter. Rotsen, grind of zand moeten kalkvrij zijn; een donkere bodem is het beste.

Potloodvisjes accepteren haast alle kleine voedersoorten; levend voer is essentieel om ze in kweekconditie te brengen. Zet dan een kweekstel in een zwak belicht bakje met Javamos (pH 6,0, hoogstens 2 °dH). Het opfokvoer voor de jongen moet zeer fijn zijn.

Familie: Lebiasinidae
Areaal: noordelijk Zuid-Amerika
Grootte: 3,5-7 cm, afhankelijk van de soort

Dieet: omnivoor; levend en diepvriesvoer, ook vlokvoer
Milieu: temp. 22-24 °C; pH 5,0-6,5; dH tot 8°

Zone: midden, boven
Kweek: substraatleggers

Nannobrycon eques
PENSEELVISJE

Dit visje wordt 5 cm lang. Hij went soms moeilijk aan het aquarium en neemt zeker in het begin vaak alleen klein levend voer aan. De mannetjes zijn slanker en kleuriger dan de vrouwtjes.

Kweekbak v. substraatleggers (p. 241)

Nannostomus beckfordi
GEWOON POTLOODVISJE

De sterkste soort uit deze groep, tot 6 cm lang, geschikt voor een gezelschapsbak met vreedzame medebewoners. Kweekbak: 30 °C.

Zachtwateraquarium (p. 186-187)
Kweekbak v. substraatleggers (p. 241

Serrasalmus nattereri RODE PIRANHA

Familie: Serrasalmidae
Areaal: Zuid-Amerika: Guyanalanden tot het La Plata-gebied
Grootte: 28 cm

Dieet: carnivoor; stukjes vis, hele vissen, wormen, alle rauwe vleessoorten

Milieu: temp. 23-27 °C; pH 5,5-7,5; dH tot 20°
Zone: bodem, midden, boven
Kweek: substraatlegger

Piranha's hebben een vreeswekkende reputatie; juist daarom zijn ze populair. In veel landen (waaronder de VS) is de import verboden; men is bang dat ze in rivieren worden losgelaten, zich daar zullen vermeerderen en een slachting onder de inheemse fauna zullen aanrichten; ook vreest men gevaren voor zwemmers. Wie piranha's koopt moet zich de risico's goed realiseren.

Jonge piranha's zijn leuk om te zien: zilverig met veel zwarte stipjes en vlekken, wat rood bij de aarsvinbasis, de borstvinnen en de kieuwdeksels. Later worden de vlekjes zilvergrijs en krijgen de dieren een rode keel en buik. De volwassen dieren worden akelig groot, en men moet ze met respect behandelen. Aquariumdieren vallen zelden aan, maar kunnen agressief reageren als ze schrikken of in het nauw gedreven worden – en met hun scherpe gebit kunnen ze pijnlijke wonden maken. Steek dus geen hand in de bak. Moet u een vis verplaatsen, steun hem dan niet met de hand onder het net; in zijn angst kan hij toebijten.

Piranha's hebben een soortaquarium nodig met zeer efficiënte filterinstallatie, om het eiwitrijke afval op te ruimen. Drie of vier jongkies kunnen toe met een meterbak, maar als ze groter worden is dat niet meer genoeg. Geef ze een passend dieet; laat ze geen honger lijden, maar overvoer ze ook niet.

Opmerking: mannetjes hebben een gouden weerschijn en rode keel en buik; vrouwtjes zijn meer geelachtig. Kweken kan. Het mannetje bewaakt het nest. Sorteer de jongen op grootte en geef ze veel levend voer, anders eten ze elkaar op.

Tropische zoetwaterbak *(p. 184-185)*
Kweekbak v. substraatleggers *(p. 241)*

EEN SCHOOLTJE JONGE PIRANHA'S

Astyanax fasciatus mexicanus BLINDE HOLENZALM

Familie: Characidae
Areaal: Texas, Mexico, Midden-Amerika zuidwaarts tot Panamá
Grootte: 9 cm
Dieet: omnivoor; accepteert haast elke voedersoort, van vlokvoer tot levend voer, ook vliegen of spinnen die in de bak vallen
Milieu: temp. 20-25 °C; pH 6,0-7,8; dH tot 30°
Zone: bodem, midden, boven
Kweek: vrijlegger

Een ongewone, maar heel gemakkelijke vis die zich snel aanpast aan een normale gezelschapsbak. Hij valt vooral op door het gemis aan ogen – die waren niet meer nodig in de inktzwarte ondergrondse grotten waar hij van nature leeft. Hij navigeert op zijn zijlijnorgaan. In het aquarium maakt het hem niet uit hoe licht het is. Houd de dieren in een schooltje; de mannetjes zijn slanker dan de vrouwtjes.

Opmerking: in water van ca. 20 °C komen de dieren gemakkelijk tot voortplanting. De jongen groeien voorspoedig op fijn levend voer; eerst hebben ze nog ogen, maar die verdwijnen als ze opgroeien. Een gepigmenteerde, bovengronds levende variëteit met ogen (*A. fasciatus fasciatus*) wordt maar zelden aangeboden.

Kweekbak v. vrijleggers (p. 240)

Chilodus punctatus GESTIPPELDE KOPSTAANDER

Familie: Anostomidae
Areaal: Zuid-Amerika: Guyanalanden en Boven-Amazonegebied
Grootte: 9 cm
Dieet: omnivoor; groenten, algen, klein levend voer zoals watervlooien, vlokvoer en voedertabletten
Milieu: temp. 24-28 °C; pH 6,0-7,0; dH tot 10°
Zone: bodem, midden
Kweek: substraatlegger

Deze schuwe, schaduwminnende vis dankt zijn naam aan de kenmerkende zwemhouding met de kop omlaag. Het is een prachtige soort voor ervaren liefhebbers met een stabiel, 'ingegroeid' aquarium. Houd ze in een groepje van 3-4 dieren, liever dan alleen. Ze vragen water van hoge kwaliteit, en dus een efficiënte filterinstallatie. Houd het licht gedempt of zorg voor dichte bossen planten, wortels en andere schuilplaatsen.

Opmerking: de eieren worden aan de wortels van drijfplanten afgezet; haal de ouders daarna weg. Ook de jongen zwemmen al met de kop omlaag; geef artemia-nauplïen als eerste voer.

Kweekbak v. substraatleggers (p. 241)

Cichliden

Cichliden leven in hoofdzaak in zoet water, al zijn sommige wel zouttolerant. De meeste komen uit Afrika en Zuid- en Midden-Amerika, maar een klein aantal soorten vindt men in Syrië, Jordanië, Iran en op Madagascar. Sommige cichliden zijn belangrijke consumptievissen en worden in vele landen gekweekt.

Er zijn ruim 1000 soorten bekend. Ze hebben allemaal een dubbele zijlijn, maar slechts een enkel paar neusopeningen. De grootste worden wel 50 cm lang, maar de meeste blijven vrij klein, en vaak zijn ze bontgekleurd, vooral in de broedtijd.

Als aquariumvis zijn ze aantrekkelijk vanwege hun boeiende gedrag, dat ingewikkelde vormen van broedzorg omvat. De grotere, zo bedaard en statig zwemmende soorten zijn fraaie blikvangers in het aquarium. Cichliden zijn territoriaal ingesteld; ze vragen een ruime bak met veel schuilplaatsen en een bodem waarin ze hun graafneigingen kunnen botvieren.

Vooral de kleinere soorten kan men soms wel veilig in een gewone gezelschapsbak houden, maar vaak zijn ze alleen maar geschikt voor een speciaal soortaquarium, eventueel samen met vissen uit dezelfde natuurlijke habitat. Zet niet zo maar soorten bij elkaar; cichliden uit verschillende leefomgeving hebben vaak onverenigbare behoeften en gedragingen.

Crenicara filamentosa Dambordcichlide

Familie: Cichlidae
Areaal: Zuid-Amerika: Orinocobekken, Rio Negro
Grootte: mannetje 9 cm, vrouwtje 6 cm
Dieet: carnivoor; bij voorkeur klein levend voer, maar ook diepvriesvoer wordt aangenomen.
Milieu: temp. 22-25 °C; pH 5,5-6,4; dH tot 10°
Zone: bodem, midden
Kweek: substraatlegger

Een mooi visje, maar alleen geschikt voor ervaren liefhebbers. Houd een paartje of trio (man met 2 vrouwtjes) in een gerijpt, beplant aquarium met zacht, goed gefilterd water, liefst samen met kleine tetra's – dat neemt hun schuwheid weg en dan verschuilen ze zich niet steeds. Ze zijn teer en worden gauw ziek als de waterkwaliteit verslechtert. Ze zijn meestal vreedzaam, maar in de broedtijd vaak territoriaal.

Opmerking: het legsel (50-100 eieren) wordt afgezet op een blad of een platte steen, tevoren gepoetst; het vrouwtje bewaakt het broed. In hard water verschimmelen de eieren vaak. Bij een rijk aanbod van artemia-nauplïen zijn de jongen zijn vrij eenvoudig groot te brengen.

Zachtwateraquarium *(p. 186-1187)*
Kweekbak v. substraatleggers *(p. 241)*

Papiliochromis ramirezi RAMIREZI

Familie: Cichlidae
Areaal: Zuid-Amerika: West-Venezuela, Colombia
Grootte: 7,5 cm
Dieet: omnivoor; accepteert vlokvoer, voedseltabletten en diepvriesvoer, maar geef ook geregeld levend voer zoals watervlooien en muggenlarven.
Milieu: temp. 22-26 °C; pH 6,0-7,0; dH 3-8°
Zone: bodem, midden
Kweek: substraatlegger

De Ramirezi is erg populair, al ziet hij er in beginnersbakken vaak niet best uit als hij te veel drukke medebewoners heeft. Deze wat zenuwachtige soort voelt zich pas thuis als een schooltje kleine tetra's hem als wachtpost dient – zolang zij rustig rondzwemmen voelt hij zich ook veilig. Geef de dieren zowel dichtbeplante schuilhoeken als open, zandige bodemgedeelten met wat platte stenen om op te rusten. Broedpaartjes graven kuilen om er de jongen in groot te brengen en te verdedigen.

Opmerking: vrouwtjes blijven kleiner, hebben een rode buik en een kortere tweede rugvinstraal. Beide ouders nemen deel aan de broedzorg.

Zachtwateraquarium (p. 186-187)
Kweekbak v. substraatleggers (p. 241)

Pelvicachromis pulcher KERSENBUIKCICHLIDE

Familie: Cichlidae
Areaal: Afrika: Nigeria
Grootte: mannetje 10 cm, vrouwtje 8 cm
Dieet: omnivoor; accepteert vlokvoer, diepvriesvoer en levend voer, vooral muggenlarven en watervlooien.
Milieu: temp. 24-25 °C; pH 6,5-7,5; dH 8-15°
Zone: bodem, midden
Kweek: substraatlegger

Een mooi beginnersvisje, maar zet deze dieren wel in een gerijpte bak. Ze vragen een goed beplant aquarium met veel schuilplaatsen, waaronder holen. In de broedtijd graven ze kuilen; zorg dus voor een bodem van zand of fijn grind. Dan zijn ze ook territoriaal, maar dat geeft geen problemen als er veel schuilplaatsen zijn.

Opmerking: het mannetje wordt groter, heeft een spitse aars- en rugvin en verlengde middelste staartvinstralen. Vrouwtjes zijn meer gevuld, met ronde vinnen en rode buik. De eieren worden aan het plafond van een hol afgezet en door het vrouwtje bewaakt; het mannetje verdedigt het territorium. Beide ouders verzorgen de jongen, die eenvoudig zijn groot te brengen met artemia-naupliën.

Archocentrus spilurus JADEOOG-ZEBRACICHLIDE

Familie: Cichlidae
Areaal: Guatemala
Grootte: mannetje 12 cm, vrouwtje 8 cm

Dieet: omnivoor; graag levend en diepvriesvoer, maar neemt ook droogvoer en wat groenvoer.

Milieu: temp. 22-25 °C; pH 6,8-8,0; dH tot 15°
Zone: bodem, midden
Kweek: substraatlegger

Een mooie, vrij kleine en vreedzame soort, maar wel territoriaal ingesteld; kan met even grote vissen worden samengehouden. Ze laten de planten meestal met rust, maar graven wel in de broedtijd. Volwassen mannetjes hebben spitse rug- en buikvinnen en zijn wat kleuriger dan de meestal iets kleinere, meer gevulde vrouwtjes met afgeronde vinnen.

Opmerking: de dieren zetten in een hol af; beide ouders verzorgen het broed. De jongen hebben algen en ander groenvoer nodig, naast artemia-naupliën, en later ook grover levend voer of diepvriesvarianten.

Kweekbak v. substraatleggers (p. 241)

Astronotus ocellatus PAUWOOGCICHLIDE

Familie: Cichlidae
Areaal: Zuid-Amerika: Rio Negro, Amazone, Rio Paraná, Rio Paraguay
Grootte: 25 cm
Dieet: carnivoor; eet allerlei dierlijk voer, levend of dood, ook diepvriesvoer en voedertabletten; dol op regenwormen.
Milieu: temp. 22-25 °C; pH 6,0-8,0; dH tot 25°
Zone: midden
Kweek: substraatlegger

kweekvorm 'Rode Oscar'

afgeronde staartvin met oogvlek

Kleine pauwoogcichliden zijn schattig om te zien, maar ze groeien snel en kunnen de bak door hun gegraaf verwoesten. In een ruim aquarium kan men ze wel met andere grote vissen samenhouden; buiten de broedtijd zijn ze ook vrij vreedzaam. Maar een soortaquarium is het beste. De dieren verdragen uiteenlopende waterwaarden, maar omdat ze veel vuil opwoelen moet er een krachtig filter zijn. Richt de bak in met onverplaatsbare zaken zoals kienhout en afgeronde keien; planten worden meestal uitgegraven, maar epifyten op hout worden met rust gelaten.

Opmerking: de eieren worden op een steen afgezet; beide ouders zorgen erg goed voor hun (soms meer dan 1000) jongen.

Tropisch zoetwateraquarium (p. 184-185)

Pterophyllum scalare GEWONE MAANVIS

Familie: Cichlidae
Areaal: Midden-Amazonegebied
Grootte: tot 15 cm
Dieet: omnivoor; levend en diepvriesvoer, ook de meeste droogvoersoorten; neemt ook sla en erwten. Geef niet te veel voer
Milieu: temp. 24-28 °C; pH 6,0-7,5; dH tot 15°
Zone: midden
Kweek: substraatlegger

Geweldig populair als aquariumvis, en ook in allerlei kleurvormen en sluiervormen gekweekt. Zoek de dieren met zorg uit; door inteelt krijgen de dieren vaak misvormde vinnen, vale kleuren en een gebrekkige groei. Houd ze in een goed beplante bak, en zet er geen al te kleine visjes bij; neontetra's worden met smaak opgegeten!

Opmerking: geslachtsverschillen zijn moeilijk te zien. Koop een groep jonge dieren en laat ze zelf paren vormen. De eieren worden afgezet op een schoongepoetst blad of op een ander vlak substraat. Maanvissen zijn beruchte eierrovers; haal het legsel dus weg en breng de jongen in een kweekbak groot.

Zachtwateraquarium (p. 186-187)
Kweekbak v. substraatleggers (p. 241)

Symphysodon spp. DISCUSVISSEN

Familie: Cichlidae
Areaal: Amazone, Rio Negro
Grootte: 15 cm
Dieet: carnivoor; bij voorkeur klein levend of diepvriesvoer, maar neemt ook droogvoer aan.
Milieu: temp. 26-30 °C; pH 6,0-6,5; dH 2-6°
Zone: bodem, midden
Kweek: substraatlegger

Discusvissen hebben water van hoge kwaliteit nodig. Het zijn nerveuze vissen; zet er dus geen drukke medebewoners bij. Een hoge, goed beplante bak met zacht, zuur, warm water en een goede filterinstallatie is ideaal. Koop harmonische paartjes of een groep jonge dieren die daarna zelf paren gaan vormen.

Opmerking: het geslachtsonderscheid is lastig, althans buiten de broedtijd. De eieren worden afgezet op een schoongepoetst blad of een ander vlak substraat (soms aan de ruiten). De jongen moeten bij de ouders blijven, want ze leven de eerste dagen van het huidslijm van hun ouders.

Zachtwateraquarium (p. 186-187)
Kweekbak v. substraatleggers (p. 241)

Julidochromis dickfeldi BLAUWE LIPVISCICHLIDE

Familie: Cichlidae
Areaal: Afrika: zuidwestkust van het Tanganyika-meer
Grootte: 7,5 cm
Dieet: carnivoor; klein levend en diepvriesvoer; neemt ook vlokvoer aan.
Milieu: temp. 24-26 °C; pH 8,0-8,5; dH 15-20°
Zone: bodem, midden
Kweek: substraatlegger

Houd deze soort in een kleine groep in een bak met veel schuilplaatsen en voldoende ruimte voor de mannetjes om een territorium af te bakenen. Het geslachtsonderscheid is lastig, al worden de vrouwtjes wat groter; laat de dieren zelf paren vormen. Maak een rotspartij tot vlak bij de waterspiegel; in de natuur leven deze vissen vooral op en om stapels stenen. Houd ze niet met andere *Julidochromis*-soorten samen, om bastaardering te voorkomen. Zorg voor dekking door planten en voor een zandbodem om in te graven.

Opmerking: de ouders verdedigen een territorium en leiden hun jongen een tijdje naar broedkuilen, maar verder besteden ze er weinig zorg aan.

Riftvallei-aquarium *(p. 188-189)*
Kweekbak v. substraatleggers *(p. 241)*

Lamprologus sp. 'Daffodil' DAFFODIL

Familie: Cichlidae
Areaal: Afrika: Tanganyikameer
Grootte: mannetje 7,5 cm, vrouwtje 5 cm
Dieet: omnivoor; bij voorkeur levend of diepvriesvoer (bijv. muggenlarven), maar neemt ook vlokvoer aan.
Milieu: temp. 24-26 °C; pH 8,0-8,5; dH 15-20°
Zone: bodem, midden
Kweek: substraatlegger

Deze soort is populair vanwege zijn tere kleuren en lange vinnen. Hij is erg vreedzaam maar kan zich wel handhaven in een bak met andere, even grote Tanganyika-cichliden. Maak holen van stenen en breng plaatselijk dichte beplanting aan. Grote slakkenhuizen zijn ook geschikt als schuilplaats; in de natuur gebruiken *Neolamprologus*-soorten de lege huisjes van *Neothauma*-slakken als woon- en broedplaats.

Opmerking: de mannetjes zijn kleuriger en hebben spitsere vinnen dan de vrouwtjes. De eieren worden in een hol afgezet; jongen uit eerdere nesten blijven vaak in het territorium tot ze 2,5 cm lang zijn en helpen hun jongere broertjes te bewaken, ook als de ouders weg zijn. De jongen nemen dadelijk artemia-naupliën aan.

Kweekbak v. substraatleggers *(p. 241)*

Neolamprologus brevis GEDRONGEN SLAKCICHLIDE

Familie: Cichlidae
Areaal: Afrika: Tanganyika-meer
Grootte: 4 cm
Dieet: carnivoor; bij voorkeur klein levend of diepvriesvoer zoals watervlooien en muggenlarven; neemt echter ook vlokvoer aan
Milieu: temp. 24-26 °C; pH 8,0-8,6; dH 15-20°
Zone: bodem, midden
Kweek: substraatlegger

Deze visjes vragen een bak met open, zandige bodemgedeelten (bodemlaag minstens 5 cm) en wat slakkenhuizen (*Neothauma*-slakken uit het Tanganyika-meer, of huisjes van wijngaardslakken). Ze graven de huisjes scheef in het zand in en zetten er hun eieren in af. Een paartje verdedigt een klein territorium (20 cm diameter); zorg dus voor voldoende ruimte op de bodem, als u meer paartjes wilt houden.

Opmerking: mannetjes zijn groter dan vrouwtjes, en hebben een oranje rand aan de rugvin. Het vrouwtje kruipt in het huis om af te zetten; het mannetje past er niet in en geeft zijn sperma voor de deur af,,zodat bevruchting optreedt. Een legsel bevat meestal ongeveer 20 eitjes.

Riftvallei-aquarium *(p. 188-189)*
Kweekbak v. substraatleggers *(p. 241)*

Neolamprologus leleupi CITROENCICHLIDE

Familie: Cichlidae
Areaal: Afrika: Tanganyika-meer
Grootte: 7 cm
Dieet: carnivoor; bij voorkeur klein levend voer zoals watervlooien en muggenlarven, maar ook vlokvoer wordt aangenomen
Milieu: temp. 24-26 °C; pH 8,0-8,5; dH 15-20°
Zone: bodem, midden
Kweek: substraatlegger

Voor deze langwerpige, haast rolronde cichliden moet u een echt Tanganyika-aquarium inrichten, met een zachte zandbodem en veel rotspartijen. Van deze soort bestaan gele en meer oranje variëteiten. De mannetjes kunnen agressief zijn tegen elkaar en tegen ongewenste vrouwtjes. Ze zijn minder tot ruziemaken geneigd als men ze rijkelijk van schuilplaatsen voorziet. Voor de voortplanting moeten ze holen kunnen vinden.

Opmerking: de geslachten zijn lastig te herkennen; vaak zijn de mannetjes groter, met een dikkere kop. Het vrouwtje bewaakt het legsel, terwijl het mannetje het territorium verdedigt. De 50-100 jongen zijn ziektegevoelig; zorg dus voor water van zeer hoge kwaliteit.

Riftvallei-aquarium *(p. 188-189)*
Kweekbak v. substraatleggers *(p. 241)*

Malawi-cichliden (mbuna)

Mbuna is de inheemse naam voor een grote groep kleurige, zeer populaire cichliden uit het Malawimeer in Afrika. Ze planten zich gemakkelijk voort en kunnen in grotere dichtheden worden gehouden dan veel andere soorten. Ze hebben het instinct van vechtersbazen, maar juist door ze in een dichte populatie in een bak met veel rotsen te houden kan men hun sterke competitiedrang beteugelen. Maak dus een rotspartij die de hele achterwand tot aan de waterspiegel bedekt, met veel nissen, spleten en holen waar de vissen in en door kunnen zwemmen. Lijm de stenen wel goed vast en zoek ze met zorg uit; tufsteen werkt bufferend op het water en is prima voor muilbroeders, maar te zacht en brokkelig voor substraatbroeders om schoon te poetsen en er op af te zetten.

Het water moet hard, basisch en zeer zuurstofrijk zijn, en het filter moet de grote hoeveelheden afval aankunnen. Ververs elke week 25-30% van het water (bij muilbroeders) of 10-15% (bij substraatleggers). Zet niet te veel substraatbroeders bij elkaar, want zij hebben ruimte nodig voor hun broedterritoria, waarin ze hun jongen ook grootbrengen. Muilbroeders hebben ook wel wat ruimte nodig, zeker als de jongen opgroeien, maar toch veel minder.

Familie: Cichlidae
Areaal: Afrika: Malawimeer
Grootte: verschillend, zie de soort
Dieet: verschillend; meestal volstaat een mix van diepvries-, droog- en groenvoer (ook algen), maar er zijn voedselspecialisten onder; vraag uw handelaar
Milieu: temp. 24-26 °C; pH 7,5-8,0; dH 8-10°
Zone: overal, tussen rotsen
Kweek: muilbroeders

Labeotropheus trewavasae

Deze soort wordt 10-14 cm lang en kan het beste in een groep gehouden worden, met minstens 2 vrouwtjes per mannetje. Het mannetje is te herkennen aan de opvallende eivlekken op de aarsvin; dat is een typisch kenmerk van muilbroeders. Bij de vrouwtje zijn ze niet of nauwelijks te zien. Er zijn verscheidene locale kleurvormen (morfen), waaronder een witte variant. Een nest kan tot 40 jongen bevatten; het vrouwtje moet na de ei-afzetting zo mogelijk worden verwijderd.

Labidochromis caeruleus

Een van de vreedzaamste mbuna-cichliden; men kan hem alleen houden of in paren. Hij wordt ook niet groot (tot 8 cm); de mannetjes worden iets groter dan de vrouwtjes en zijn in de broedtijd feller gekleurd. Er zijn twee groepen: dieren uit rotsachtige omgeving, die kleine ongewervelden tussen de stenen uitpeuteren, en dieren van zandige kusten, die leven van slakken uit de *Vallisneria*-bedden. In het aquarium eten beide typen allerlei levend of diepvriesvoer, ook droogvoer

Melanochromis johanni

Bij deze soort zijn de mannetjes groter (tot 7 cm) en donkerblauw, met eivlekken; de vrouwtjes (tot 6 cm) zijn oranje. Houd ze in een groep, met verscheidene vrouwtjes per mannetje. Een gemiddeld nest bevat circa 30 jongen; het vrouwtje houdt de jongen tot 1 week in de bek maar besteedt er verder weinig zorg aan. (Bij andere mbuna-cichliden blijven de jongen vaak wel 10 of meer dagen in de bek.) Gelukkig kunnen de jongen al snel voor zichzelf zorgen.

Pseudotropheus estherae

Een echte aanwinst voor een Malawi-aquarium. De mannetjes zijn helderblauw, de vrouwtjes hebben allerlei kleuren, van geel en oranje tot vlekkerig bruin. Koop ze als paartje; controleer of ze uit dezelfde zending afkomstig zijn, want de vrouwtjes zijn licht te verwarren met die van andere soorten. De volwassen dieren worden 12,5 cm lang. Het zijn typische muilbroeders; een nest bevat circa 30 jongen.

Pseudotropheus livingstonii

Deze mbuna-cichlide wordt 12,5 cm lang en is minder twistziek dan de meeste verwanten. Hij leeft boven zandige bodems langs de rand van de rotszone in het Malawimeer. Geef de dieren in het aquarium ook wat grote slakkenhuizen; kleine exemplaren schuilen daar graag in weg als ze schrikken. Het mannetje heeft eivlekken; het vrouwtje broedt de eieren in de bek uit, zoals bij de meeste Malawicichliden.

Pseudotropheus zebra

Deze tot 10 cm lange soort komt voor in diverse kleurvormen (morfen). Hij maakt zich nuttig in het aquarium, want hij eet graag kroos. De mannetjes zijn nogal strijdlustig en polygaam; zet altijd verscheidene vrouwtjes bij elk mannetje. De vrouwtjes zwemmen vaak in een groep door de bak. Het legsel wordt ongeveer 1 week door het vrouwtje in de bek uitgebroed, voor de jongen worden losgelaten.

ALLE MBUNA-CICHLIDEN Riftvallei-aquarium (p. 188-189), Kweekbak v. muilbroeders (p. 243)

KARPERACHTIGEN

DE KARPERACHTIGEN (familie Cyprinidae) zijn met ruim 1400 soorten vertegenwoordigd in de zoete wateren van Noord-Amerika, Eurazië en Afrika: in meren en rivieren, bergbeken, ja zelfs in onderaardse waterlopen.

Karperachtigen hebben geen vetvin, en bezitten gladde cycloïdschubben, een enkele zijlijn en vaak een of twee paar baarddraden. Ze hebben geen tanden in de bek; ze malen hun voedsel fijn met de keeltanden op de kieuwbogen. Ze hebben meestal een 'typische visvorm', maar de grootte loopt sterk uiteen: *Barbus tor* uit India kan 2,5 m lang worden, de kleinste *Rasbora*-soorten halen maar net 2,5 cm.

De familie Cyprinidae heeft veel populaire aquariumvissen opgeleverd, zoals danio's, rasbora's, goudvissen en de haaibarbelen uit de geslachten Balantiocheilus, Labeo en Epalzeorhynchus, die uiteraard niets met echte haaien van doen hebben.

Cyprinidae zijn typische omnivoren – non-stop eetmachines die alles verorberen wat in hun bek past, waaronder soms ook jonge visjes van andere soorten. Geef ze een gevarieerd dieet met regelmatig levend en diepvriesvoer, dan blijven ze in goede conditie. Het zijn meestal actieve scholenvissen, die men in een groep van 6-10 dieren moet houden, in een ruime, goed beplante bak. Veel soorten zijn eenvoudig te kweken en ook geschikt voor een groot gezelschapsaquarium.

Barbus filamentosus CEYLONESE PRACHTBARBEEL

Familie: Cyprinidae
Areaal: India, Sri Lanka
Grootte: 15 cm
Dieet: omnivoor; kleine ongewervelde waterdiertjes (levend of diepvries), ook vlokvoer; aanvullen met groenvoer
Milieu: temp. 20-24 °C; pH 6,0-6,5; dH tot 15°
Zone: midden, boven
Kweek: vrijlegger

Deze actieve scholenvis vraagt veel vrije zwemruimte; hij is geschikt voor een grote gezelschapsbak. Zachtbladige aquariumplanten eet hij op, maar Javavaren, *Cryptocoryne*-soorten en Amazone-zwaardplanten laat hij meestal met rust. Om de dieren van de planten af te leiden kunt u sla en erwten in het dieet opnemen. In de jeugd is het geen schoonheid, maar volwassen dieren kunnen een verpletterende indruk maken – vooral mannetjes, met hun diepe kleuren en draadvormige rugvinaanhangsels.

Opmerking: de soort is eenvoudig te kweken in een grote kweekbak met bossen planten waar de eieren over uitgestrooid worden. Fok de jongen op met fijn levend voer (bijv. artemia-nauplien).

Kweekbak v. vrijleggers (p. 240)

Barbus gelius DWERGBARBEEL

Familie: Cyprinidae
Areaal: India
Grootte: 4 cm
Dieet: omnivoor; klein levend voer (watervlooien, muggenlarven, pekelkreeftjes), ook diepvriesvoer, vlokvoer en groenvoer; geef ook algen, vooral om de dieren in kweekconditie te brengen
Milieu: temp. 18-22 °C; pH 6,0-7,0; dH tot 10°
Zone: midden
Kweek: vrijlegger

Deze kleine, tere maar heel actieve scholenvis is geschikt voor een soortaquarium of een gezelschapsbak met vrije zwemruimte. Zorg voor zeer schoon water; koop een efficiënt filter en ververs regelmatig water. In zacht, zuur water krijgt de dofgele flankstreep bij de mannetjes een fraaie goud- of koperkleurige gloed. De vrouwtjes hebben een vollere buikpartij en minder diepe kleuren.

Opmerking: houd de dieren in een kleine groep, samen met vreedzame, even grote medebewoners. De kweek vindt plaats in een kweekbak met lage waterstand, zacht en zuur water, en beplant met *Cryptocoryne*-soorten. De eieren worden aan de onderzijde van de bladen afgezet; ze komen al na 24 uur uit. De jongen hebben zeer fijn voedsel nodig.

Kweekbak v. vrijleggers (p. 240)

Barbus oligolepis EILANDBARBEEL

Familie: Cyprinidae
Areaal: Indonesië
Grootte: 5 cm, in de natuur soms tot 15 cm
Dieet: omnivoor; klein levend voer zoals muggenlarven en pekelkreeftjes; ook diepvriesvoer, vlokvoer en groenvoer
Milieu: temp. 20-24 °C; pH 6,0-6,5; dH tot 10°
Zone: midden
Kweek: vrijlegger

Een soort voor een gerijpte, rijkbeplante bak met kienhout, zacht en iets zuur water en een rustig werkend filter. Vaak kopen mensen bontere vissen dan deze, maar in de juiste omgeving is dit een juweeltje. Houd ze in een groep; de mannetjes leveren schijngevechten om indruk te maken op de vrouwtjes. Slecht water of teveel vers water ineens wordt slecht verdragen; voer dus vaker kleine waterverversingen uit.

Opmerking: de dieren planten zich al in de gezelschapsbak voort, maar dan eten andere vissen de eieren vaak op. Gebruik dus een kweekbak met zacht, zuur water en fijnbladige planten tot aan het oppervlak. De eieren worden vaak boven in de bak afgezet; ze komen na 36 uur uit. De jongen eten dadelijk artemia-nauplïen.

Kweekbak v. vrijleggers (p. 240)

Barbus schwanefeldi ROODVIN-ZILVERBARBEEL

Familie: Cyprinidae
Areaal: Zuidoost-Azië
Grootte: 35 cm
Dieet: omnivoor; kleine ongewervelde waterdieren (levend of diepvries), ook droogvoer; aanvullen met groenvoer, bij voorkeur verse groente
Milieu: temp. 22-25 °C; pH 6,5-7,0; dH tot 10°
Zone: midden
Kweek: vrijlegger; details onbekend

Argeloze beginners kopen vaak jonge dieren van deze prachtige soort voor de gezelschapsbak; maar na een paar weken beginnen ze dan alles op te eten wat ze kunnen vinden (voer en planten), en weldra worden ze veel te groot voor het aquarium. Voor deze vissen hebt u een zeer groot aquarium nodig, met een zeer efficiënte filterinstallatie om het vuil weg te vangen dat de dieren bij het voedselzoeken opwarrelen. Geef de dieren een zachte bodem om in te wroeten. Men kan ze het beste in een groep houden, want het zijn scholenvissen. Weliswaar eten ze planten, maar bossen Javavaren laten ze met rust. Over de voortplantingsgewoonten is niets bekend.

Opmerking: ze springen! Zorg voor een goede afdekking en maak ze niet aan het schrikken door plotselinge bewegingen of harde geluiden.

Barbus titteya SHERRYBARBEEL

Familie: Cyprinidae
Areaal: India, Sri Lanka
Grootte: 5 cm
Dieet: omnivoor; klein levend voer zoals muggenlarven en pekelkreeftjes, ook diepvriesvoer, vlokvoer en groenvoer
Milieu: temp. 22-26 °C; pH 6,5-7,5; dH tot 12°
Zone: midden, boven
Kweek: vrijlegger

Deze visjes vormen een territorium; men kan ze het beste in paren houden, niet in een groep met meer mannetjes dan vrouwtjes. Zorg voor een goed filter en dichte bossen planten, waar elk paar een eigen toevluchtsoord heeft. De mannetjes zijn dieper van kleur; in de paaitijd worden ze donker kersrood, de vrouwtjes zijn dan flets roodbruin. In de handel vindt men in hoofdzaak gekweekte dieren.

Opmerking: de kweek is eenvoudig. Kies een kweekpaar dat in goede conditie is, en geef ze een kweekbak met flinke bossen Javamos. De balts is spectaculair. Per legsel word tot 300 eieren geproduceerd, die na 24 uur uitkomen. De jongen eten dadelijk artemia-naupliën.

Tropisch zoetwateraquarium (p. 184-185)
Kweekbak v. vrijleggers (p. 240)

Barbus tetrazona SUMATRAANTJE

Familie: Cyprinidae **Areaal:** Borneo, Indonesië **Grootte:** 7 cm **Dieet:** omnivoor; klein levend	voer, diepvriesvoer; ook vlokvoer en plantenkost **Milieu:** temp. 20-26 °C; pH 6,5-7,5; dH tot 12°	**Zone:** midden, boven **Kweek:** vrijlegger

De een houdt van deze vis, de ander haat hem; een tussenweg is er niet, naar het schijnt. Een of twee losse dieren in een gezelschapsbak zijn een ware plaag – ze zijn agressief, bijten in vinnen en terroriseren alle kleinere vissen. Vreemd genoeg laten ze hun medebewoners meestal met rust als ze in een school gehouden worden (minstens 8 stuks). Dan hebben ze al hun tijd nodig om tegen elkaar te pronken en de rangorde in de groep vast te stellen. De mannetjes zijn wat kleiner, slanker en feller gekleurd dan de vrouwtjes. In de handel zijn verschillende kweekproducten, waaronder mosgroene, rode, zwarte en albinovormen.

Opmerking: als u deze dieren niet vertrouwt, kunt u ze in een speciaal soortaquarium houden. Gebruik voor de kweek een kweekbak met zacht, zuur, warm water en fijnbladige beplanting tot de waterspiegel. De eieren worden vaak hoog in de planten afgezet en komen na 36 uur uit. De jongen eten dadelijk artemia-naupliën.

Kweekbak v. vrijleggers (p. 240)

MOSGROENE KWEEKVORM

Bij deze vorm lopen de vier verticale banden sterk in elkaar over, en het lichaam heeft bij bepaalde lichtinval een groene weerschijn. De kleur en het patroon variëren nogal, maar de vinkleuren zijn constant. Kuitrijpe vrouwtjes zijn plomper.

RODE KWEEKVORM

Hier is de romp in hoofdzaak diep oranjerood; de donkere banden van de wilde vorm zijn verdwenen. De rode vorm ontstond toen kwekers probeerden een albino-variant te fokken, wat weldra ook gelukte. Al zulke kweekvormen komen in de vrije natuur niet voor.

Brachydanio albolineatus GOUDDANIO

Familie: Cyprinidae
Areaal: Zuidoost-Azië
Grootte: 6 cm
Dieet: omnivoor; klein levend voer of diepvriesvoer, ook vlokvoer; aanvullen met plantaardig voer
Milieu: temp. 21-25 °C; pH 6,5-7,0; dH tot 12°
Zone: midden, boven
Kweek: vrijlegger

Deze kleine, zeer actieve scholenvissen houden van het gezelschap van soortgenoten; houd ze dus in een groep. Ze zijn erg geschikt voor een gezelschapsbak met andere vreedzame, ongeveer even grote soorten. De waterkwaliteit moet hoog zijn; in slecht water worden ze erg vatbaar voor infectie door bacteriën en virussen. In de paaitijd krijgen de dieren een prachtige blauwviolette parelmoerglans.

Opmerking: de mannetjes blijven kleiner dan de vrouwtjes, en zijn in de paaitijd kleuriger. Gebruik voor de kweek een ondiepe kweekbak met warm water (26-30 °C). De dieren zetten in een school af en strooien de eieren over de planten uit. Na 36 uur verschijnen de jongen, die infusoria en artemia-nauplièn nodig hebben.

Kweekbak v. vrijleggers *(p. 240)*

Brachydanio rerio ZEBRABARBEEL

Familie: Cyprinidae
Areaal: India
Grootte: 6 cm
Dieet: omnivoor; klein levend voer of diepvriesvoer, ook vlokvoer en groenvoer
Milieu: temp. 18-25 °C; pH 6,5-7,5; dH tot 12°
Zone: midden, boven
Kweek: vrijlegger

Een populair scholenvisje, ook heel geschikt voor de gezelschapsbak. Hij valt op door paarsblauwe lengtestrepen op een zilveren of gouden ondergrond, van kop tot staartvin. Er bestaan ook albinovormen en sluiervormen. De wilde vorm is heel sterk, de kweekproducten zijn veel gevoeliger – buiten het traject van 22-25 °C zijn ze erg vatbaar voor infectie met bacteriën en virussen. Zet sluiervormen niet bij Sumatraantjes of andere vinnenbijters in de bak. De mannetjes zijn meestal slanker dan de vrouwtjes.

Opmerking: zet een kweekstel in een bak met fijnbladige planten; een legsel bevat tot 400 eitjes. Voor de opfok zie bij de vorige soort.

Tropisch zoetwateraquarium *(p. 184-185)*
Kweekbak v. vrijleggers *(p. 240)*

Danio aequipinnatus MALABARDANIO

Familie: Cyprinidae
Areaal: India, Sri Lanka
Grootte: 10 cm
Dieet: omnivoor; kleijne ongewervelde waterdiertjes (levend of diepvries), plus vlokvoer en groenvoer; van muggenlarven krijgen de dieren mooie kleuren
Milieu: temp. 22-24 °C; pH 6,0-7,0; dH tot 12°
Zone: midden, boven
Kweek: vrijlegger

Malabardanio's zijn zeer actieve dieren, die een groot aquarium met veel vrije zwemruimte nodig hebben. Houd ze in een school en zorg voor stroming in het water. Ze kunnen goed springen, dus dek de bak goed af. De mannetjes zijn slanker en dieper van kleur dan de vrouwtjes, met blauwe strepen die doorlopen in de staartvin. Als de dieren veel levend voer krijgen, verschijnen gouden stipjes en lijntjes op de blauwgroene grondkleur. Ververs regelmatig een deel van het water en schaf een goed filter aan.

Opmerking: de ei-afzetting wordt door invallend zonlicht gestimuleerd. Een legsel kan tot 300 eitjes bevatten, die na 36 uur uitkomen. De jongen eten dadelijk stoffijn levend voer.

Kweekbak v. vrijleggers *(p. 240)*

Tanichthys albonubes CHINESE DANIO

Familie: Cyprinidae
Areaal: China: Witte-Wolkbergen bij Canton.
Grootte: 4 cm
Dieet: omnivoor; klein levend voer en vlokvoer
Milieu: temp. 18-22 °C; pH 6,5-7,5; dH tot 15°
Zone: midden, boven
Kweek: vrijlegger

Dit levendige visje toont zijn fraaiste kleuren bij relatief lage temperaturen; als hij te warm (boven 24 °C) wordt gehouden raakt hij geleidelijk uitgeput en gaat hij sneller dood. Houd de dieren in een groepje van 8-10 stuks; eenzame exemplaren kwijnen in een donker hoekje weg. Mannetjes zijn slanker en kleuriger dan vrouwtjes. Er bestaat een kweekvorm met lange vinnen, maar die is minder sterk.

Opmerking: deze soort is geschikt voor een gezelschapsbak met andere vreedzame vissen. Zorg voor een goed filter. In koel water is de kweek niet lastig. De eieren worden over de planten uitgestrooid en komen na 36 uur uit. Geef de jongen eerst infusoria, daarna artemia-naupliën.

Onverwarmd aquarium *(p. 190-191)*
Kweekbak v. vrijleggers *(p. 240)*

Rasbora caudimaculata GROTE KNIPSTAART

Familie: Cyprinidae
Areaal: Zuidoost-Azië
Grootte: 12 cm
Dieet: omnivoor; levend voer, diepvries- en vlokvoer; geef ook wat groenvoer
Milieu: temp. 20-25 °C; pH 6,5-7,5; dH tot 12°
Zone: midden, boven
Kweek: substraatlegger (details onbekend)

Deze aantrekkelijke, zeer actieve vissen moet u alleen kopen als u een groot sieraquarium met veel vrije zwemruimte hebt. Houd ze in een school en installeer een efficiënt buitenfilter om het water schoon te houden en ook stroming in de bak te brengen, want deze soort leeft van nature in snel stromende beken en riviertjes. Kenmerkend is de diepgevorkte staartvin met een geel veld en zwarte vlekken op de lobben. De mannetjes zijn slanker dan de vrouwtjes en hebben een gele aarsvin en witte punten aan de staartvinlobben.

Opmerking: deze vissen kunnen goed springen! Een laag drijfplanten voorkomt dat voor een deel, maar zorg ook voor een goed afsluitende dekruit. Over de kweek is weinig bekend.

Rasbora heteromorpha KEGELVLEKBARBEEL

Familie: Cyprinidae
Areaal: Zuidoost-Azië
Grootte: 4,5 cm
Dieet: omnivoor; bij voorkeur klein levend voer (watervlooien, muggenlarven e.d.); neemt ook diepvriesvoer aan; de jongen moeten de eerste dagen infusoria hebben
Milieu: temp. 22-25 °C; pH 6,0-6,5; dH tot 10°
Zone: midden
Kweek: substraatlegger

Dit visje vraagt een gerijpte, goed beplante bak met een goede filterinstallatie en regelmatige waterverversing. Houd ze in een schooltje van 8-10 stuks, samen met andere rustige soorten. Ze zijn heel populair, maar in de doorsnee gezelschapsbak zien ze er vaak niet florissant uit als het water is te basisch is en de medebewoners te druk zijn. De vrouwtjes zijn plomper van bouw dan de mannetjes.

Opmerking: de kweek is lastig. Gebruik een kweekbak met ondiep, warm, zeer zacht en zuur water, en met Crypto's in potjes (de vissen zetten aan de onderkant van de bladen af). Zet daarin een 2 jaar oud mannetje en een vrouwtje van 9-12 maanden bijeen; haal ze na de afzetting weg en houd de bak donker tot de eieren uitkomen.

***Kweekbak v. substraatleggers** (p. 241)*

Rasbora maculata DWERGRASBORA

Familie: Cyprinidae
Areaal: Zuidoost-Azië: Maleisië, Singapore, Sumatra
Grootte: 2,5 cm
Dieet: omnivoor; neemt fijn vlokvoer en diepvriesvoer aan, maar heeft grote voorkeur voor klein levend voer (fruitvliegjes, zwarte muggenlarven, gezeefde watervlooien)
Milieu: temp. 24-26 °C; pH 5,5-6,5; dH tot 10°
Zone: midden
Kweek: vrijlegger (een kweekstel gaat pas na dagen afzondering tot afzetting over)

Deze prachtige, piepkleine visjes kan men het beste houden in een soortaquarium, of samen met andere zeer kleine en vreedzame visjes. Aan de waterkwaliteit worden hoge eisen gesteld; zorg voor een efficiënt filter en lichte stroming in de bak. Richt de bak in met fijnbladige planten en geef rijkelijk fijn levend voer, vooral als u met de dieren wilt kweken. Houd ze in een schooltje (minstens 8 dieren).

Opmerking: het is niet eenvoudig deze dieren ook op langere termijn in leven te houden. De kweek is mogelijk in een klein aquarium met zeer zacht, zuur, warm en ondiep water. Geef ze grote bossen Javamos om op af te zetten. De jongen zijn bijzonder klein en vragen infusoria en zeer fijn levend voer.

Kweekbak v. vrijleggers (p. 240)

Rasbora pauciperforata VUURSTREEP-RASBORA

Familie: Cyprinidae
Areaal: Zuidoost-Azië
Grootte: 7 cm
Dieet: omnivoor; accepteert fijn vlokvoer en diepvriesvoer, maar prefereert duidelijk levend voer (insecten, kleine waterdiertjes).
Milieu: temp. 22-25 °C; pH 6,0-6,5; dH tot 10°
Zone: midden, boven
Kweek: vrijlegger

Deze soort is te herkennen aan de vuurrode lijn over het lichaam. Het is een scholenvis; alleengehouden dieren kruipen weg, weigeren voedsel en gaan gauw dood. In een schooltje van 8-10 stuks doorkruisen ze monter de bak. Die moet goed beplant zijn, maar voldoende vrije zwemruimte hebben. Enige stroming door het filter wordt op prijs gesteld; ververs ook regelmatig een deel van het water.

Opmerking: gebruik voor de kweek een bak met veel fijnbladige planten (evt. plastic planten). De mannetjes zijn te herkennen aan de slankere bouw; laat de dieren zelf paren vormen. De eieren worden tussen de planten uitgestrooid; ze komen na ongeveer 36 uur uit. Geef de jongen artemia-nauplien.

Kweekbak v. vrijleggers (p. 240)

Balantiocheilus melanopterus HAAIBARBEEL

Familie: Cyprinidae
Areaal: Zuidoost-Azië
Grootte: 35 cm
Dieet: omnivoor; levend en diepvriesvoer, droogvoer; aanvullen met groenvoer
Milieu: temp. 22-28 °C; pH 6,5-7,0; dH tot 10°
Zone: midden, boven
Kweek: eierleggend (details onbekend)

Deze actieve scholenvis is een onvermoeibare zwemmer; hij vraagt een groot, goed beplant aquarium met veel vrije zwemruimte. De dieren worden wel erg groot maar zijn toch vrij vreedzaam. Jonge exemplaren (in een schooltje van 4-6 stuks) zijn geschikt voor de gezelschapsbak, maar ze vragen weldra erg veel ruimte. Zorg voor een goed afsluitende dekruit, want ze schrikken snel en springen dan uit het water; een laag drijfplanten gaat dat wat tegen. Installeer een goed filter dat ook wat stroming in de bak brengt. De mannetjes zijn in de paaitijd slanker dan de vrouwtjes; de kweek in het aquarium is echter nog niet gelukt.

Opmerking: slecht water of een overbevolkte bak leidt snel tot ziekte; in te koud water krijgen ze snel witte stip.

Crossocheilus siamensis SIAMESE GRONDBARBEEL

Familie: Cyprinidae
Areaal: Zuidoost-Azië
Grootte: 14 cm
Dieet: omnivoor; levend voer, diepvries- en vlokvoer, ook groenvoer
Milieu: temp. 22-26 °C; pH 6,5-7,5; dH tot 15°
Zone: bodem, midden
Kweek: eierleggend (details onbekend)

Een torpedovormige vis met een opvallende, brede zwarte lengteband; een ideale soort ook voor de gezelschapsbak, mits u helder, zuurstofrijk water kunt aanbieden. Hij prefereert vrij zacht, iets zuur water. Hij houdt wel van groenvoer (vooral algen), maar laat de aquariumplanten toch meestal met rust; wel poetst hij de algen van de bladen af. In een groepje van 4-6 dieren gehouden, ruziën ze wel onder elkaar, maar tot verwondingen komt het zelden. Over de voortplantingsgewoonten is niets bekend.

Opmerking: de dieren kunnen nuttige diensten bewijzen in een sterk veralgde bak; het is een van de weinige soorten die draadalg eten. Ook de lastige planaria's staan op hun menu.

Tropisch zoetwateraquarium (p. 184-185)

Epalzeorhynchus bicolor VUURSTAARTLABEO

Familie: Cyprinidae
Areaal: Thailand
Grootte: 12 cm
Dieet: omnivoor; levend voer, diepvries- en vlokvoer, ook groenvoer
Milieu: temp. 22-26 °C; pH 6,5-7,5; dH tot 15°
Zone: bodem, midden
Kweek: eierleggend (details onbekend)

Deze populaire aquariumvis bezorgt zijn eigenaar vaak nachtmerries, want hij is agressief en vechtlustig tegen soortgenoten en terroriseert ook vaak andere medebewoners. Zet er dus alleen soorten bij die voor zichzelf kunnen opkomen. Houd ze wel in een schooltje (5-6 dieren), maar in een groot aquarium met veel rotsen, dichte bossen planten en kienhout, zodat elk dier een territorium kan vormen en schuilplaatsen kan vinden. Dan zijn deze vissen, met hun gitzwarte lichaam en oranjerode staartvin heel aantrekkelijk, maar houd wel rekening met hun onaangename karaktertrekjes.

Opmerking: na gewenning aan de bak stelt deze vis geen hoge eisen aan de voeding of de waterkwaliteit.

Gyrinocheilus aymonieri SIAMESE ALGENETER

Familie: Gyrinocheilidae
Areaal: Thailand, India
Grootte: 27 cm
Dieet: omnivoor; in hoofdzaak groenvoer (waaronder algen), maar neemt ook klein levend voer of diepvriesvoer aan, en alle soorten droogvoer.
Milieu: temp. 25-28 °C; pH 6,0-8,0; dH tot 20°
Zone: bodem
Kweek: eierleggend (details onbekend)

Een lid van een kleine familie die nauw verwant is met de Cyprinidae. Jonge exemplaren eten algen; ze zuigen zich met de bek vast aan stenen of aan de ruiten, en zijn dan nog goed te houden. Maar op latere leeftijd worden ze erg destructief; ze graven kuilen in het zand en ondermijnen rotspartijen, kienhout en beplanting. Ze voelen zich op hun gemak in een goed beplante bak met wat schuilplaatsen. Ze zijn weinig gevoelig voor de waterkwaliteit maar woelen wel veel vuil en molm op, dus zorg voor een efficiënt buitenfilter.

Opmerking: volwassen dieren worden territoriaal en agressief. Ze zuigen zich dan vaak vast aan grotere vissen (bijv. maanvissen of discusvissen) en veroorzaken zo veel irritatie of zelfs verwondingen.

Modderkruipers

Tot de modderkruipers rekenen we de familie Cobitidae (met ca. 100 soorten), en in de wandeling vaak ook de familie Balitoridae (ca. 400 soorten), die echter beter steenkruipers kunnen worden genoemd. Het areaal omvat de zoete wateren van Eurazië en het randje van Noord-Afrika (Marokko).

Alle soorten zijn bodemdieren; ze vermijden meestal fel daglicht. Cobitidae zijn torpedovormig tot wormvormig; de Balitoridae zijn vaak op doorsnee driekantig, met een platte buik die op het substraat rust. Schubben ontbreken of zijn zeer klein en in de huid begraven. Rond de bek staan tot 4 paar baarddraden met tastzintuigen waarmee voedsel wordt opgespoord – van nature leven ze vaak in modderig water. Vinstekels ontbreken, maar de Cobitidae hebben een scherpe doorn onder het oog, die ter verdediging kan worden opgezet.

Veel soorten kunnen zuurstof uit de lucht halen, zodat ze in zurrstofarm water kunnen overleven. De zwemblaas is deels in een benig kapsel opgesloten; daardoor zijn ze gevoelig voor drukveranderingen, die het volume van de zwemblaas wijzigen. Daalt de luchtdruk (bijv. bij naderend onweer), dan komen ze vaak naar het oppervlak om lucht te happen of juist uit de darm los te laten. De Grote modderkruiper werd daarom vroeger als weersvoorspeller gehouden ('weeraal').

Botia sidthimunki Dwergbotia

Familie: Cobitidae
Areaal: Thailand, Noord-India
Grootte: 5 cm
Dieet: omnivoor; klein levend voer, diepvries- en vlokvoer, ook voedertabletten
Milieu: temp. 22-28 °C; pH 6,0-6,5; dH tot 8°
Zone: bodem, midden
Kweek: eierleggend (details onbekend)

Een alleraardigst, kleinblijvend visje voor een goed beplant, gerijpt gezelschapsaquarium. De dieren zijn erg actief; men kan ze het beste in een schooltje van minstens 6 stuks houden. Men ziet ze dan de hele dag in een groepje op de bodem rondscharrelen, op zoek naar voedsel; ze zwemmen ook wel eens een stukje, en rusten van tijd tot tijd op een plantenblad of een stuk kienhout. Andere vissen vallen ze niet lastig, maar ze graven wel eens een plantje los. Geef ze klein levend voer (bijv. watervlooien en witte muggenlarven) of diepvriesvarianten; alleen vlokvoer is niet voldoende.

Opmerking: ververs regelmatig een deel van het water, en koop een goed filter. Zet ook breedbladige planten in de bak.

Misgurnus anguillicaudatus CHINESE WEERAAL

Familie: Cobitidae
Areaal: Siberië, China, Korea, Japan
Grootte: 50 cm
Dieet: omnivoor; klein levend voer, diepvries- en vlokvoer, voedertabletten; neemt ook plantenkost aan
Milieu: temp. 10-24 °C; pH 6,0-8,0; dH tot 25°
Zone: bodem
Kweek: substraatlegger

Een soort voor een onverwarmd aquarium, maar de meeste importdieren zijn gewend aan tropische temperaturen en voelen zich dus ook thuis in warm (maar niet zeer warm) water. Ze worden groot en kunnen erg in de bak te keer gaan. Ze wroeten voortdurend in de bodem, op zoek naar voedsel, en de zwevende molm moet met een efficiënt filter worden weggevangen. Planten worden losgetrokken; men kan ze het beste in potjes ingraven. De bodem moet uit slib of zand bestaan. De dieren stellen verder weinig eisen, ook niet aan het voer, en zijn vreedzaam; jonge dieren zijn geschikt voor een gezelschapsbak.

Opmerking: weeralen worden actiever als de luchtdruk daalt (vandaar de naam). Ze springen dan zelfs boven water; breng dus een dekruit aan. Maak ook schuilplaatsen voor de dieren; anders kruipen ze achter de verwarming weg en lopen ze brandwonden op.

Pangio kuhli INDISCHE MODDERKRUIPER

Familie: Cobitidae
Areaal: Zuidoost-Azië
Grootte: 10 cm
Dieet: omnivoor; kleine waterdiertjes (levend of diepvries), plus vlokvoer en voedertabletten; gevarieerd voer, dan groeien ze snel
Milieu: temp. 24-30 °C; pH 6,0-6,5; dH tot 8°
Zone: bodem
Kweek: substraatlegger

Deze soort is in zacht, iets zuur water gemakkelijk te houden. De dieren vragen een goed beplante bak met een zachte bodemlaag en veel stenen of kienhoutwortels om tussen weg te schuilen. Ze houden van gedempt licht; dat is zelfs in een sterk verlichte bak te realiseren door plaatselijk dichte bodembegroeiing (bijv. met kleine Crypto's). Deze modderkruipers eten 's nachts; geef ze dus hun voer pas kort voor u de lampen uitdraait. Ze zijn vooral verzot op kleine wormpjes.

Opmerking: de kweek is mogelijk, maar niet eenvoudig. De dieren produceren lichtgroene eieren, die nabij de waterspiegel aan planten worden gekleefd. Omdat de dieren zich graag ingraven is het soms een heel karwei ze uit de bak te vangen.

KILLIVISSEN

KILLIVISSEN ZIJN eierleggende tandkarpers, zo genoemd omdat ze tanden op de kaken hebben. Levendbarende tandkarpers vormen een tweede grote groep. Killivissen leven in Noord- en Zuid-Amerika, Afrika en Azië, in rivieren en meren; zelfs in periodiek uitdrogende poelen, waar ze nog geen jaar oud worden (seizoenvissen).

Killivissen zijn mooi en kleurig, maar er is vaak moeilijk aan te komen. Men denkt vaak dat ze lastig te houden zijn en zacht, zuur water nodig hebben, maar dat geldt niet voor alle soorten. Enkele zijn zelfs geschikt voor de gezelschapsbak. De meeste blijven echter klein en kunnen beter in een speciaal soortaquarium worden ondergebracht om agressie te voorkomen. Houd geen verwante soorten samen, want ze kruisen gemakkelijk. Een filter kan achterwege blijven, maar verwarming niet. In de natuur leven deze vissen vooral van insecten; sommige dieren nemen ook in het aquarium alleen levend voer aan.

Killivissen verschillen in de wijze van ei-afzetting. Substraatleggers kleven de eieren aan planten of een mop van kunstwol. Bodemduikers zijn seizoenvissen die een turfbodem nodig hebben om er in af te zetten; de gedroogde turf wordt bewaard en later weer natgemaakt om de eieren te doen uitkomen. De droogteresistente eieren worden door liefhebbers vaak per post verzonden.

Aphyosemion australe KAAP LOPEZ

Familie: Aplocheilidae
Areaal: West-Afrika
Grootte: 6 cm
Dieet: omnivoor; bij voorkeur klein levend voer, maar neemt ook diepvries- en vlokvoer aan
Milieu: temp. 21-24 °C; pH 5,5-6,5; dH tot 10°
Zone: midden
Kweek: substraatlegger; ei-afzetting op planten of een mop van kunstwol

Dit mooie killivisje wordt regelmatig aangeboden, in verschillende kleurvormen die ook in de natuur voorkomen. Het is een goede keus voor de beginner; de soort kan worden gehouden in een gezelschapsbak met kleine, vreedzame medebewoners. Zorg voor zacht, iets zuur water, een rustig werkend filter en dichte bossen fijnbladige planten. Geef rijkelijk levend voer om ze in voortplantingsconditie te brengen.

Opmerking: de mannetjes hebben langere vinnen en zijn kleuriger dan de vrouwtjes. Gebruik voor de kweek een speciale kweekbak met fijnbladige planten of een mop van kunstwol; in het normale aquarium blijven niet veel jongen over. Zet de eieren in een aparte opfokbak; vervang de mop dagelijks. De jongen eten artemia-nauplien.

***Kweekbak v. substraatleggers** (p. 241)*

Aplocheilus lineatus GESTREEPTE PANCHAX

Familie: Aplocheilidae
Areaal: Zuid-India, Sri Lanka
Grootte: 10 cm
Dieet: carnivoor; klein levend voer (muggenlarven, andere insectenlarven), jaagt ook op insecten boven water; ook diepvries- en vlokvoer
Milieu: temp. 22-25 °C; pH 6,0-7,0; dH tot 12°
Zone: boven
Kweek: substraatlegger

Een ideale soort voor een gezelschapsbak met wat grotere vissen; kleine medebewoners en jonge visjes eet hij op. De dieren kunnen nogal agressief zijn, vooral tegen soortgenoten, dus geef ze veel ruimte. Bij bepaalde lichtinval blinken de gouden schubjes prachtig op. Aan de lange, rechte romp, de ver naar achteren geplaatste rugvin en de bovenstandige bek herkennen we de oppervlaktevis. Zorg voor wat stroming in de bak.

Opmerking: het beste kan men 1 mannetje met 1-2 vrouwtjes samenhouden; het mannetje is dan gedurig aan het baltsen. De dieren springen, dus zorg voor een goed sluitende dekruit; een laag drijfplanten voorkomt dat gedrag, en tussen de wortels vinden de dieren goede schuilplaatsen.

Tropisch zoetwateraquarium (p. 184-185)
Kweekbak v. substraatleggers (p. 241)

Nothobranchius palmqvisti

Familie: Aplocheilidae
Areaal: Afrika: Zuid-Kenya, Tanzania
Grootte: 5 cm
Dieet: carnivoor; klein levend voer zoals muggenlarven, watervlooien en pekelkreeftjes; de jongen moeten ook levend voer hebben, anders groeien ze niet goed
Milieu: temp. 18-24 °C; pH 7,0; dH tot 10°
Zone: bodem, midden
Kweek: bodemduiker

Een seizoenvis, die in een speciaal soortaquarium moet worden gehouden. De mannetjes zijn vaak erg agressief en baltsen onophoudelijk tegen de vrouwtjes. Houd de dieren in een triootje (1 man, 2 vrouwtjes) en geef de vrouwtjes veel schuilplaatsen. De mannetjes hebben grotere vinnen en zijn veel kleuriger. Geef rijkelijk levend voer (of diepvriesvarianten) om de dieren in kweekconditie te krijgen.

Opmerking: de ei-afzetting kan worden gestimuleerd door temperatuurverhoging (tot 24 °C); zet daarna de vrouwtjes apart om zich te herstellen. Sla de turf met de eieren 3 maanden droog op, voeg dan water toe en laat het legsel uitkomen. De jongen zijn met fijn levend voer gemakkelijk groot te brengen.

Kweekbak v. bodemduikers (p. 242)

LEVENDBARENDEN

ER ZIJN CA. 22000 soorten beenvissen, maar slechts 600 daarvan zijn levendbarend; de rest legt eieren. De meeste levendbarenden behoren tot de familie Poeciliidae; daaronder zijn gewilde 'beginnersvisjes' als guppen, zwaarddragers, platy's en molly's.

De jongen kunnen uiteraard alleen volledig ontwikkeld ter wereld komen als inwendige bevruchting heeft plaatsgevonden. Mannetjes van levendbarenden brengen hun sperma bij het vrouwtje in met behulp van hun gonopodium: de gewijzigde aarsvin, uitgerust met haakjes om het vrouwtje vast te houden bij de paring. Na de bevruchting ontwikkelen de eieren zich in het moederlijf en komen daar ook uit. Soms hebben de eieren (zoals bij eierleggers) een grote dooier waar het jonge visje van leeft; zo ook bij de Gup. Bij andere soorten hebben de eieren echter een kleine dooier en krijgen de jongen voedsel direct van de moeder, via een placenta-achtig orgaan (zoals bij zoogdieren). Drachtige vrouwtjes hebben vaak een driehoekige 'zwangerschapsvlek' in de buikstreek.

Bij sommige soorten (bijv. Dwergtandkarpertjes) kan het vrouwtje na 1 paring genoeg sperma opslaan voor wel 10 worpen. Vrouwtjes van de Amazone-molly (*Poecilia formosa*) hebben geen mannetje nodig om zich voort te planten; bij deze soort komen helemaal geen mannetjes voor.

Gambusia affinis MUSKIETENVISJE

Familie: Poeciliidae
Areaal: Texas (V.S.)
Grootte: mannetje 4 cm, vrouwtje 7 cm

Dieet: carnivoor; bij voorkeur klein levend voer zoals muggenlarven; neemt ook diepvries- en vlokvoer aan

Milieu: temp. 18-24 °C; pH 6,0-8,0; dH tot 30°
Zone: midden, boven
Kweek: levendbarend

Deze visjes zijn dol op muggenlarven en werden in veel warme landen uitgezet om de malariamug te bestrijden. Ze hebben een groot aanpassingsvermogen, verdragen uiteenlopende watercondities en zijn gemakkelijk te houden in een goed beplante gezelschapsbak met goede filterinstallatie. Het is een sociaal visje, ook gemakkelijk voort te kweken. Mannetjes hebben een gonopodium en blijven kleiner dan de vrouwtjes.

Opmerking: na een draagtijd van ca. 4 weken komen 50-60 jongen ter wereld, maar in een gezelschapsbak zullen de meeste jonge visjes worden opgegeten; ook door hun eigen ouders! Breng de jongen dus over naar een opfokbakje, en geef ze artemia-naupliën.

Onverwarmd aquarium *(p. 190-191)*
Kweekbak v. levendbarenden *(p. 245)*

Heterandria formosa DWERGTANDKARPER

Familie: Poeciliidae
Areaal: zuidoostelijke VS
Grootte: mannetje 2 cm, vrouwtje 4,5 cm

Dieet: omnivoor; levend voer, diepvries- en vlokvoer, ook groenvoer; vooral verzot op zwarte muggenlarven

Milieu: temp. 17-26 °C; pH 6,5-7,5; dH tot 25°
Zone: midden
Kweek: levendbarend

Deze soort is een van de kleinste gewervelden; er zijn slechts 7 nog kleinere soorten bekend. Het is in elk geval de kleinste levendbarende gewervelde, en tevens een populair aquariumvisje. Gezien de grootte wordt hij meestal in een speciaal soortaquarium gehouden. Geef de dieren een klein, goed beplant aquarium met een beetje stroming. In schoon water en voorzien van veel fijn, levend voer planten ze zich snel voort; de tijd tussen twee worpen bedraagt slechts 14 dagen.

Opmerking: de soort behoudt zijn tere kleuren beter bij een dieet met veel muggenlarven. Net als *Gambusia affinis* is deze soort overal ter wereld uitgezet tegen de malariamug.

Kweekbak v. levendbarenden (p. 245)

Limia melanogaster ZWARTBUIKLIMIA

Familie: Poeciliidae
Areaal: Haïti, Jamaica
Grootte: mannetje 4 cm, vrouwtje 6,5 cm
Dieet: omnivoor; kleine levend voer (zoals muggenlarven, watervlooien), of diepvriesvarianten; ook vlokvoer en groenvoer (waaronder algen)
Milieu: temp. 22-28 °C; pH 7,5-8,5; dH 20-30°
Zone: midden
Kweek: levendbarend

Deze soort is vaak wel verkrijgbaar via verenigingen of gespecialiseerde handelaren. De dieren verlangen een beplante bak met hard water en een beetje stroming. Gebruik wel planten die tegen hard water kunnen, zoals Javavaren en *Vallisneria*-soorten. Een paar rotsen zijn ook prima, maar zorg voor genoeg vrije zwemruimte. Het mannetje heeft een gonopodium en blijft veel kleiner dan het vrouwtje, dat een opvallende drachtigheidsvlek ontwikkelt maar verder weinig kleur vertoont.

Opmerking: zorg voor water van goede kwaliteit en geef rijkelijk levend voer (vooral muggenlarven); dan plant deze soort zich gemakkelijk voort.

Kweekbak v. levendbarenden (p. 245)

Poecilia reticulata GUP

Familie: Poeciliidae
Areaal: Midden-Amerika tot Brazilië
Grootte: wilde vorm 3-5 cm; kweekvormen soms groter
Dieet: omnivoor; klein levend voer, diepvries- en vlokvoer, ook groenvoer
Milieu: temp. 22-28 °C (voor kweekvormen); pH 7,0-8,5; dH tot 30°
Zone: midden, boven
Kweek: levendbarend

WAAIERSTAART-GUPPEN

GOUDEN LUIPAARD-DELTASTAART-GUPPEN

De gup is zeer populair bij beginners. De wilde vorm wordt maar zelden aangeboden en is ook lastig te houden; de kweekvormen zijn echter algemeen verkrijgbaar. Guppen zijn al na 3-4 maanden geslachtsrijp en krijgen daarna elke 3-4 weken een veertigtal jongen, dus binnen een jaar kunnen diverse generaties worden gekweekt waaruit dan nieuwe 'zuivere lijnen' kunnen worden geselecteerd, op basis van kleur, grootte en vinvormen. Er bestaan talrijke kleurvariëteiten, en ook vinvormen (zoals waaierstaart, vlagstaart, schopstaart, deltastaart en rondstaart). De mannetjes hebben grotere vinnen en zijn veel bonter dan de vrouwtjes. Geef de dieren een goed beplant aquarium; het water mag niet al te zacht zijn. Ze eten vrijwel alles (ook hun eigen jongen), maar kunnen geen grote porties aan; geef vaker kleine beetjes. Geef ook sla en geplette erwten, dan blijven ze van de planten af.

Opmerking: de kweekvormen zijn geschikt voor een gezelschapsbak. Wilt u een bepaalde kweekvorm in stand houden, richt dan een soortaquarium voor ze in; anders gaan de kenmerken door kruising verloren. Zet veel planten in, als schuilplaats voor de jongen; of zet het vrouwtje in een broedzeef om de jongen ter wereld te brengen.

Tropisch zoetwateraquarium (p. 184-185)
Kweekbak v. levendbarenden (p. 245)

Poecilia sphenops MOLLY

Familie: Poeciliidae
Areaal: Mexico tot Colombia
Grootte: 6 cm
Dieet: omnivoor; kleine levend voer zoals insectenlarven (levend of diepvries), ook vlokvoer en groenvoer (waaronder algen, groenten en erwten)
Milieu: temp. 18-28 °C; pH 7,0-8,5; dH 12-30°
Zone: midden
Kweek: levendbarend

Ook van de molly's zijn door selectie allerlei variëteiten verkregen: black molly's, gemarmerde vormen, lierstaartmolly's, enzovoorts. De kweekvormen zijn ziektegevoelig en vragen een hogere temperatuur dan de wilde vormen. Een beetje zout in het water houdt ze langer gezond. Geef ze een goed beplante gezelschapsbak met hard water en medebewoners (en planten!) die warm en iets brak water verdragen.

Opmerking: Molly's planten zich gemakkelijk voort, ook in het aquarium. Mannetjes zijn te herkennen aan hun gonopodium; ze hebben ook grotere vinnen dan de vrouwtjes. Wilt u jongen overhouden, zorg dan voor veel planten in de bak; u kunt ook het vrouwtje in een grote opfokbak haar jongen laten krijgen.

Kweekbak v. levendbarenden (p. 245)

Poecilia velifera ZEILVINTANDKARPER

Familie: Poeciliidae
Areaal: Mexico
Grootte: 12 cm
Dieet: omnivoor; groenvoer, vooral algen, zijn een onmisbaar onderdeel van het dieet; neemt ook klein levend voer, diepvries- en vlokvoer
Milieu: temp. 25-28 °C; pH 7,5-8,5; dH 20-35°
Zone: midden
Kweek: levendbarend

De Zeilvintandkarper wordt vaak verward met de Breedvintandkarper (*P. latipinna*), die echter slechts 14 rugvinstralen bezit (hier 18-19). Overigens bestaan talrijke hybriden van beide soorten, in allerlei kleuren. Deze grote vissen vragen een ruime bak met hard, schoon, stromend water, waar best wat zout aan mag zijn toegevoegd. Ze houden ook van warmte. Zorg voor veel vrije zwemruimte; in een benauwde omgeving krijgen de mannetjes geen mooie, zeilvormige rugvin, om mee te pronken tegen de vrouwtjes.

Opmerking: voor de kweek is water van hoge kwaliteit nodig. Na een draagtijd van 4 weken komen tot 100 jongen ter wereld; deze leven van algen en fijn levend voer (bijv. artemia-naupliën).

Kweekbak v. levendbarenden (p. 245)

Xiphophorus helleri ZWAARDDRAGER

Familie: Poeciliidae
Areaal: Midden-Amerika
Grootte: mannetje 10, vrouwtje 12 cm
Dieet: omnivoor; kleine levend voer, diepvriesvoer; neemt ook vlokvoer en groenvoer
Milieu: temp. 20-26 °C; pH 7,0-8,0; dH 10-30°
Zone: midden
Kweek: levendbarend

RODE ZWAARDDRAGERS

GEMARMERDE ZWAARDDRAGERS

GOUDZWAARDDRAGER (MANNETJE

RODE WAGTAIL-LIERSTAART-ZWAARDDRAGER (VROUWTJE)

Zwaarddragers zijn vanouds populair, en er zijn ook talrijke kweekvormen met afwijkende kleuren en vinvormen ontstaan: zwarte, rode, gemarmerde, hoogvinnige en lierstaartvormen, in allerlei combinaties. Helaas zijn sterk doorgefokte vormen vaak ziektegevoelig. De 'standaardvorm' is het eenvoudigst te houden, ook in een normale gezelschapsbak. Wel kunnen de mannetjes soms bruut optreden tegen elkaar en andere vissen. Zwaarddragers zijn actieve dieren en vragen een groot aquarium met veel vrije zwemruimte, hard (maar niet zilt) water, en bossen planten voor de vrouwtjes (en andere vissen) om in weg te vluchten.

Opmerking: koop geen klein mannetje alleen maar omdat hij een mooie lange zwaardstaart heeft; de beste exemplaren krijgen pas een zwaard als ze al flink uitgegroeid zijn. Ze zijn eerder al te herkennen aan het gonopodium. Een vrouwtje krijgt tot 80 jongen per worp.

Tropisch zoetwateraquarium *(p. 184-185)*
Kweekbak v. levendbarenden *(p. 245)*

Xiphophorus maculatus SPIEGELPLATY

Familie: Poeciliidae
Areaal: Mexico, Guatemala, Noord-Honduras
Grootte: mannetje 2,5 cm, vrouwtje 6 cm
Dieet: omnivoor; klein levend voer, diepvries- en vlokvoer, ook groenvoer
Milieu: temp. 20-26 °C; pH 7,0-8,0; dH 10-30°
Zone: midden
Kweek: levendbarend

GOUDPLATY (VROUWTJE)

Een goede beginnerssoort. Platy's zijn er in allerlei kweekvormen, waaronder rode, maanvlek- en wagtail-platy's (de laatste met rood of geel lichaam en zwarte snuit en vinnen). Het zijn ideale vissen voor de gezelschapsbak; ze zijn vreedzaam en ook bij kleinere vissen te vertrouwen. De wilde vorm is wat lastiger te houden, want die vraagt heel bepaalde waterwaarden en veel warmte (minstens 28 °C). Natuurlijke populaties verschillen ook van kleur, al naar gelang van de vindplaats.

Opmerking: mannetjes blijven kleiner en hebben een gonopodium. Na een draagtijd van 3-4 weken worden tot 80 jongen ter wereld gebracht.

Tropisch zoetwateraquarium (p. 184-185)
Kweekbak v. levendbarenden (p. 245)

Xiphophorus variatus BONTE PLATY

Familie: Poeciliidae
Areaal: Zuid-Mexico
Grootte: mannetje 5,5 cm, vrouwtje 7 cm
Dieet: omnivoor; klein levend voer, diepvries- en vlokvoer; alle platy's hebben gevarieerd voer nodig; ze grazen ook op planten en algen in het aquarium
Milieu: temp. 15-25 °C; pH 7,0-8,0; dH 10-30°
Zone: midden
Kweek: levendbarend

De Bonte platy is al evenzeer aan selectieve kweek onderworpen geweest als de Spiegelplaty, en er bestaan vele kleur- en vinvormen van, zoals regenboog-, tijger-, marigold- en tuxedo-platy's. Ze zijn geschikt voor een gezelschapsbak met andere vreedzame vissen. Zorg wel voor plaatselijk dichte beplanting en schoon water. Alle platy's prefereren hard water en kunnen ook tegen de omstandigheden in een pas ingerichte bak; ze kunnen behulpzaam zijn bij de rijping van een aquarium als de nitrietpiek eenmaal voorbij is.

Opmerking: mannetjes hebben een gonopodium, vrouwtjes een zwangerschapsvlek. Ze planten zich al in de gezelschapsbak voort, maar gebruik een broedzeef als u niet wilt dat de jongen opgegeten worden.

Kweekbak v. levendbarenden (p. 245)

Regenboogvissen

Tot de regenboogvissen rekenen we de vertegenwoordigers van drie families: Melanotaeniidae, Pseudomugilidae en Telmatherinidae. Deze vissen leven in zoete en brakke wateren van Oost- en Noord-Australië, Nieuw-Guinea, Celebes en enkele naburige eilanden. Sommige soorten hebben een klein areaal, dat zelfs beperkt kan zijn tot een enkele meer of riviertje. Ze planten zich echter gemakkelijk voort, en veel soorten zijn regelmatig verkrijgbaar.

De eerste regenboogvissen kwamen in de jaren dertig vanuit Australië naar Europa, en wonnen snel de harten van de liefhebbers. Het zijn vaak kleine, vreedzame, heel aantrekkelijke vissen, befaamd om hun schitterende, rijke kleuren, die vooral bij mannetjes in de paartijd opvallen: rode en zwarte pigmenten, gemengd met blauwe en groene tinten die door lichtbreking ontstaan. De meeste hebben twee gescheiden rugvinnen.

Regenboogvissen zijn zeer actieve dieren; ze vragen een grote, goed beplante bak. De meeste zijn geschikt voor een gezelschapsaquarium. Ze kunnen veel hebben, maar zijn wel gevoelig voor de waterkwaliteit; in slecht water blijven ze bij de bodem, met toegeknepen vinnen.

Glossolepis incisus Rode regenboogvis

Familie: Melanotaeniidae
Areaal: Indonesië: West-Irian (Sentani-meer)
Grootte: mannetje 12 cm, vrouwtje 10 cm
Dieet: omnivoor; vlokvoer, kleine levend voer, diepvriesvoer
Milieu: temp. 24-26 °C; pH 6,8-7,2; dH tot 15°
Zone: midden, boven
Kweek: substraatlegger

Dit is een sterke soort, en ook regelmatig in de handel verkrijgbaar. Bega niet de fout alleen mannetjes te kopen vanwege hun mooie rode kleur; zonder de saai-zilverkleurige vrouwtjes worden de mannetjes ook veel bleker. Geef deze levendige vissen een bak met veel vrije zwemruimte, een goed filter en wat stroming in het water.

Opmerking: de dieprode kleur blijft mooier als de vissen veel levend voer krijgen. De kweek is eenvoudig; de dieren zetten enkele dagen achtereen af op Javamos of een mop van kunstwol. De piepkleine jongen hebben zeer fijn levend voer nodig: eerst pantoffeldiertjes (eenvoudig zelf te kweken), later artemia-naupliën. Ze groeien langzaam.

Kweekbak v. substraatleggers (p. 241)

Iriatherina werneri WERNERS REGENBOOGVIS

Familie: Melanotaeniidae
Areaal: Indonesië: West-Irian
Grootte: mannetje 3,5 cm, vrouwtje 3 cm
Dieet: omnivoor; kleine levend voer, diepvriesvoer; neemt soms ook droogvoer aan
Milieu: temp. 24-27 °C; pH 5,5-6,5; dH tot 10°
Zone: midden, boven
Kweek: substraatlegger

Een uitdaging voor meer ervaren liefhebbers! Deze soort kan het beste in een speciaal soortaquarium gehouden worden; in een gezelschapsbak bijten andere vissen vaak de lange, draadvormig uitgetrokken rug- en aarsvin van de mannetjes stuk (vrouwtjes missen deze franje). De dieren stellen hoge eisen aan de waterkwaliteit; loopt die terug, dan krijgen ze last van bacteriële infecties. Ze zijn op hun mooist in natuurlijk zonlicht, dat de mannetjes tot baltsen aanzet en de vrouwtjes tot ei-afzetting stimuleert.

Opmerking: geef Javamos of een kunstwolmop als afzetmateriaal; vervang dat regelmatig en breng de eieren naar een opfokbak. Geef de jongen infusoria als eerste voer.

Kweekbak v. substraatleggers (p. 241

Melanotaenia boesemani AYAMARU-REGENBOOGVIS

Familie: Melanotaeniidae
Areaal: Indonesië: West-Irian (Ayamaru-meer)
Grootte: mannetje 9 cm, vrouwtje 7 cm
Dieet: omnivoor; klein levend voer, diepvriesvoer; neemt ook vlokvoer aan
Milieu: temp. 27-30 °C; pH 6,5-7,0; dH tot 10°
Zone: midden, boven
Kweek: substraatlegger

Een waar pronkjuweel voor een groot, goed ingericht aquarium! Mannetjes zijn opvallend tweekleurig: blauwgrijs van voren, goudkleurig op het achterlijf. Helaas worden de kleuren bij nakweek-exemplaren na elke generatie fletser. De soort is eenvoudig te houden, zolang de waterkwaliteit op peil blijft; schaf een efficiënt filter aan, maar vermijd al te sterke stroming in de bak. Houd de dieren in een school.

Opmerking: mannetjes zijn kleuriger dan vrouwtjes. De vissen planten zich makkelijk voort; de eieren worden aan planten of een afzetmop gekleefd. Breng ze over naar een opfokbak. De zeer kleine jongen zijn lastig groot te brengen. Geef ze eerst infusoria, later artemia-nauplïen.

Tropisch zoetwateraquarium (p. 184-185)
Kweekbak v. substraatleggers (p. 241)

KOUDWATERVISSEN

HET BEGRIP KOUDWATERVIS ontstond pas toen er verwarmde of tropische aquaria in gebruik kwamen. Voordien hielden we in aquaria immers alleen vissoorten uit onze eigen rivieren en meren, dus altijd uit koele klimaten. In feite kan men veel karpers, modderkruipers, forellen en baarzen uit noordelijke streken laten wennen aan veel warmer water, als ze maar de tijd krijgen zich aan te passen. Sommige sterk doorgefokte kweekvormen van de goudvis (van oorsprong een koudwatervis uit China) kunnen zelfs alleen in warm water overleven.

Toch prefereren alle koudwatervissen temperaturen die niet te ver afliggen van wat ze in de natuur gewend zijn, en in de extreme hitte van tropische landen hebben ze koeling nodig. Forellen uit koude Europese wateren zijn ook in de tropen uitgezet, maar alleen in koude, zuurstofrijke bergbeken.

Omdat iedereen onze koudwatervissen kent, vinden sommige aquariumhoudres ze minder interessant dan de exotische importen uit de tropen. De wilde vormen zijn vaak ook nogal saai van kleur, en bonte kweekvormen zijn van de meeste soorten niet verkrijgbaar. Maar in een optimale omgeving zijn het vaak heel aantrekkelijke, levendige aquariumvissen. Sommige, zoals de goudvis, zijn ook geschikt voor de beginner.

Enneacanthus chaetodon SCHIJFBAARS

Familie: Centrarchidae
Areaal: VS: Maryland, New Jersey, New York
Grootte: 10 cm
Dieet: carnivoor; klein levend voer zoals pekelkreeftjes en muggenlarven; neemt maar zelden diepvries- of vlokvoer aan
Milieu: temp. 15-20 °C; pH 6,8-7,4; dH 8-20°
Zone: bodem, midden
Kweek: substraatlegger

Deze vissen hebben schoon, helder en zuurstofrijk water nodig; tegen chemicaliën, snelle temperatuurschommelingen of grote waterverversingen ineens zijn ze niet bestand. Ze nemen zelden diepvries- of droogvoer aan; u moet dus elke dag aan levend voer kunnen komen, en dat kan lastig zijn. Houd ze in een soortaquarium of samen met even grote, vreedzame vissen. In een beplante bak met rotsen, kienhout en een zachte bodem kunnen ze territoria vormen en plekjes vinden om te schuilen of eieren af te zetten.

Opmerking: in de paartijd graaft het mannetje een afzetkuil voor het vrouwtje; hij bewaakt ook het legsel en de jongen.

Onverwarmd aquarium (p. 190-161)
Kweekbak v. substraatleggers (p. 241)

Cobitis taenia KLEINE MODDERKRUIPER

Familie: Cobitidae
Areaal: Europa
Grootte: 12 cm
Dieet: carnivoor; klein levend voer zoals pekelkreeftjes en muggenlarven; kan soms aan diepvriesvoer gewend worden, maar vlokvoer wordt meestal geweigerd
Milieu: temp. 14-18 °C; pH 5,5-6,5; dH tot 10°
Zone: bodem
Kweek: vrijlegger

Deze vissen vragen een beplant aquarium met koel, schoon en zuurstofrijk water; temperaturen boven 20 °C overleven ze niet. Gebruik goed afgerond, fijn zand als bodemlaag, waarin de gevoelige baarddraden niet afslijten; lichte stroming wordt op prijs gesteld, maar de vissen moeten natuurlijk niet van het substraat worden gespoeld. Het zijn lastige eters, met een voorkeur voor levend voer. Het zijn ook nachtdieren, dus voeder pas als de lampen uit zijn; houd een lamp aan in de kamer om te zien of ze echt wel eten. Bij de (kleinere) mannetjes is de tweede buikvinstraal verdikt.

Opmerking: gepaaid wordt in lente en vroege zomer; de eieren worden op de bodem verstrooid.

Kweekbak v. vrijleggers (p. 240)

Cottus gobio RIVIERDONDERPAD

Familie: Cottidae
Areaal: Europa
Grootte: 15 cm
Dieet: omnivoor; kleine ongewervelde waterdiertjes (levend of uit de diepvries); met name volwassen dieren nemen ook wel vlokvoer en voedertabletten aan
Milieu: temp. 10-20 °C (nooit hoger); pH 6,8-7,5; dH tot 10°
Zone: bodem; zelden los van het substraat
Kweek: substraatlegger

Dit is een soort van snelstromende, zuurstofrijke beken met stenige bodem; probeer dus in het aquarium een vergelijkbare omgeving voor ze te construeren, met grind en keien, een paar platte rotsen en ook wat planten. Essentieel is water van hoge kwaliteit, met een hoog zuurstofgehalte en flinke stroming. De vissen zwemmen met rukjes over de bodem of over de stenen; ze passen zich goed aan het aquariumleven aan.

Opmerking: de kweek is in voorjaar en zomer mogelijk in een bak met ondiep water, vooral als de vissen 's winters koeler zijn gehouden. Ze graven een hol onder een platte steen. De jongen prefereren fijn levend voer, maar nemen na een tijdje ook fijn vlokvoer aan.

Onverwarmd aquarium (p. 190-191)
Kweekbak v. substraatleggers (p. 241)

Carassius auratus GOUDVIS

Familie: Cyprinidae **Areaal:** China **Grootte:** 25 cm, maar meestal kleiner	**Dieet:** omnivoor; vlokvoer en voedertabletten; geef ook groenvoer en levend of diepvriesvoer; de vissen knabbelen soms aan planten	**Milieu:** temp. 10-30 °C; pH 6,5-7,5; dH tot 15° **Zone:** bodem, midden, boven **Kweek:** vrijlegger

GEWONE GOUDVIS

Goudvissen worden al eeuwen in gevangenschap gehouden; ze worden al genoemd in dichtwerken uit 800 AD. Ze stammen uit China en raakten via Japan over het Verre Oosten verspreid. In de 17de of 18de eeuw werden de eerste exemplaren in Europa ingevoerd; rond 1900 bereikte de Goudvis ook Amerika.

De wilde vorm van *Carassius auratus* is een vaalbruine vis, maar in cultuur zijn allerlei kleur-, vin- en rompvormen ontstaan; ook de ogen en schubben zijn vaak veranderd. Vormen met enkele staart zijn sterker dan dubbelstaartvormen; men kan ze zowel in een vijver als in een aquarium houden.

Dubbelstaartvormen kunnen 's zomers ook naar buiten, maar willen 's winters toch binnen staan. Ze hebben een eivormig lichaam; behalve de staartvin is ook de aarsvin verdubbeld. Ze worden in het Verre Oosten en in Florida massaal gekweekt, en voortdurend worden nieuwe variëteiten in de handel gebracht. Sommige wijken dramatisch af van het oorspronkelijke type, zoals Blaasogen, vormen met grote zakken onder de opgerichte ogen. Er zijn veel verenigingen van goudvisliefhebbers, die criteria hebben vastgesteld waaraan de dieren moeten voldoen; daarbij kijkt men naar vorm, aantal en lengte van de vinnen, naar de rompvorm, de beschubbing en vele andere kenmerken.

Goudvissen zijn populair, maar worden vaak mishandeld; ten onrechte denkt men dat ze overal tegen kunnen. Om ze gezond te houden moet u ze goed verzorgen, zoals elke vis. Ze produceren zelf veel afval en woelen ook veel vuil uit de bodem op bij hun niet-aflatende gezoek naar voedsel. Een efficiënte filterinstallatie en regelmatige waterverversing (wekelijks 25%) zijn dan ook noodzakelijk. Zet niet te veel vissen bij elkaar; als het water zuurstofarm of te warm wordt, hangen ze aan het oppervlak 'naar lucht te happen'.

Opmerking: Goudvissen planten zich gemakkelijk voort. Bij de normale vorm is de aarsvin bij het mannetje hol, bij het vrouwtje bollend. In de paaitijd (het voorjaar) krijgen de mannetjes witte wratjes op de kop en de kieuwdeksels. Na een inleidende balts worden tot 1000 eieren afgezet, die na een dag of vijf uitkomen. De jongen zijn eenvoudig groot te brengen met klein levend voer. Jonge goudvisjes zijn effen bruinachtig; pas na een maand of acht ontwikkelen zich de gouden, rode of witte kleuren.

Onverwarmd aquarium *(p. 190-191)*
Kweekbak v. vrijleggers *(p. 240)*

KOMEETSTAART

Een slanke, elegante vis met een verlengde staartvin die tot driekwart maal zo lang als het lichaam kan zijn; de staartvinlobben zijn spitser dan bij de normale goudvis. De schubben hebben een sterke metaalglans en zijn meestal oranje of deels wit.

DEMEKIN (MOOR)

Moren lijken op de eerste Ford-modellen: ze zijn er in alle kleuren als het maar zwart is. Goede exemplaren hebben metalig glanzende schubben en fluweelzwarte vinnen. Zoals alle vormen met sluiervinnen zijn ze niet goed bestand tegen temperaturen onder 13 °C.

CHINSURIN

Deze vissen hebben opvallende, gewelfde schubben, als parels, lichter van kleur dan de ondergrond. De romp is bol, de vinnen zijn van het sluierstaart-type. Deze en andere gedrongen vormen kunnen niet zo goed zwemmen als de slankere normale vorm of de Komeetstaart.

CALICO-SLUIERSTAART

Van deze vorm bestaan varianten met metalig glanzende dan wel parelmoerachtige schubben. De ogen kunnen normaal zijn, of omhooggericht (telescoop-oog). Hoofdkenmerk is de gecompliceerde staartvin, die de ruglijn moet voortzetten zonder slap te hangen.

ORANDA

Bij deze vorm hebben de kwekers een framboosachtige woekering op de kop geselecteerd. De vinnen zijn doorzichtig en extreem verlengd, de schubben glanzen metalig en de kleur is diep oranje met wit. De vorm 'Roodkapje' heeft een zilverkleurig lichaam en een rode 'framboos'.

SHUBUNKIN

De romp is hier normaal gevormd, maar blauwwit met zwarte, rode, bruine en gele vlekken plus zwarte stipjes. De schubben hebben parelmoerglans of zijn dof en haast onzichtbaar. De Bristol-variant heeft grotere, meer afgeronde staartvinlobben dan de Londense vorm.

Notropis lutrensis ROODBORST-GLANSVOORN

Familie: Cyprinidae
Areaal: VS: Midwest van Illinois en Kansas tot de Rio Grande
Grootte: 8 cm
Dieet: omnivoor; klein levend voer of diepvriesvarianten, plus vlokvoer; neemt ook groenvoer aan
Milieu: temp. 15-25 °C; pH 6,8-7,5; dH 8-20°
Zone: midden, boven
Kweek: eierleggend (details onbekend)

Een prachtig scholenvisje dat het goed doet in een lang aquarium met zuurstofrijk water en veel vrije zwemruimte; houd de dieren altijd in een groep. Ververs wekelijks een kwart van het water. Als u ze bij tropische temperaturen houdt, worden ze veel minder oud. Ze houden van een dunbevolkte bak met stroming, een goede filterinstallatie en wat stenen en bossen planten als dekking.

Opmerking: de mannetjes zijn kleuriger dan de vrouwtjes, vooral in de paartijd, bij de balts; dan krijgen ze ook wratjes op de snuit ('paringsuitslag'). De vrouwtjes hebben altijd een hoger lichaam dan mannetjes van gelijke lengte. Wilt u met deze vissen kweken, geef ze dan in de wintermaanden een koelere periode.

Onverwarmd aquarium (p. 190-191)

Rhodeus spp. BITTERVOORN

Familie: Cyprinidae
Areaal: Europa, Oost-Azië
Grootte: 6-12 cm, afhankelijk van de soort
Dieet: omnivoor; klein levend voer zoals muggenlarven, ook diepvriesvoer en vlokvoer
Milieu: temp. 15-24 °C; pH 6,5-7,4; dH tot 10°
Zone: bodem, midden
Kweek: substraatlegger (in zoetwatermossels)

Er zijn diverse soorten in de handel, alle geschikt voor een onverwarmde bak. Ze vragen water van goede kwaliteit en een goed filter; geef ze een bak met een bodem van zand of fijn grind, wat planten en grote zoetwatermosselen om er de eieren in af te zetten. In de paartijd is de man fraai gekleurd. Koop een paartje, of een schooltje als u het verschil tussen mannetjes en vrouwtjes niet kunt zien.

Opmerking: de kweek is lastig; ook de zoetwatermosselen moeten goed verzorgd worden. Het vrouwtje brengt de eieren via haar legbuis in de kieuwholte van de mossel, die vervolgens het homvocht van het mannetje met het ademwater aanzuigt. De eieren ontwikkelen zich in de kieuwholte; de jonge visjes worden uitgestoten.

Onverwarmd aquarium (p. 190-191)

Gasterosteus aculeatus DRIEDOORNIGE STEKELBAARS

Familie: Gasterosteidae
Areaal: Europa, Noord-Azië, Groenland, IJsland, Noord-Amerika, Algerije
Grootte: 10 cm
Dieet: carnivoor; klein levend voer, na gewenning ook diepvriesvoer; neemt echter zelden vlokvoer aan; de jongen hebben zeer fijn levend voor nodig
Milieu: temp. 10-20 °C; pH 6,0-7,4; dH tot 10°
Zone: bodem, midden, boven
Kweek: nestbouwer

Vooral kinderen vinden het leuk stekelbaarsjes in een aquarium te houden. Deze levendige visjes vragen een bak met schoon, zuurstofrijk water en een bodem van fijn grind. Men kan ze in een groepje houden (meer vrouwtjes dan mannetjes). Zorg voor schuilplaatsen in de beplanting, maar ook voor vrije zwemruimte. Geef vooral levend voer; aan diepvriesvoer kunnen ze wennen, maar vlokvoer wordt meestal geweigerd.

Opmerking: de voortplanting wordt gestimuleerd door een koude periode in de winter. Het (slankere, kleuriger) mannetje bouwt een nest van plantendelen. Hij lokt verschillende vrouwtjes aan, die er achtereenvolgens tot 50 eieren in afzetten; daarna bewaakt hij het nest en ook de jongen, tot die voor zichzelf kunnen zorgen.

Onverwarmd aquarium (p. 190-191)

Gymnocephalus cernuus POS

Familie: Percidae
Areaal: Europa, Azië
Grootte: 25 cm
Dieet: carnivoor; dierlijk voedsel zoals garnalen, insectenlarven en kleine visjes, levend of uit de diepvries (maar liefst levend); neemt zelden vlokvoer of voedertabletten aan
Milieu: temp. 10-20 °C; pH 6,5-7,5; dH tot 15°
Zone: bodem, midden
Kweek: substraatlegger

Deze aantrekkelijke vis past zich meestal goed aan het aquariumleven aan; zorg wel voor een goed filter en zuurstofrijk water. Het is een actieve scholenvis; houd deze dieren dus in een groepje, in een grote, goed beplante bak. Ze zijn wel kieskeurig; allerlei soorten levend voer worden graag gegeten, maar aan vlokvoer of voedertabletten beginnen ze niet graag. In de natuur eten ze veel eieren van andere vissen.

Opmerking: hun neiging om alles wat leeft en in hun bek past op te eten, zelfs andere vissen, heeft ook zijn nadelige kanten. Houd ze alleen samen met vissen die te groot zijn om als prooi te dienen. De kweekbak moet worden ingericht met stenen en planten om op af te zetten.

Onverwarmd aquarium (p. 190-191)
Kweekbak v. substraatleggers (p. 241)

BRAKWATERVISSEN

BIJNA AL HET WATER op de wereld is zout (in zee) of zoet (in rivieren en meren). Zoetwatervissen kunnen niet in zee leven, maar wel komen er soorten voor waar rivieren in zee uitmonden en het water brak is. Deze vissen zijn daaraan aangepast; ze verdragen de door eb en vloed veroorzaakte schommelingen in het zoutgehalte en het waterpeil. In dat veranderlijke milieu vinden we onder meer grondels, argusvissen, zilverbladvissen alsook meervallen uit de familie Ariidae. Vaak hebben deze dieren al die variatie echt nodig om te kunnen leven; ze gaan dood als ze lang in hetzelfde milieu verblijven. Brakwatervissen vragen dus ook een heel speciale behandeling in het aquarium. Ze gedijen niet in zoet water, al komen ze daar in de natuur soms wel periodiek in voor.

De hier gegeven temperatuurgrenzen mogen niet overschreden worden, maar andere waterwaarden mogen of moeten zelfs variëren. Gebruik zeezout om de pH en de hardheid op een aanvaardbaar niveau te houden. Niet alle soorten passen bij elkaar; let daar goed op.

Brakwatervissen zijn niet zo bont als sommige koraalvissen en minder eenvoudig te houden dan zoetwatervissen, maar vormen vanwege hun leefwijze toch een uitdaging die de moeite waard is.

Anableps spp. VIEROOGVIS

Familie: Anablepidae
Areaal: Midden-Amerika, noordelijk Zuid-Amerika
Grootte: 30 cm, maar meestal kleiner
Dieet: carnivoor; kleine ongewervelden (levend of diepvries); neemt ongaarne droogvoer
Milieu: temp. 24-28 °C; pH 7,6-7,8; dH tot 15°; s.g. 1,002-1,007
Zone: boven
Kweek: levendbarend

Vieroogvissen hebben gedeelde ogen waarmee ze boven en onder water kunnen zien. Geef ze een groot soortaquarium met grindbodem, warm water, zouttolerante planten, veel vrije zwemruimte, een lage waterstand, een goed sluitende dekruit om de lucht vochtig te houden en een goed filter dat de afvalstoffen van deze eiwit-eters aankan. Maak een strandje; ze komen half uit het water om daar op te rusten. Vermijd scherpe objecten waaraan ze de ogen kunnen beschadigen.

Opmerking: laat ze in een groepje van 6-8 zelf paren vormen. Het gonopodium van het mannetje buigt of naar links, of naar rechts; bij het vrouwtje moet de geslachtsopening aan de andere kant zitten.

Kweekbak v. levendbarenden (p. 245)

Arius seemani HAAIMEERVAL

Familie: Ariidae
Areaal: Stille-Oceaankust van Californië tot Colombia
Grootte: 30 cm
Dieet: omnivoor; vis(vlees), garnalen, ook voedertabletten en ander droogvoer
Milieu: temp. 22-28 °C; pH 7,0-8,0; dH tot 20°; s.g. 1,002-1,007
Zone: bodem, midden
Kweek: muilbroeder

Deze actieve vissen houden van het gezelschap van soortgenoten en vragen een groot aquarium met veel vrije zwemruimte en flinke stroming. Het zijn geen nachtdieren, zoals veel andere meervallen. Zolang de waterkwaliteit op peil blijft zijn ze eenvoudig te houden. Ze patrouilleren gedurig door de bak en eten allerlei dierlijk voedsel, ook kleine vissen. Op latere leeftijd verdwijnt de zilverkleur. Ze hebben een tere, onbeschubde huid; de bak mag geen scherpe voorwerpen bevatten. Pas bij het uitvangen op voor de scherpe vinstekels.

Opmerking: vrouwtjes worden forser dan mannetjes en hebben een klein aanhangsel aan de buikvinnen. Over de kweek is niets bekend.

Brakwater-aquarium (p. 194-195)

Telmatherina ladigesi CELEBES-ZEILVIS

Familie: Telmatherinidae
Areaal: Celebes (thans Sulawesi)
Grootte: 7,5 cm
Dieet: omnivoor; klein levend voer zoals pekelkreeftjes en muggenlarven, of diepvriesvarianten; neemt ook vlokvoer aan, maar levend voer is beter voor de kleuren en de groei
Milieu: temp. 22-28 °C; pH 7,0-7,6; dH 12-15°; s.g. 1,002-1,007
Zone: midden
Kweek: substraatlegger

Een prachtig scholenvisje dat bij voorkeur in een groep van minstens 6 exemplaren moet worden gehouden, in een beplant aquarium met veel vrije zwemruimte. Kies de medebewoners met zorg; zet er alleen kleine soorten bij die niet in de lange vinnen van de mannetjes bijten.

Opmerking: de vissen reageren slecht op fluctuaties in de waterwaarden; ververs niet te veel water ineens. Gebruik voor de kweek een bak met fijnbladige planten en ook drijfgroen om in af te zetten. Haal de ouders (een enkel kweekstel of een groepje) na de ei-afzetting weg. De eieren komen na 7-10 dagen uit; geef de jongen artemia-nauplïen of gezeefde watervlooien.

Brakwater-aquarium (p. 194-195)
Kweekbak v. substraatleggers (p. 241)

Chanda ranga GLASBAARS

Familie: Chandidae
Areaal: Thailand, Birma, India
Grootte: 8 cm
Dieet: omnivoor; klein levend voer of diepvriesvoer; neemt ook vlokvoer en voedertabletten aan
Milieu: temp. 20-30 °C; pH 7,6-7,8; dH tot 15°; s.g. 1,002-1,007
Zone: midden
Kweek: substraatlegger

Eigenaardig transparante vissen; daarom worden ze veel gekocht. Houd ze in een beplant aquarium met andere vreedzame vissen. De mannetjes hebben een blauw randje aan de rug- en aarsvin, en hun zwemblaas is van achteren meer toegespitst. Ze vertonen soms territoriaal gedrag; zorg voor ruimte en veel schuilplaatsen. Levend voer verdient de voorkeur.

Opmerking: de eieren worden aan planten vastgekleefd en komen na 24 uur uit. De opfok van de jongen is erg lastig. Gebruik een speciale kweekbak en verwijder de ouders na de ei-afzetting. Het legsel verschimmelt vaak; dat kan met een fungicide worden verholpen.

Brakwater-aquarium (p. 194-195)
Kweekbak v. substraatleggers (p. 241)

Brachygobius xanthozona GEELBANDGRONDEL

Familie: Gobiidae
Areaal: Zuidoost-Azië, Thailand, Zuid-Vietnam
Grootte: 4,5 cm
Dieet: carnivoor; klein levend voer of diepvriesvoer; neemt zelden droogvoer aan
Milieu: temp. 25-30 °C; pH 7,6-8,5; dH tot 15°; s.g. 1,002-1,007
Zone: bodem
Kweek: substraatlegger

Deze visjes (ook Bijtje genoemd) kan men het beste in een soortaquarium houden, of anders samen met vissen uit de middelste en hogere waterlagen die niet met ze concurreren om een plekje op het substraat. Maak schuilplaatsen van stenen, hout, planten en bloempotjes. Ze eten het liefst levend voer (vooral tubifex en enchytreeën), maar ook muggenlarven en watervlooien uit de diepvries gaan er wel in.

Opmerking: waterverversing met zoet water stimuleert de ei-afzetting (in een bloempot of onder een platte steen). Het mannetje bewaakt het broed; de jongen zwemmen eerst los van de grond en gaan pas later op de bodem liggen, zoals de ouders. Geef ze eerst artemia-nauplïen.

Brakwater-aquarium (p. 194-195)
Kweekbak v. substraatleggers (p. 241)

Periophthalmus spp. SLIJKSPRINGER

Familie: Gobiidae
Areaal: Afrika, Zuid-Azië tot Australië
Grootte: 15 cm
Dieet: carnivoor; kleine ongewervelden (waaronder wormen, krekels en vliegen, bij voorkeur levend); neemt ook diepvriesvoer en vlokvoer aan
Milieu: temp. 25-30 °C; pH 8,0-8,5; dH tot 15°; s.g. 1,002-1,007
Zone: bodem
Kweek: eierleggend (details onbekend)

Slijkspringers leven in mangrovemoerassen; vaak zitten ze te rusten in ondiep water, met hun ogen juist boven het oppervlak. Ze vragen een speciaal aquarium met schoon water, een strandje waar ze op kunnen kruipen, alsook rotsen en wortels om uit het water te klimmen. De lucht boven water moet net zo warm zijn als het water zelf, en ook vochtig (zorg voor een goed sluitende dekruit!). Schaf ook een zeer efficiënte filterinstallatie aan, want het water moet aan de hoogste kwaliteitseisen voldoen. In een omgeving als deze kunnen bacteriële infecties snel toeslaan. Geef gevarieerd dierlijk voedsel, vooral veel levend voer.

Opmerking: deze vissen worden erg tam, maar gebruik een pincet als u ze met de hand wilt voeren – ze hebben een prima stel tanden!

Stigmatogobius sadanundio GESTIPPELDE GRONDEL

Familie: Gobiidae
Areaal: Filippijnen, Borneo, Java, Sumatra, Zuidoost-Azië
Grootte: 8,5 cm
Dieet: omnivoor; klein levend voer (bijv. muggenlarven) of diepvriesvarianten; eet in het aquarium ook algen
Milieu: temp. 20-28 °C; pH 7,6-8,0; dH tot 15°; s.g. 1,002-1,007
Zone: bodem, midden
Kweek: substraatlegger

Een rustig visje, het meest op zijn gemak in een beplant aquarium, eventueel met andere soorten die de bovenste waterlagen bewonen. Maak veel schuilplaatsen, zodat de dieren hun territoriale neigingen kunnen uitvieren; ze kunnen er ook hun eieren in afzetten. Een nachtelijke afkoeling van een paar graden is goed voor ze. Probeer nooit deze vissen aan zacht water te wennen, want daar kunnen ze niet tegen.

Opmerking: de mannetjes hebben langere vinnen; vrouwtjes blijven wat kleiner en zijn meer geel van kleur. Een kweekstel zet tot 1000 eitjes af aan het plafond van het hol; beide ouders bewaken het broed, dat vrij eenvoudig is groot te brengen met artemia-naupliën.

Brakwater-aquarium (p. 194-195)
Kweekbak v. substraatleggers (p. 241)

Dermogenys pusillus HALFSNAVELBEKJE

Familie: Hemiramphidae **Areaal:** Zuidoost-Azië, Maleisië, Thailand, Indonesië **Grootte:** 7 cm	**Dieet:** carnivoor; klein levend voer, ook vliegjes; neemt ook diepvriesvoer en vlokvoer aan **Milieu:** temp. 18-30 °C; pH 7,6-	7,8; dH tot 15°; s.g. 1,002-1,007 **Zone:** boven **Kweek:** levendbarend

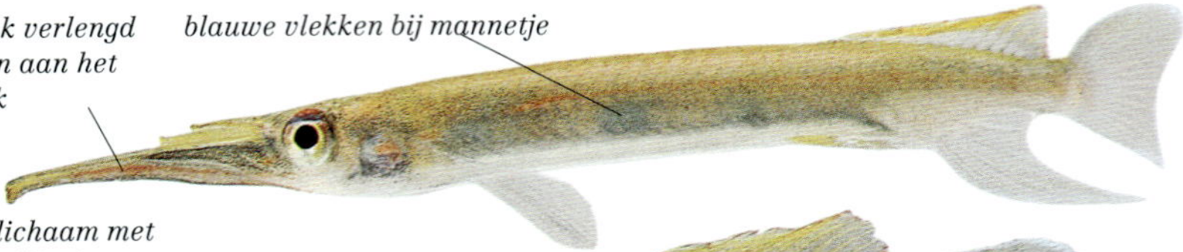

Geef deze aparte, nogal schuwe visjes een ondiep soortaquarium met hoekbeplanting en veel vrije zwemruimte. Zet ook drijfplanten in, als zitplaats voor voedselinsecten; zorg voor een goed sluitende dekruit. Is er te weinig dekking in de beplanting, dan bevechten de mannetjes elkaar met hun verlengde onderkaak tot er gewonden vallen. Het beste kan men een enkel mannetje met 2 of 3 vrouwtjes samenhouden.

Opmerking: mannetjes blijven kleiner en hebben een omgevormde aarsvin. De kweek is lastig; 3-8 weken na de balts en bevruchting brengt het vrouwtje 10-30 jongen ter wereld, maar zelfs na enkele gelukte nesten kan wel eens een miskraam volgen. De jongen hebben zeer fijn levend voer nodig (bijv. artemia-nauplièn).

Kweekbak v. levendbarenden (p. 245)

Monodactylus argenteus ZILVERBLADVIS

Familie: Monodactylidae **Areaal:** kusten van Oost-Afrika tot Indonesië **Grootte:** 25 cm	**Dieet:** omnivoor; leven en diepvriesvoer, vlokvoer, ook groenvoer **Milieu:** temp. 24-28 °C; pH 7,6-7,8; dH tot 15°; s.g. 1,002-1,007	**Zone:** midden **Kweek:** eierleggend (details onbekend)

Een aantrekkelijke, schijfvormige scholenvis die echter schuw wordt als men hem samenhoudt met grotere, drukke vissen. De dieren zijn erg gevoelig voor slecht water; een efficiënt filter is vereist, alsmede sterke beluchting en regelmatige waterverversing. Koop zo nodig een eiwitafschuimer. Houd een groepje van 4-6 dieren in een beplante bak met voldoende vrije zwemruimte en schuilplaatsen tussen rotsen en wortels. Het felle zwart en geel van de jongen vervaagt op den duur; bij oude exemplaren zijn alleen de vinnen nog gekleurd.

Opmerking: Zilverbladvissen eten vaak erg gulzig; overvoer ze niet. Ze grijpen ook kleine visjes, als ze de kans krijgen.

Brakwater-aquarium (p. 194-195)

Poecilia latipinna BREEDVINTANDKARPER

Familie: Poeciliidae
Areaal: zuidelijke VS
Grootte: mannetje 10 cm, vrouwtje 12 cm
Dieet: omnivoor; veel groenvoer (waaronder algen), plus vlokvoer, diepvries- en levend voer; eet graag watervlooien en muggenlarven
Milieu: temp. 20-28 °C; pH 7,5-8,5; dH tot 20°; s.g. 1,002-1,007
Zone: midden, boven
Kweek: levendbarend

Deze vissen worden overal ter wereld commercieel gekweekt; daarbij zijn ook enkele kweekvormen ontstaan. Ze zijn ideaal voor een brakwateraquarium, waarin ze zich gemakkelijk voortplanten; men kan ze overigens ook in zoet water houden. Ze knabbelen wel eens aan de planten, maar de schade blijft beperkt als u ze ook geplette erwten en ander groenvoer aanbiedt. Geef frequent kleine porties voer.

Opmerking: mannetjes hebben een gonopodium en flamboyante vinnen. Wilt u jongen overhouden, zet dan de vrouwtjes apart in een opfokbak, of vang de pasgeboren jongen dadelijk weg en laat ze elders opgroeien. Als alles meezit worden elke maand wel 40 of meer jongen geboren.

Brakwater-aquarium (p. 194-195)
Kweekbak v. levendbarenden (p. 245)

Scatophagus argus GEWONE ARGUSVIS

Familie: Scatophagidae
Areaal: Indische en Stille Oceaan: Indonesië, Filippijnen, helemaal tot Tahiti
Grootte: 30 cm
Dieet: omnivoor; gevarieerd menu van levend en /of diepvriesvoer, ook algen en ander groenvoer, deeg van roggemeel
Milieu: temp. 20-28 °C; pH 7,6-7,8; dH tot 15°; s.g. 1, 002-1,007
Zone: midden
Kweek: eierleggend (details onbekend)

Argusvissen zijn dol op planten, dus moet een beplante bak bij deze dieren een vrome wens blijven. Ze knabbelen zelfs aan de hardbladige Javavaren. Gebruik rotsen of hout als decoratiemateriaal, en ook als schuilplaats. Houd ze in een groepje (3-4 stuks) en zorg voor vrije zwemruimte. Schaf een efficiënt filter aan en houd de waterwaarden goed in de gaten; vooral jonge dieren kunnen slecht tegen nitriet. Tijdens de groei neemt de behoefte aan zout toe; de volwassen dieren leven het liefst in puur zeewater.

Opmerking: de larven hebben een grote kop en een zwaar pantser van beenplaten, dat tijdens het opgroeien verdwijnt; hetzelfde zien we bij de volledig mariene koraalvlinders.

Brakwater-aquarium (p. 194-195)

Brachirus salinarum ZOUTPANNENTONG

Familie: Soleidae
Areaal: Australië
Grootte: 15 cm
Dieet: carnivoor; kleine ongewervelden (levend of diepvries); neemt soms zinkend vlokvoer of voedertabletten aan
Milieu: temp. 22-30 °C; pH 7,6-8,0; dH tot 15°; s.g. 1,002-1,007
Zone: bodem
Kweek: eierleggend (details onbekend)

Deze kleine tongvissen bewonen van nature ondiepe, brakke wateren. Ze zijn sterk gebonden aan de bodem en vooral 's nachts actief; overdag graven ze zich gedeeltelijk in het zand in. Ze zijn vreedzaam en kunnen met andere kleine, rustige soorten worden samengehouden. Leg stenen in de bak om op te rusten; het aquarium kan verder met planten en hout worden ingericht. Koop een goed filter om het opgewoelde vuil weg te vangen en een beetje stroming in het water te brengen.

Opmerking: voeder de dieren pas als de lampen uit zijn; geef voer dat naar de bodem zinkt, want ze komen niet omhoog om het op te halen. Ze zijn dol op kleine wormen zoals enchytreeën, maar wees niet te scheutig met zulk vetrijk voer. Over de voortplanting is niets bekend.

Chelonodon nigroviridis GROENE KOGELVIS

Familie: Tetraodontidae
Areaal: Zuidoost-Azië, van India tot de Filippijnen
Grootte: 17 cm
Dieet: omnivoor; dierlijk voer (slakken, garnalen, wormen), ook groenvoer, vlokvoer en voedertabletten
Milieu: temp. 24-28 °C; pH 7,6-8,0; dH tot 15°; s.g. 1,002-1,007
Zone: midden
Kweek: substraatlegger

Onvriendelijke dieren zijn het: onverdraagzaam en agressief tegen alles en iedereen, ook al hebben ze maar twee tanden in elke kaak. Zet er alleen even grote soorten bij die zich kunnen verdedigen. Houd ze in een beplante bak met veel vrije zwemruimte; gebruik stevige planten, want kogelvissen gaan ook de vegetatie te lijf. Geef ze gevarieerd voedsel. Jonge dieren zijn beter aan het aquarium te wennen dan volwassen exemplaren.

Opmerking: om te dreigen of om zich te verdedigen blazen de dieren zich gedeeltelijk op. De soort is wel nagekweekt in het aquarium; de eieren worden op de bodem gelegd en het mannetje bewaakt het broed. Het vlees van de Groene koffervis is giftig voor mens en dier; geef dus ook nooit een dode koffervis aan uw kat!

Toxotes jaculatrix SCHUTTERVIS

Familie: Toxotidae
Areaal: van India via Zuidoost-Azië tot Noord-Australië
Grootte: tot 24 cm, meestal kleiner
Dieet: carnivoor; levend voer; kan ook aan diepvriesvoer wennen
Milieu: temp. 25-30 °C; pH 7,6-8,0; dH tot 15°; s.g. 1,002-1,007
Zone: boven
Kweek: eierleggend (details onbekend); in gevangenschap waarschijnlijk niet mogelijk

Schuttervissen zijn meestal vreedzaam en ook minder schrikachtig als men ze in een groep houdt, mits van ongeveer gelijke dieren; kleine exemplaren worden anders aangevallen door grote. Men kan ze samenhouden met zilverbladvissen of argusvissen, al worden die op den duur te groot en te wild. Geef schuttervissen een ruime bak met vrije zwemruimte; let goed op de waterkwaliteit en ook op de temperatuur; in te koud water gaan de dieren snel dood. Bied ze levende prooien aan, zoals vliegen of maden (te koop in de dierenwinkel, of zelf kweken).

Opmerking: schuttervissen eten graag sprinkhanen, krekels, vliegen en spinnen die in het water vallen of daar in de buurt komen. In de jeugd zijn ze vaak aan vlokvoer te wennen, maar sommige dieren weigeren dat.

Brakwater-aquarium (p. 194-195)

JACHTTECHNIEK MET WATERSTRAAL

OOK WORDT IN DE SPRONG GEJAAGD

In een speciaal aquarium met planten boven de waterspiegel kunnen schuttervissen hun jachtkunsten laten zien: ze schieten insecten van een blad af met een goed gemikte straal water. Scherm lampen en fittingen goed af, want dat zijn gevaarlijke doelwitten. Breng een dekruit aan, want de vissen kunnen ook hoog opspringen naar een prooi. Voedsel wordt overigens ook gewoon van het oppervlak genomen.

ZOETWATER-PLANTEN

De planten in het aquarium worden vaak minder belangrijk gevonden dan de vissen, maar toch spelen ze een zeer voorname rol. Vissen vinden er veilige schuilplaatsen in; ze nemen ook nitraten op, wat goed is voor de waterkwaliteit. Een goed groeiende beplanting voorkomt ook lelijke alggroei. En natuurlijk wordt het aquarium er aantrekkelijker door. Gebruik wel alleen soorten die ook in de natuur gewend zijn onder water te groeien: echte waterplanten, dus. Koop ook geen zieke planten met veel verkleurd of dood blad. Zoek (net als bij de vissen) soorten uit die passen bij de waterwaarden in uw bak, en zorg voor toereikende verlichting.
Op de volgende bladzijden behandelen we diverse tropische zoetwaterplanten met uiteenlopende kleuren, afmetingen en bladvormen, alsook enkele soorten die brak of koud water verdragen.

◁ EEN RIJKBEPLANT ZOETWATERAQUARIUM

KNOLGEWASSEN

DE KNOLDRAGENDE aarfonteinkruiden uit het geslacht *Aponogeton* zijn gewilde aquariumplanten, ook al leven ze vaak maar een enkel seizoen. De knollen worden in vochtige toestand ingevoerd; u kunt deze dadelijk in de bak zetten, en ze vormen dan weldra bladen en wortels. U kunt ook uitgelopen exemplaren kopen; dan kunt u zien of ze gezond zijn.

Aponogeton-soorten groeien ongeveer acht maanden bevredigend door, maar verliezen dan hun hoofdbladen, die wel 50 cm lang kunnen worden; er blijft dan alleen een klein bladrozet aan de voet over. Op zo'n moment moet u de planten ongeveer 2 maanden in veel koeler water zetten; daarna kunnen ze weer terug naar het aquarium. Daar hervatten ze dan weer de groei, en komen ze soms zelfs in bloei. Wordt er ook zaad gezet, dan kunt u de planten daar goed mee vermeerderen; laat dan de zaden in ondiep water kiemen.

Ook *Barclaya*- en *Nymphaea*-soorten (uit de Waterleliefamilie) hebben knollen. Net als bij *Aponogeton* worden die in vochtige staat verhandeld en kan men ze in het aquarium laten uitlopen. De bladen zijn teer, en slakken zijn er dol op. *Barclaya* is een zeer gezochte aquariumplant. Hij vormt een bundel lange, smalle, lancetvormige bladen; soms bloeit hij ook en vormt dan onder water kiemkrachtige zaden. *Nymphaea*-soorten krijgen eerst een grondstandig rozet van rode of groene ondergedoken bladen, later ook langgesteelde drijfbladen, die men in het aquarium beter kan afknijpen, tenzij men de plant ook wil laten bloeien. Vermeerdering uit zaad is mogelijk; ook de knol vormt zijspruiten die men kan lossnijden.

Aponogeton rigidifolius

Aarfonteinkruiden hebben lange bladen, bij elke soort weer anders. Ze houden van zacht water en matig sterke verlichting. Houd de bak schoon, anders gaat de knol rotten en raken de bladen bealgd.

Barclaya longifolia

Deze mooie plant is in twee vormen verkrijgbaar: met olijfgroene of diep purperen bladen. Ze groeien alleen goed in een sterk verlicht aquarium; ze komen dan ook in bloei en zetten kiemkrachtig zaad.

OOK AANBEVOLEN:

Aponogeton boivinianus (Hamerslag-aarfonteinkruid)
A. crispus (Gekroesd aarfonteinkruid)
A. madagascariensis (Madagascar-gaasplant)
A. ulvaceus (Zeesla-aarfonteinkruid)
A. undulatus (Golfbladig aarfonteinkruid)
Nymphaea maculata (Tijgerlotus)
N. stellata (Sterwaterlelie)

DRIJFPLANTEN

VEEL DRIJFPLANTEN zijn uitstekend bruikbaar in een aquarium. Vissen kunnen er hun eieren in afzetten, kwetsbaar jongbroed vindt er een schuilplaats in, en ze geven schaduw en dekking waar schuwere vissen zich wel bij voelen. Ze hoeven niet in de bodem te wortelen; ze drijven los op het water of zweven vlak onder het oppervlak. Sommige soorten, zoals Javamos en Watervorkje, hechten zich gemakkelijk op kienhout of stenen en kunnen ook boven water uitgroeien. De Sumatravaren pas zich wel gemakkelijk aan; hij kan geworteld groeien, boven en onder water, en ook als drijfplant. Een oude getrouwe voor koudwaterbakken is Hoornblad, met lange stengels die een dicht tapijt vlak onder het oppervlak vormen.

Deze soorten stellen maar weinig eisen: goede verlichting, regelmatige waterverversing en niet zo veel stroming dat ze tegen de randen van de bak geduwd worden. Voorkom echter wel dat condensdruppels van de dekruit op drijfbladen vallen; dat kan rotting tot gevolg hebben, of in combinatie met felle lampen ook brandplekken.

Eendenkroos zullen de meeste aquariumhouders maar al te goed kennen. Deze nietige plantjes kunnen zich razendsnel en vrijwel oncontroleerbaar vermeerderen en zelfs de filterslangen verstopt doen raken. De plantjes plakken ook gemakkelijk vast aan schepnetten, handen en armen, en zo brengt men ze vaak ongezien over naar andere aquaria. Zorg er tot elke prijs voor dat u het niet in uw bakken krijgt, of u zou vissen moeten houden die er van eten, zoals sommige grotere karperachtigen.

Pistia stratiotes
MOSSELPLANT

Te herkennen aan de afgerond-wigvormige, behaarde bladen in een rozet. Tussen de lange wortels vinden jonge visjes schaduw en bescherming.

Salvinia auriculata
GEOORDE VLOTVAREN

Vlotvarens hebben rondachtige, harige blaadjes en bieden de vissen goede dekking. Ze vragen vrij veel licht en prefereren middelhard water.

OOK AANBEVOLEN:

Ceratopteris thalictroides (Sumatravaren)
C. cornuta (Eikenbladvaren)
Ceratophyllum spp. (Hoornblad)
Riccia fluitans (Watervorkje)
Vesicularia dubyana (Javamos)

Rozetplanten

Rozetplanten staan stevig verankerd in de bodem en gaan al snel een dominante rol in het aquarium spelen. Kies de plaats waar u ze plant goed uit; zijn ze eenmaal geworteld, dan kunt u ze niet verzetten zonder ravage in de bak aan te richten.

Planten van dit type worden voor de handel gekweekt in kleine, plastic korfjes, en ook zo verkocht. U kunt ze met korfje en al in de grond zetten, maar dat staat lelijk als de vissen ze blootwoelen. Vaak zit er steenwol aan de wortels, die irritaties kan veroorzaken bij vissen; verwijder die dus voorzichtig en plant ze met schone wortels. Zitten er meer plantjes in een korfje, maak ze dan los en plant ze apart, zodat ze meer ruimte hebben om te groeien. Beschadiging van de wortels leidt soms tot afsterving van een paar bladen, maar die worden gelijk met de wortels snel geregenereerd. Zit de groei er goed in, geef ze dan eens per 3 of 4 maanden speciale aquarium-mesttabletten of konijnenkeutels die u in de bodem drukt. Wilt u de groei vertragen, neem ze dan bij de wortelhals vast en trek ze even zachtjes omhoog, zodat er wat wortels afbreken.

Javavaren, Dwergspeerblad en Congovaren hebben een kruipende wortelstok met hechtworteltjes waarmee ze zich op hout of rotsen verankeren (eventueel geholpen door een binddraadje). Deze planten zijn nuttig om hogerop in de bak begroeiing te krijgen; en omdat ze niet in de grond staan, kunnen ze ook niet door gravende vissen worden losgetrokken.

Anubias nana
Dwergspeerblad

Met deze kleine plant kan toch een hoge achtergrondbeplanting worden gerealiseerd, door ze met nylondraad losjes vast te binden op stenen of hout. Hij prefereert gedempt licht.

Cryptocoryne wendtii

Crypto's breiden zich gestaag uit in het aquarium, maar zijn goed onder controle te houden (anders dan Vallisneria). Dun de groepen periodiek uit, want dat bevordert de groei.

Echinodorus bleheri
BREDE AMAZONE-ZWAARDPLANT

Het wortelstelsel van een Amazone-zwaardplant kan de hele bodem van een klein aquarium in beslag nemen. Deze tot 60 cm hoge soort is evenals veel verwanten het beste als solitair in een grote bak te gebruiken, een eindje voor de achterwand; zorg voor veel licht en zacht water.

Vallisneria spiralis
VALLISNERIA

Vallisneria breidt zich sterk uit via lange uitlopers die nieuwe planten vormen. Hij houdt van sterke verlichting en hard water.

Echinodorus tenellus
DWERGZWAARDPLANT

Deze laagblijvende soort is bruikbaar in kleine aquaria of als voorgrondbeplanting in grotere bakken; hij breidt zich sterk uit via uitlopers. Hij vraagt veel licht en zacht water; lage temperaturen (tot 15 °C) worden goed verdragen.

Microsorium pteropus
JAVAVAREN

Het wortelvilt van Javavaren dringt niet de grond in, maar hecht zich goed aan stenen of hout. De plant groeit langzaam maar is sterk; hij vraagt ook niet veel licht.

OOK AANBEVOLEN:

Aglaonema simplex
Bolbitis heudelotii (Congovaren)
Cryptocoryne affinis
Cryptocoryne crispatula (= *C. balansae*)
Cryptocoryne ciliata
Cryptocoryne nevilli (Dwergcrypto)
Echinodorus bleheri (Brede Amazone-zwaardplant)
Echinodorus martii (= *E. major*)
Sagittaria platyphylla (Groot pijlkruid)
Sagittaria subulata (Dwergpijlkruid)
Vallisneria tortifolia (Schroefvallisneria)

Stengelplanten

Sommige aquariumplanten worden verhandeld als stekje, in feite een stengeltop zonder wortels. Ze groeien meestal hoog op; in het aquarium zijn ze het beste als achtergrondbeplanting te gebruiken, want als u ze vooraan zet moet u ze regelmatig inkorten. Door hun gevarieerde kleuren en bladvormen kan men er contrastrijke composities mee maken.

De groene soorten zijn meestal eenvoudiger te houden dan de roodbladige, die veel meer licht behoeven. Fijnbladige soorten zoals *Cabomba* vragen een efficiënt filter, omdat het loof anders verstikt onder de rondzwevende molm.

Zet de stekken altijd apart in de grond, in naar achteren oplopende rijen, zodat het licht ook de laagste bladen bereikt; anders worden de onderste delen van de plant bruin en gaan ze rotten. Op deze manier ziet de groep er ook mooier uit, als een gesloten muur van vegetatie. Probeer geen tijd te winnen door de stekken in bundels te planten; zo beschadigt u de stengels en treedt rotting op, vooral bij tere soorten zoals *Rotala macrandra*.

Veel stengelplanten kunnen zowel onder als boven water groeien (submers, resp. emers). Emerse planten zijn steviger (meer houtig) en eenvoudiger te stekken; de bladvorm kan afwijken van de submerse vorm. Zet men ze in het aquarium, dan vallen de meeste bladen vaak af; maar binnen enkele weken lopen vanuit de knopen nieuwe loten uit. Zijn die lang genoeg, dan kunnen ze worden afgeknepen en als stekjes geplant; als ze zijn aangeslagen kunt u de houtige stengels weggooien. Worden de loten te lang, snoei ze dan tot de gewenste lengte terug en plant de toppen weer terug. Laat de onderstengels in een andere bak opnieuw uitlopen; zo krijgt u snel meer planten.

Voor koudwaterbakken en brakwateraquaria hebt u planten nodig die respectievelijk lage temperaturen en een beetje zout kunnen verdragen; let goed op de kweekaanwijzingen. Enkele voor dit doel bruikbare soorten zijn opgesomd in de tabel onder aan p. 109.

Ook aanbevolen:

Alternanthera reineckii 'Rosaefolia' (Rood papegaaienblad)
Ammania senegalensis (Cognacplant)
Ceratophyllum spp. (Hoornblad)
Didiplis diandra (Amerikaanse waterpostelein)
Egeria densa (Argentijnse waterpest)
Elodea canadensis (Canadese waterpest)
Heteranthera zosterifolia (Zeegrasbladig sterkruid)
Hygrophila difformis (Vaantjesplant)
Hygrophila polysperma (Belgisch blad)
Hygrophila salicifolia
Limnophila aquatica (Reuzenambulia)
Ludwigia mullertii
Ludwigia repens (Kruipend waterlepeltje)

Bacopa caroliniana
GROTE BACOPA

Bacopa-soorten hebben tegenoverstaande, vlezige bladen. Ze groeien snel, maar hebben vrij veel licht nodig. Zet ze op de achtergrond en laat ze hoog opgroeien.

Cabomba caroliniana
GEWONE CABOMBA

Met de fijnbladige *Cabomba*-soorten kan men mooi open plekjes opvullen, maar de cultuur is lastig: veel licht, zacht water en een schoon aquarium, zodat het blad niet vuil of bealgd raakt.

Hygrophila corymbosa

Een grofbladige plant, waartussen vissen een goede schuilplaats kunnen vinden. Hij groeit het beste in sterk verlichte aquaria met vrij hard, stromend water.

Rotala macrandra
RODE ROTALA

Deze plant verdraagt geen sterke stroming, want dan raakt het zachte loof snel beschadigd. Zorg voor krachtige verlichting, anders verliest hij zijn kenmerkende rode kleur.

BRAKWATERPLANTEN

Ceratophyllum spp. (Hoornblad)
Cryptocoryne ciliata
Elodea canadensis (Canadese waterpest)
Hygrophila polysperma (Belgisch blad)
Microsorium pteropus (Javavaren)
Sagittaria platyphylla (Groot pijlkruid)
Sagittaria subulata (Dwergpijlkruid)
Vallisneria spiralis (Gewone vallisneria)
Vallisneria tortifolia (Schroefvallisneria)
Vesicularia dubyana (Javamos)

KOUDWATERPLANTEN

Ceratophyllum demersum (Grof hoornblad)
Echinodorus tenellus (Dwergzwaardplant)
Egeria densa (Argentijnse waterpest)
Elodea canadensis (Canadese waterpest)

HET ZEE AQUARIUM

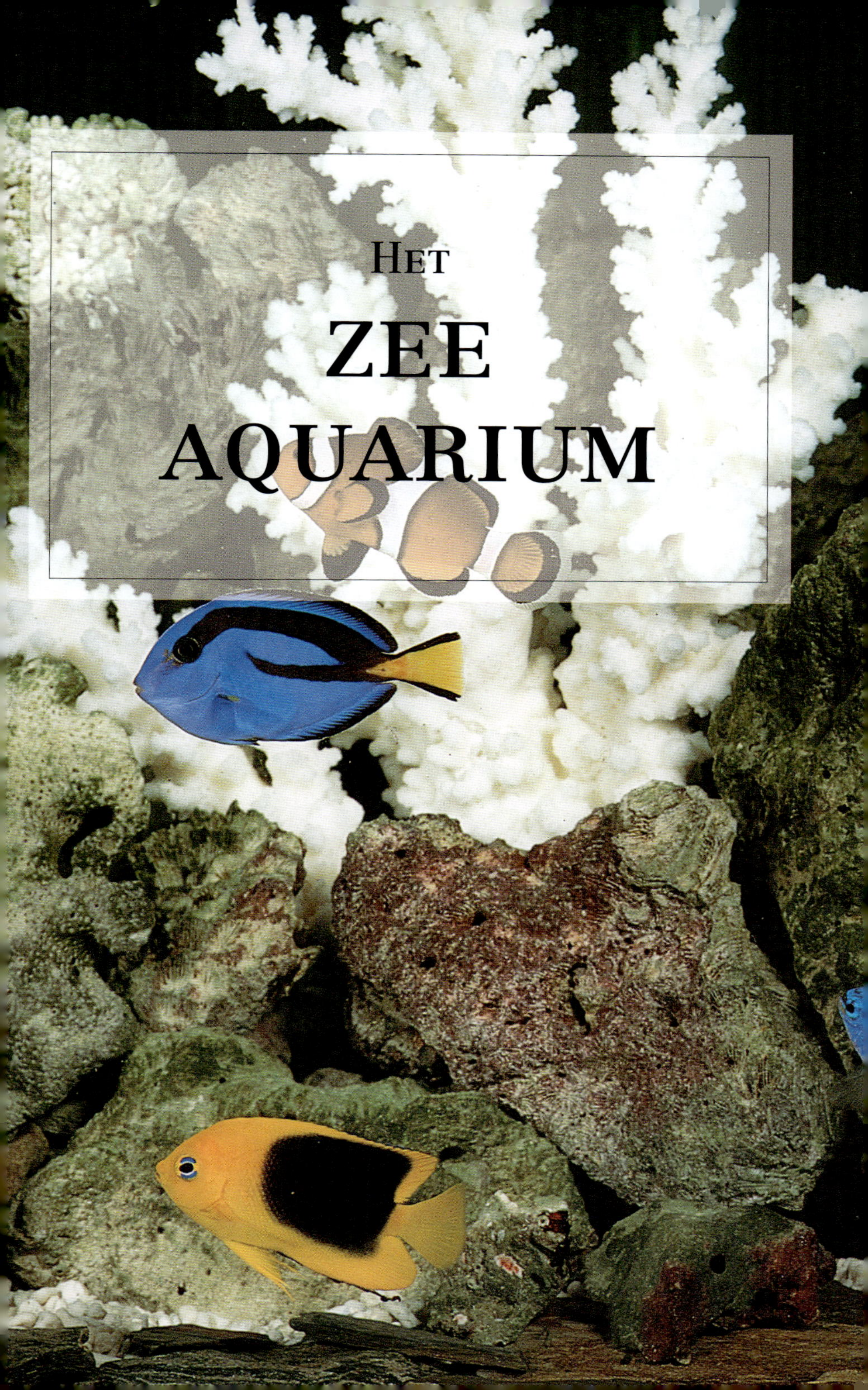

MARIENE VISSEN EN ONGEWERVELDEN

Veel aquarianen zweren bij een zeeaquarium, vanwege de betoverende rijkdom aan kleuren en vormen. Het hoogste ideaal is dan een rifaquarium, met zowel vissen als ongewervelden. De in dit hoofdstuk behandelde soorten vertegenwoordigen maar een fractie van alles wat u in een zeeaquarium zou kunnen houden. Kies uw dieren met grote zorg; veel soorten zijn lastig te houden door hun voedselgewoonten en gedrag. Zeevissen vragen ook meer ruimte en stellen hogere eisen aan de waterkwaliteit dan zoetwatervissen. Vaak moet men ze alleen houden omdat ze alles in hun omgeving verslinden; sommige soorten zijn zelfs giftig. Ongewervelde zeedieren stellen zeer hoge eisen; daar moet u alleen aan beginnen als u een ervaren aquariumhouder bent.

◁ EEN MOOI ONTWIKKELD RIFAQUARIUM

ANEMOONVISSEN

DE FAMILIE POMACENTRIDAE valt in twee groepen uiteen: anemoonvissen en juffertjes. Het zijn populaire aquariumvissen; veel liefhebbers hebben via deze vissen voor het eerst met het zeeaquarium kennisgemaakt.

Anemoonvissen, om hun grappige, schommelende zwemwijze en de felle kleuren ook wel clownvissen genoemd, zijn het meest bekend om hun samenleving met zeeanemonen, met name *Stoichactis*- en *Heteractis*-soorten. De anemonen bezitten netelcellen als afweermiddel en om er prooien mee te verdoven; anemoonvissen echter hebben een huidslijmlaag die ze immuun maakt voor het netelgif. Daardoor beschouwt de anemoon de vis niet als prooi, en beide dieren kunnen harmonisch samenleven. Deze vissen kunnen overigens best zonder anemoon gehouden worden en omgekeerd. Anemoonvissen zijn territoriaal ingesteld; houd maar een enkel paartje per anemoon.

Diverse soorten planten zich ook in het aquarium voort. Koop een paartje of twee mannetjes – een van beide zal een vrouwtje worden. Een groep kan ook, maar als het dominante paar eieren heeft afgezet gaat het mannetje het legsel fanatiek beschermen en moeten de andere dieren worden verwijderd, anders worden ze aangevallen. De jongen zijn moeilijk groot te brengen; ze hebben als eerste voer raderdiertjes nodig.

Amphiprion clarkii CLARKS ANEMOONVIS

Familie: Pomacentridae
Areaal: Indische en Stille Oceaan
Grootte: 5 cm
Dieet: omnivoor; fijngesneden vis, garnalen of schelpdieren, ook algen en ander plantaardig voer; neemt soms vlokvoer aan
Milieu: temp. 24-26 °C; pH 8,3-8,4; s.g. 1,023-1,027
Zone: bodem
Kweek: substraatlegger

Deze soort heeft een groot verspreidingsgebied, wat tot het ontstaan van talrijke locale kleurvormen heeft geleid. Meestal is het lichaam donkerbruin, met twee verticale witte banden bij de volwassen vissen; jonge dieren hebben er drie. Snuit en buik zijn geel, evenals de staart-, aars- en borstvinnen; de rugvin is bruin. Het zijn vreedzame, actieve vissen, geschikt voor een gezelschapsaquarium. Ze eten haast elke soort klein dierlijk voedsel, maar ook plantenkost en soms zelfs droogvoer.

Opmerking: deze vissen kunnen met ongewervelden worden samengehouden. Kweken lukt ook; de mannetjes bewaken legsel en jongbroed. Overal zijn nakweek-exemplaren in de handel.

Tropisch zeeaquarium (p. 196-197)

Amphiprion ocellaris DRIEBAND-ANEMOONVIS

Familie: Pomacentridae
Areaal: Indische en Stille Oceaan
Grootte: 5 cm
Dieet: omnivoor; klein dierlijk voedsel, waaronder fijngehakte vis, garnalen en schelpdieren; vooral nakweekdieren nemen ook vlokvoer aan
Milieu: temp. 24-26 °C; pH 8,3-8,4; s.g. 1,023-1,027
Zone: bodem, midden
Kweek: substraatlegger

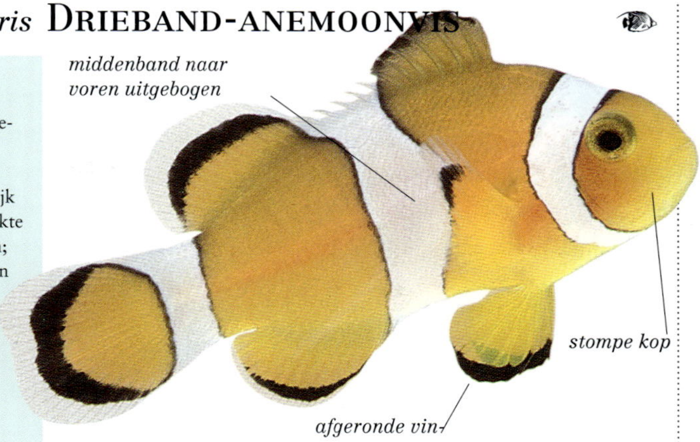

Als er één soort de naam clownsvis verdient, dan is deze het wel. Oranjegeel met witte banden en zwarte vinranden: een plaatje van een vis, haast niet uit het zeeaquarium weg te denken. De soort is wijdverbreid; populaties kunnen sterk van kleur verschillen. In het aquarium is hij makkelijk te houden, ook samen met ongewervelden; de kweek is evenmin lastig. In de handel zijn zowel import- als nakweekdieren.

Opmerking: breng de dieren in kweekconditie met goed voer en geef ze een geschikte anemoon. De voortplanting begint met het schoonpoetsen van een steen of schelp nabij de voet van de anemoon. Daar worden dan weldra de oranjegele eieren op afgezet, die door het mannetje fel worden verdedigd, tot ze na 7 tot 10 dagen zijn uitgekomen.

Rifaquarium (p. 198-199)

Premnas biaculeatus STEKEL-ANEMOONVIS

Familie: Pomacentridae
Areaal: Indische en Stille Oceaan, van Madagascar via Australië en de Filippijnen tot de Solomon-eilanden.
Grootte: 10 cm
Dieet: carnivoor; fijngesneden vis of schelpdiervlees; kan soms aan vlokvoer gewend worden
Milieu: temp. 24-26 °C; pH 8,3-8,4; s.g. 1,023-1,027
Zone: bodem, midden
Kweek: substraatlegger

Deze soort wordt duidelijk wat groter dan de andere anemoonvissen, en verschilt ook door het bezit van twee lange doornen onder de ogen; *Amphiprion*-soorten hebben alleen kleine stekeltjes op de kieuwdeksels. De kleur is dieprood met witte strepen; het is een populaire aquariumvis, al gedragen deze dieren zich soms agressief tegen soortgenoten en andere vissen; zet er alleen ongeveer even grote vissen bij. Met de eigen partner kunnen ze altijd prima opschieten. Ze eten desnoods droogvoer, maar liever fijngehakt diepvriesvoer.

Opmerking: ongewervelden worden door deze nogal bijterige vissen toch meestal met rust gelaten. Soms planten ze zich in het aquarium voort.

Rifaquarium (p. 198-199)

JUFFERTJES

JUFFERTJES WORDEN BESCHOUWD als sterke vissen en dus geschikt als eerste vis in een pas ingerichte, ongerijpte bak, desnoods in handen van een beginner in de zeeaquaristiek. Dat moge zo zijn, maar daarom mag men ze nog niet in een slecht onderhouden bak met veel nitriet en ammonia houden. Net als andere vissen worden ze door slecht water of overmatige stress vatbaar voor ziekten. Sommige soorten mag men ook helemaal niet gebruiken om een zeeaquarium te laten rijpen; ga dat goed na voor u dieren koopt.

In de vrije natuur zwemmen deze actieve visjes druk rond op koraalriffen, altijd in de buurt van hun territorium. Gezien dat gedrag hebben ze een ruim aquarium met veel schuilplaatsen nodig. Vaak hebben ze felle kleuren; die verbleken echter door stress, en ook als ze zich voor roofvijanden verbergen. Men kan ze het beste in een groepje van zes of meer dieren houden, want het zijn scholenvissen.

De voeding is de eenvoud zelve; ze eten vrijwel alles. Een gevarieerd menu is het beste, met levend, diepvries- en droogvoer, plus groenvoer. De kweek in het aquarium is wel te doen. De geslachten zijn te herkennen aan de genitaalpapil, vooral in de voortplantingstijd goed te zien: bij de man is die slank en iets spits, bij het vrouwtje breder en stomp. De eieren worden op een platte steen of een schelp afgezet.

Paraglyphidodon oxyodon JAVAANS JUFFERTJE

Familie: Pomacentridae
Areaal: westelijke Stille Oceaan
Grootte: 7,5 cm
Dieet: omnivoor; kleine ongewervelden zoals mysisgarnaaltjes en pekelkreeftjes (levend of diepvries), plus vlokvoer; neemt ook wel groenvoer aan, waaronder algen
Milieu: temp. 24-26 °C; pH 8,3-8,4; s.g. 1,023-1,027
Zone: midden
Kweek: substraatlegger

Een van de meer veeleisende soorten van juffertjes, die alleen kan aarden in een bak met water van perfecte kwaliteit. De dieren zijn agressief tegen soortgenoten en hebben veel ruimte nodig om een territorium te vestigen. Op de foto is een jong dier afgebeeld, met een geelwitte, verticale band vlak voor de rugvin, een lichtblauwe voorborst en felblauwe lijnen in de kopstreek en op de rug; op latere leeftijd verdwijnt deze tekening, en de volwassen dieren zijn veel minder opvallend, effen dofgrijs. In het aquarium zijn ze vrij gemakkelijk te houden; ze accepteren ook de meeste soorten voer, mits niet te grof.

Opmerking: deze soort kan ook met ongewervelden worden samengehouden in een rifaquarium.

Chromis cyanea BLAUWE RIFBAARS

Familie: Pomacentridae
Areaal: tropische delen van de Atlantische Oceaan
Grootte: 5 cm
Dieet: omnivoor; fijngesneden vis, garnalen en schelpdieren; neemt ook vlokvoer en groenvoer
Milieu: temp. 24-26 °C; pH 8,3-8,4; s.g. 1,023-1,027
Zone: midden
Kweek: substraatlegger

Een mooie, vreedzame scholenvis die graag soortgenoten om zich heen heeft. Het lichaam is bezet met zwarte stipjes en lijnen die in de vinnen doorlopen en fraai afsteken tegen de stralend blauwe achtergrond. De diepgevorkte staartvin en de horizontale stippellijnen geven de vis een gestroomlijnd uiterlijk, goed passend bij zijn actieve levenswijze. De soort is zeer geschikt voor een rifaquarium, ook met ongewervelden. Zorg voor zuurstofrijk water en veel vrije zwemruimte.

Opmerking: wilt u een kweekpoging doen, houd dan mannetjes en vrouwtjes in een schooltje samen. In de paartijd breidt de zwarte band op het bovenlichaam van de mannetjes zich uit.

Tropisch zeeaquarium (p. 196-197)

Chrysiptera parasema GOUDSTAARTJUFFERTJE

Familie: Pomacentridae
Areaal: Stille en Indische Oceaan, tot in de Rode Zee
Grootte: 5 cm
Dieet: omnivoor; fijngesneden vis, garnalen en schelpdieren; aanvullen met vloekvoer en wat groenvoer
Milieu: temp. 24-28 °C; pH 8,3-8,4; s.g. 1,023-1,027
Zone: midden
Kweek: substraatlegger

Op en top een juffertje, vaak een beetje lastig en geneigd tot ruziemaken met iedere vis die zijn territorium durft binnen te dringen. De dieren zijn sterk; ideaal dus voor een beginnersaquarium, ook omdat ze haast alles eten, inclusief de meeste handelsvoedersoorten en plantenkost. Bovendien is het een erg mooi visje, met zijn felblauwe lichaam en heldergele of oranje staart; alleen de rand van de staartvin is kleurloos. De schubben hebben een donker centrum, en ook door het oog loopt een donker streepje. De stekelige rugvin en de hoog boogvormige ruglijn passen goed bij het opvliegende karakter van deze vis.

Opmerking: de soort kan redelijk goed met ongewervelden worden samengehouden; ze richten weinig schade aan.

Dascyllus aruanus MARKIEZINNETJE

Familie: Pomacentridae
Areaal: Indische en Stille Oceaan
Grootte: 7,5 cm
Dieet: omnivoor; fijngesneden vis, garnalen en schelpdieren; neemt ook vlokvoer en groenvoer aan
Milieu: temp. 24-26 °C; pH 8,3-8,4; s.g. 1,023-1,027
Zone: midden
Kweek: substraatlegger

Een opvallend zwart-wit getekend visje, heel gewild en ook geschikt voor de beginner; deze dieren zijn bestand tegen de barre omstandigheden in een recent ingericht aquarium. Dit is wel de sterkste van alle juffertjes, maar ook hij verdient toch wel een goed onderhouden bak met veel schuilplaatsen, zoals die ook altijd te vinden zijn op de koraalriffen waar hij van nature leeft. Het Zwartstaartjuffertje (*Dascyllus melanurus*) ziet er vrijwel net zo uit, behoudens de geheel zwarte staartvin; deze soort komt voor in het westelijke deel van de Stille Oceaan, tot Sumatra.

Opmerking: de vis vestigt een territorium en is agressief tegen soortgenoten; ongewervelde dieren laat hij met rust.

Tropisch zeeaquarium (p. 196-197)

Dascyllus carneus WITSTAARTJUFFERTJE

Familie: Pomacentridae
Areaal: Indische en Stille Oceaan
Grootte: 7,5 cm
Dieet: omnivoor; fijngesneden vis, garnalen en schelpdieren; neemt ook vlokvoer en groenvoer
Milieu: temp. 24-26 °C; pH 8,3-8,4; dH s.g. 1,023-1,027
Zone: midden
Kweek: substraatlegger

rugvin achteraan kleurloos

Lijkt in zijn gedragingen veel op het Markiezinnetje, maar is minder sterk en ook wat subtieler gekleurd. Het voorlichaam en de meeste vinnen zijn donkerbruin, het achterlijf lichtgeel-roomkleurig, in de staartvin tot kleurloos verdund. Sommige dieren hebben een meer grijsbruin lichaam met een opvallende witte vlek hoog op de flanken, onder het voorste deel van de rugvin. Op de schubben zijn blauwe vlekjes zichtbaar.

Opmerking: deze vissen zijn betrekkelijk vreedzaam van aard; Wel kibbelen ze tegen soortgenoten; in een groep met even grote dieren gebeurt dat overigens minder. De soort kan met ongewervelden worden samengehouden.

Dascyllus trimaculatus FLUWELEN JUFFERTJE

Familie: Pomacentridae
Areaal: Stille en Indische Oceaan tot de Rode Zee
Grootte: 7,5 cm
Dieet: omnivoor; fijngesneden vis, garnalen en schelpdieren; neemt ook gretig vlokvoer en groenvoer aan
Milieu: temp. 24-26 °C; pH 8,3-8,4; s.g. 1,023-1,027
Zone: midden
Kweek: substraatlegger

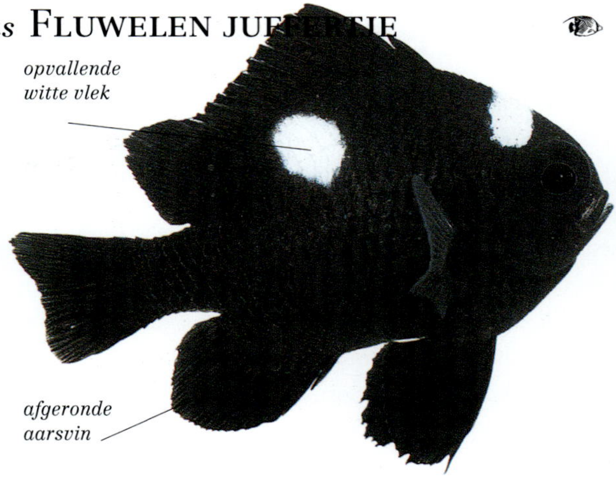

Deze vissen hebben in de jeugd opvallende witte vlekken op de voorrug en hoog op de flank, midden onder de rugvin, zoals op de foto; bij oudere dieren vervagen deze vlekken en wordt het hele lichaam fluwelig zwart. In stress-situaties verbleken ze echter tot dofgrijs; alleen de schubranden blijven zwart en vallen dan meer op. Controleer in zo'n geval de waterkwaliteit en verbeter die zo nodig. De soort wordt regelmatig in de handel aangeboden en geeft in het aquarium weinig problemen, ook niet ten aanzien van de voeding, want de dieren eten haast alles met smaak. Zorg wel voor een rotspartij met veel schuilplaatsen.

Opmerking: vaak zijn ze agressief tegen soortgenoten en soms ook tegen andere vissen. Men kan ze wel met ongewervelden samenhouden.

Pomacentrus caeruleus AZUREN JUFFERTJE

Familie: Pomacentridae
Areaal: Indische en Stille Oceaan
Grootte: 5 cm
Dieet: omnivoor; fijngesneden vis, garnalen en schelpdieren, plus mysisgarnaaltjes en pekelkreeftjes (levend of diepvries); aanvullen met vlokvoer en plantaardig voer
Milieu: temp. 24-26 °C; pH 8,3-8,4; s.g. 1,023-1,027
Zone: midden
Kweek: substraatlegger

In de jeugd is het Azuren juffertje een sociaal dier, graag in het gezelschap van soortgenoten, maar geleidelijk worden ze onverdraagzaam; volwassen dieren reageren vaak agressief, zowel onderling als tegen andere vissen. Zet er dus geen kleine visjes bij, want die worden vaak geterroriseerd en kunnen verwondingen oplopen. Geef deze dieren een ruime bak met veel schuilplaatsen. Ondanks hun vechtlustige karakter zijn ze toch populair; ze zijn ook prachtig felblauw van kleur, met geelwitte stipjes op de schubben en een kenmerkende zwarte streep vanaf de snuitpunt tot achter het oog. De kleurpatronen zijn overigens iets variabel. Het lichaam is vrij slank, voor een juffertje.

Opmerking: deze juffertjes laten ongewervelde dieren in het algemeen wel met rust.

Keizersvissen

Keizersvissen en ook de kleinere dwergkeizersvissen zijn geliefd om hun mooie kleuren, maar de grote soorten zijn niet geschikt voor de beginner. Het zijn kieskeurige eters en ze worden lusteloos of ziek als de waterkwaliteit terugloopt. Ze zijn ook erg territoriaal ingesteld; men kan ze het beste alleen houden. Dwergkeizersvissen (*Centropyge*-soorten) zijn veel beter in een aquarium te houden. In gevangenschap worden ze zelden langer dan 10 cm, ze zijn vreedzaam, niet lastig wat het voer betreft en ze kunnen ook met ongewervelden worden samengehouden. Men kan er een paartje van kopen, of desnoods een hele groep.

Geef keizersvissen een rifaquarium met veel holen en spleten om zich in te verschuilen. In de vrije natuur plukken ze hun voedsel van riffen af; ze eten kleine ongewervelden, koraalpoliepen, sponzen en algen. Bied ze ook in het aquarium een gevarieerd menu van levend voer en diepvriesvoer, zoals mysisgarnaaltjes, pekelkreeftjes, garnalen, mosselvlees, gemalen spons en algen. Volwassen wildvangdieren zijn vaak moeilijker aan het eten te krijgen dan jonge; koop liefst dieren die u al bij de handelaar hebt zien eten.

Enkele soorten zijn in het aquarium nagekweekt; het zijn vrijleggers, en de eieren drijven.

Holacanthus tricolor Hertogsvis

Familie: Pomacanthidae
Areaal: Indiche en Stille Oceaan
Grootte: 30 cm (in het wild 38 cm)
Dieet: omnivoor; voer op basis van sponzen mag niet ontbreken; verder algen en allerlei dierlijk voer zoals mosselvlees, mysisgarnaaltjes en pekelkreeftjes (levend of diepvries)
Milieu: temp. 24-26 °C; pH 8,3-8,4; s.g. 1,023-1,027
Zone: alle zones
Kweek: vrijlegger

Hertogsvissen zijn erg kieskeurig op hun voer en dus heel lastig te houden. Soms kan men ze wel zover krijgen dat ze het normale handelsvoer aannemen, maar dan gaan ze toch kwakkelen. Ze hebben als hoofdvoedsel beslist speciaalvoer op basis van sponzen nodig. Jonge dieren zijn geel met een blauwgerande zwarte vlek hoog op het achterlijf; bij oude vissen breidt het zwart zich uit en blijven alleen kop, buik en staartvin geel. Geslachtsrijpe exemplaren vestigen een territorium en worden agressief; zet slechts één dier in een gezelschapsbak. Zelfs jonge vissen zijn soms lastig aan de bak en aan het voer te wennen.

Opmerking: deze twistzieke vissen vragen een groot aquarium met zeer goed water. Houd ze niet met ongewervelden samen.

Pomacanthus annularis KONINGSVIS

Familie: Pomacanthidae
Areaal: Indische en Stille Oceaan
Grootte: 25 cm (in het wild 40 cm)
Dieet: omnivoor; dierlijk voer zoals stukjes garnaal en schelpdiervlees, plus mysisgarnaaltjes en pekelkreeftjes (liefst levend), ook veel algen (belangrijk!)
Milieu: temp. 24-26 °C; pH 8,3-8,4; s.g. 1,023-1,027
Zone: alle zones
Kweek: vrijlegger

Koningsvissen zijn adembenemend mooi; de jonge dieren hebben een donkerblauw lichaam met dunne, verticale blauwe en witte lijnen, maar volwassen dieren zijn koperkleurig met bredere, boogvormige lijnen die achter in de rugvin bijeenkomen. In het aquarium gedragen deze vissen zich erg territoriaal; zet dus slechts één exemplaar in een gezelschapsbak en kies de medebewoners met zorg uit (alleen vissen van gelijke grootte). Jonge dieren wennen meestal beter aan het aquariumleven dan volwassen vissen. Deze soort heeft in het algemeen een vrij zwakke constitutie en heeft veel algen in het dieet nodig, naast grote hoeveelheden dierlijk voer (liefst levend).

Opmerking: de soort is ongeschikt voor een bak met ongewervelden.

Pomacanthus semicirculatus KORANVIS

Familie: Pomacanthidae
Areaal: Indische en Stille Oceaan
Grootte: 38 cm (in het wild 40 cm)
Dieet: omnivoor; dierlijk voedsel zoals stukjes schelpdiervlees, plus mysisgarnaaltjes en pekelkreeftjes; neemt ook algen aan
Milieu: temp. 24-26 °C; pH 8,3-8,4; s.g. 1,023-1,027
Zone: alle zones
Kweek: vrijlegger (de eieren drijven, zoals bij alle keizersvissen)

Een populaire soort. De jongen lijken helemaal niet op de ouders: ze hebben een donkerblauw lichaam met halfcirkelvormige, witte en lichtblauwe lijnen (zoals op de foto); ook de latijnse soortnaam verwijst daar naar. Als ze opgroeien verdwijnt dat patroon en verschijnt op de staartvin een krabbeltekening waarin men wel arabisch schrift wilde zien, zoals in het heilige boek van de moslims; vandaar de Nederlandse naam. Koranvissen concurreren energiek met alle andere vissen om ruimte voor een territorium; geef deze dieren dus een groot aquarium met veel vrije zwemruimte, en richt de bak in met veel schuilplaatsen tussen opgestapelde rotsen.

Opmerking: deze agressieve vis is ongeschikt voor een aquarium met ongewervelden.

Centropyge argi BLAUWE DWERGKEIZERSVIS

Familie: Pomacanthidae
Areaal: westelijke Atlantische Oceaan, Caribische Zee, Golf van Mexico
Grootte: 7,5 cm
Dieet: omnivoor; klein dierlijk voer (levend of diepvries); ook veel groenvoer (waaronder algen)
Milieu: temp. 24-26 °C; pH 8,3-8,4; s.g. 1,023-1,027
Zone: alle zones
Kweek: vrijlegger

rugvin met lange basis

lichtblauw randje aan aarsvin

Deze soort past zich gemakkelijk aan het aquariumleven aan en ook de voeding levert geen problemen op; bovendien laat hij de ongewervelden in de bak met rust. Het diep blauwpaarse lichaam contrasteert sterk met de gele kopstreek; de omvang van de gele partij varieert overigens sterk bij populaties van verschillende plaatsen. In de vrije natuur vindt men hem meestal in vrij diep water, op plaatsen met veel stenen of koraalpuin. In het aquarium moet zo'n omgeving een beetje worden nagebootst.

Opmerking: de dieren hebben geen sterke territoriumdrift; in een ruim aquarium kan men een aardig groepje houden. Ze vormen zelf paren, zoals alle dwergkeizersvissen; soms gaan ze ook spontaan tot voortplanting over.

Centropyge bicolor BLAUWGELE DWERGKEIZERSVIS

Familie: Pomacanthidae
Areaal: Indische en Stille Oceaan (niet op Hawaiï)
Grootte: 12,5 cm
Dieet: omnivoor; dierlijk voer zoals stukjes schelpdiervlees, plus mysisgarnaaltjes en pekelkreeftjes (levend of diepvries); ook veel groenvoer (waaronder algen; ook de algen in het aquarium worden gegeten)
Milieu: temp. 24-26 °C; pH 8,3-8,4; s.g. 1,023-1,027
Zone: alle zones
Kweek: vrijlegger

Ook deze soort is contrastrijk getekend, met grote blauwe en gele velden. In een goed gerijpt rifaquarium voelt hij zich snel op zijn gemak; de ongewervelden in de bak laat hij meestal wel met rust. Hij gedraagt zich vreedzaam, maar is wel gesteld op eigen plekjes waar hij zich kan terugtrekken. De vis accepteert gretig allerlei voedersoorten; het dieet moet zowel klein dierlijk voedsel als ook plantenkost omvatten. Zoals de meeste dwergkeizersvissen graast hij graag op de algen in de bak.

Opmerking: in een groep neemt het dominante mannetje de leiding over een harem van vrouwtjes op zich. Sterft dat mannetje, dan verandert een van de vrouwtjes van geslacht en neemt zijn rol over. Zorg voor zeer goed water, want deze soort is nogal ziektegevoelig.

Centropyge bispinosus GESTREEPTE DWERGKEIZERSVIS

Familie: Pomacanthidae
Areaal: Indische en Stille Oceaan, Indo-Australië
Grootte: 12 cm

Dieet: omnivoor; dierlijk voer, plus mysisgarnaaltjes en pekelkreeftjes (levend of diepvries); ook groenvoer (waaronder algen)

Milieu: temp. 24-26 °C; pH 8,3-8,4; s.g. 1,023-1,027
Zone: alle zones
Kweek: vrijlegger

Het kleurengamma van deze vissen loopt van paars met rood tot diepblauw met goudgeel; dat varieert tijdens de diverse levensfasen en hangt ook af van de plaats van herkomst. Meestal hebben volwassen dieren meer goud op de flanken; en dieren uit de Filippijnen zijn meer rood en paars dan die uit Indonesië en Noord-Australië. Het zijn rustige, wat teruggetrokken levende dieren, die de ongewervelden in de bak weinig kwaad doen en die men als paar of in een groepje kan gehouden.

Opmerking: de dieren wennen soms moeilijk aan de bak als daarin niet genoeg schuilplaatsen voorhanden zijn. Over de voortplanting is weinig bekend.

Rifaquarium (p. 198-199)

Centropyge eibli EIBL'S DWERGKEIZERSVIS

Familie: Pomacanthidae
Areaal: Indische en Stille Oceaan, Indo-Australië
Grootte: 15 cm
Dieet: omnivoor; de meeste soorten klein dierlijk voer, waaronder stukjes garnaal of schelpdiervlees, plus mysisgarnaaltjes en pekelkreeftjes (levend of diepvries); ook veel algen (graast ook op algen in de bak)
Milieu: temp. 24-26 °C; pH 8,3-8,4; s.g. 1,023-1,027
Zone: alle zones
Kweek: vrijlegger

Een soort met subtiele, heel aantrekkelijke kleuren, die overigens per populatie sterk kunnen verschillen. Kenmerkend zijn de verticale golflijntjes op het lichaam, een rode oogring en een donkere staart; de vinnen hebben lichte randjes. Het is een van de grotere dwergkeizersvissen; in het wild vindt men hem bij riffen op diepten tot 20 meter. De soort wordt regelmatig ingevoerd en past zich goed aan het aquariumleven aan. Hij gaat vriendelijk met de ongewervelden in een rifaquarium om en is niet kieskeurig wat het voer betreft; als het maar niet te grof is.

Opmerking: zorg voor een rotsformatie met veel holen en spleten, zoals op een natuurlijk rif. De dieren grazen graag op de algen in de bak. Over de voortplanting is weinig bekend.

Koraalvlinders

Koraalvlinders leven op koraalriffen, waar hun flamboyante kleuren camouflerend werken; 's nachts worden de patronen donkerder. Ze lijken op keizersvissen maar missen de kenmerkende stekel op het kieuwdeksel. Het lichaam is zijdelings samengedrukt, wat ze in staat stelt tussen de koraaltakken door te zwemmen. Met hun lange, spitse snuit kunnen ze voedsel uit kleine holten van het rif peuteren; ze grazen op algen, koraalpoliepen, sponzen en eten ook plankton.

Koraalvlinders vragen een aquarium met zeer stabiele watereigenschappen; bovendien zijn het grillige eters. Het zijn dus geen beginnersvissen. Vraag een voederdemonstratie voor u dieren koopt.

Geef ze gevarieerd voedsel, waaronder speciaalvoer op basis van sponzen, alsook levende of diepvries mysisgarnaaltjes en pekelkreeftjes. Volwassen dieren zijn moeilijker te gewennen dan jonge, die soms meermalen per dag gevoerd moeten worden. De jongen zijn heel anders gekleurd dan de volwassen dieren.

Zoek de soorten met zorg uit; sommige zijn onverdraagzaam tegen andere vissen. Men kan ze niet met ongewervelden als zeeanemonen en levende koralen samenhouden; die worden opgegeten. Over de kweek is weinig bekend; in de natuur zetten ze paarsgewijs af. De eieren drijven tot ze op uitkomen staan.

Chaetodon auriga Oogvlek-koraalvlinder

Familie: Chaetodontidae
Areaal: Rode Zee, Indische en Stille Oceaan
Grootte: in het wild 20 cm, in het aquarium meestal kleiner
Dieet: omnivoor; koraalpoliepen, kreeftachtigen en ook algen; neemt soms ook klein levend of diepvriesvoer aan, zoals mysisgarnaaltjes en pekelkreeftjes.
Milieu: temp. 24-26 °C; pH 8,3-8,4; s.g. 1,023-1,027
Zone: midden
Kweek: vrijlegger

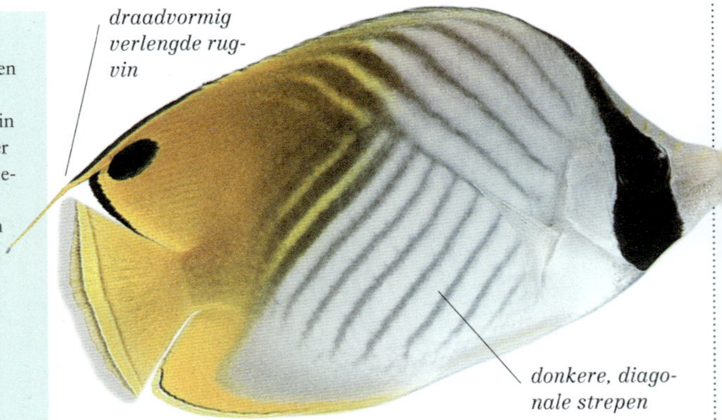

Deze soort valt op door een draadvormige verlenging aan de rugvin, achter de oogvlek waarnaar ook de Nederlandse naam verwijst. Het voorlichaam is wit met diagonale donkere strepen en een zwarte verticale band door het oog; het achterlijf is geel. Locale populaties kunnen een beetje van kleur verschillen; dieren uit de Rode Zee raken op latere leeftijd vaak de donkere oogvlek kwijt. Het zijn relatief vreedzame dieren; ze worden schuw als er onvoldoende schuilplaatsen in het aquarium zijn.

Opmerking: houd deze soort nooit samen met ongewervelden, want die worden vaak opgegeten. Sommige dieren nemen pas na lang dubben het normale handelsvoer aan; wees dan geduldig en let er op dat niet al het voer bij meer gulzige medebewoners belandt.

Chaetodon chrysurus TWEEVLAK-KORAALVLINDER

Familie: Chaetodontidae
Areaal: Indische en Stille Oceaan
Grootte: in het wild 15 cm, in het aquarium meestal kleiner
Dieet: omnivoor; koraalpoliepen en kleine ongewervelden als mysisgarnaaltjes en pekelkreeftjes (levend of diepvries); ook veel groenvoer, waaronder algen
Milieu: temp. 24-26 °C; pH 8,3-8,4; s.g. 1,023-1,027
Zone: midden
Kweek: vrijlegger

Een prachtig gekleurde soort, dus ook een populaire aquariumvis. De grote, zwartgerande schubben veroorzaken een donker netpatroon op de witte, bij bepaalde lichtinval als parelmoer glanzende flanken. Het zijn rustige dieren en ze gedragen zich meestal voorbeeldig; alleen bij ongewervelden zijn ze niet te vertrouwen. Het verspreidingsgebied is nog niet definitief vastgesteld; de kern van het areaal lijkt bij Afrika, Mauritius en de Seychellen te liggen, en niet zozeer elders in het indo-pacifische gebied.

Opmerking: de dieren nemen soms genoegen met diepvriesvoer, maar beter is een dieet van klein levend voer als mysisgarnaaltjes en pekelkreeftjes.

Tropisch zeeaquarium (p. 196-197)

Chaetodon collare WITKRAAG-KORAALVLINDER

Familie: Chaetodontidae
Areaal: Indische Oceaan
Grootte: in het wild 15 cm, in het aquarium meestal kleiner
Dieet: omnivoor; klein levend en diepvriesvoer zoals mysisgarnaaltjes en pekelkreeftjes; plus groenvoer
Milieu: temp. 24-26 °C; pH 8,3-8,4; s.g. 1,023-1,027
Zone: midden
Kweek: vrijlegger

Bij aquariumliefhebbers is dit een zeer gewilde soort, vanwege zijn inderdaad indrukwekkende uiterlijk. Helaas is hij erg moeilijk te houden omdat hij vaak voedsel weigert. Ook gedraagt hij zich vaak agressief, zowel tegen soortgenoten als tegen andere vissen. Sommige groepen vindt men in de natuur boven dagzomende rotsen, dus niet zozeer op het eigenlijke koraalrif; met zulke dieren heeft men in een aquarium vaak meer succes, want ze eten (marginaal) beter. De locale populaties verschillen ook ten aanzien van de voedselgewoonten; bied gevarieerd voer aan om erachter te komen wat uw vissen lekker vinden.

Opmerking: houd deze dieren nooit met ongewervelden samen. Dit zijn geen beginnersvissen!

Chaetodon melanotus ZWARTRUG-KORAALVLINDER

Familie: Chaetodontidae
Areaal: Indische & Stille Oceaan
Grootte: in het wild 15 cm, in het aquarium meestal kleiner
Dieet: omnivoor; kleine ongewervelden als mysisgarnaaltjes en pekelkreeftjes (levend of diepvries); aanvullen met groenvoer (waaronder algen)
Milieu: temp. 24-26 °C; pH 8,3-8,4; s.g. 1,023-1,027
Zone: midden
Kweek: vrijlegger

Een zeer aantrekkelijk gekleurde en bovendien vreedzame soort, maar helaas toch erg moeilijk in aquaria te houden; men kan beter eerst ervaring opdoen met andere soorten uit de familie Chaetodontidae, voor men deze soort probeert. Koop alleen dieren waarvan u weet dat ze goed eten en ga na of u ze hetzelfde voer kunt geven als bij de handelaar. Vissen die in de winkel al op deze wijze goed zijn ingeburgerd, leveren ook in de bak bij u thuis de minste problemen op. De vissen kunnen hun kleurpatroon 's nachts of bij schrik dramatisch veranderen; het bovenlichaam wordt dan zwart met twee witte vlekken, vandaar ook de Nederlandse naam.

Opmerking: deze vissen zijn niet te vertrouwen bij ongewervelden; die worden opgegeten of op zijn minst beschadigd.

Chelmon rostratus PINCETVIS

Familie: Chaetodontidae
Areaal: Rode Zee, Indische en Stille Oceaan
Grootte: in het wild 17 cm, in het aquarium meestal kleiner
Dieet: omnivoor; kleine ongewervelden als mysisgarnaaltjes en pekelkreeftjes (levend of diepvries); ook veel groenvoer (waaronder algen)
Milieu: temp. 24-26 °C; pH 8,3-8,4; s.g. 1,023-1,027
Zone: midden
Kweek: vrijlegger

Vanouds populair vanwege de opvallende kleuren (oranje strepen op zilverwitte ondergrond) en de lange snuit. Toch is deze soort lastig te houden. Vooral aan de waterkwaliteit worden hoge eisen gesteld; elke verslechtering kan tot ziekte of sterfte leiden. De vis moet ook altijd voer van precies de juiste grootte krijgen, anders verhongert hij. In de natuur peutert hij met de smalle snuit kleine kreeftjes en algen uit koraal en rotsspleten. Sommige dieren zijn zeer kieskeurig en nemen alleen klein levend voer aan; maar na inburgering in de bak accepteren ze meestal normaal handelsvoer.

Opmerking: niet samenhouden met ongewervelden; daar wordt voortdurend aan geknabbeld. Soms agressief tegen soortgenoten of andere vissen; houd een enkel dier.

Forcipiger longirostris SPITSSNUIT-PINCETVIS

Familie: Chaetodontidae
Areaal: Indische en Stille Oceaan, Great Barrier Reef, Nieuw Guinea, Hawaï
Grootte: in het wild 20 cm, in het aquarium meestal kleiner
Dieet: omnivoor; klein levend of diepvriesvoer zoals mysisgarnaaltjes en pekelkreeftjes; ook veel groenvoer (waaronder algen)
Milieu: temp. 24-26 °C; pH 8,3-8,4; s.g. 1,023-1,027
Zone: midden
Kweek: vrijlegger

Deze vis komt op dezelfde wijze aan zijn voedsel als de gewone Pincetvis, ook weer met behulp van zijn lange snuit; maar hij is wat gemakkelijker in een aquarium te houden. Hij is minder agressief dan de Pincetvis en neemt vaker genoegen met het gebruikelijke handelsvoer, al gedijt ook deze soort het beste op een menu dat deels bestaat uit klein levend voer zoals mysisgarnaaltjes en pekelkreeftjes.

Opmerking: de Spitssnuit-pincetvis is ongeschikt voor een bak met ongewervelden. Net als de gewone Pincetvis heeft hij een oogvlek om roofvijanden in de war te brengen, maar in dit geval op de aarsvin. Het misleidende effect is vooral groot als de vis met de kop omlaag tussen de koraaltakken staat te eten. Een roofvis die toehapt krijgt alleen wat vinweefsel en stekels in de bek, terwijl de vis kan ontsnappen.

Heniochus acuminatus GEWONE WIMPELVIS

Familie: Chaetodontidae
Areaal: Rode Zee, Indische en Stille Oceaan
Grootte: in het wild 18 cm, in het aquarium meestal kleiner
Dieet: omnivoor; kleine ongewervelden als mysisgarnaaltjes en pekelkreeftjes (levend of diepvries); ook veel groenvoer (waaronder algen)
Milieu: temp. 24-26 °C; pH 8,3-8,4; s.g. 1,023-1,027
Zone: midden
Kweek: vrijlegger

Een oude bekende in de zeeaquaristiek, gemakkelijk te herkennen aan de extreem verlengde rugvin; het aanhangsel wordt met de jaren langer. Deze vissen zijn heel vreedzaam en duidelijk gesteld op het gezelschap van soortgenoten; een schooltje van deze dieren in een groot aquarium maakt beslist een onvergetelijke indruk. Waak echter tegen overbevolking; en zorg voor veel vrije zwemruimte. Houd ook de waterwaarden zorgvuldig in de gaten. Wimpelvissen zijn vrij gemakkelijk te voederen; ze nemen de gebruikelijke soorten diepvriesvoer aan en grazen ook op algen.

Opmerking: de vissen grazen ook op ongewervelden, op zoek naar iets eetbaars; houd ze dus niet daarmee samen. Jonge dieren vertonen soms poetsgedrag bij grotere vissen.

DOKTERSVISSEN

DOKTERSVISSEN HEBBEN een zijdelings samengedrukt lichaam en een steil oplopend voorhoofd; de rug- en aarsvinnen hebben een lange basis. De naam doktersvis is geïspireerd door de scherpe, opzetbare stekels aan de gespierde staartvinbasis; die doen aan een scalpel denken. Ze worden als wapen gebruikt bij territoriumgevechten; ook onvoorzichtige aquariumhouders kunnen er wonden aan oplopen.

Doktersvissen zijn steeds aan het grazen en moeten ook in het aquarium regelmatig worden voorzien van algen om aan te knabbelen. De jongen moeten meermalen per dag gevoerd worden; het dieet moet grotendeels uit groenvoer bestaan, zoals sla of spinazie; sommige soorten nemen ook klein levend en diepvriesvoer of desnoods zelfs droogvoer.

Tenzij u een zeer grote bak hebt, kunt u doktersvissen het beste alleen houden. Weliswaar zijn het van nature scholenvissen, maar in de beperkte omgeving van een aquarium krijgen ze het gauw met elkaar aan de stok. Reeds aanwezige dieren zullen (vooral kleinere) nieuwkomers terroriseren, en ongewervelden zijn helemaal niet veilig voor ze. Geef deze grote, actieve vissen veel ruimte en water van de hoogste kwaliteit, want ze zijn vatbaar voor parasitaire infecties.

Acanthurus leucosternon WITBORST-DOKTERSVIS

Familie: Acanthuridae
Areaal: Indische en Stille Oceaan
Grootte: 20 cm
Dieet: omnivoor; kleine ongewervelden als mysisgarnaaltjes en pekelkreeftjes (levend of diepvries), plus fijngesneden schelpdiervlees; ook veel groenvoer (waaronder algen)
Milieu: temp. 24-26 °C; pH 8,3-8,4; s.g. 1,023-1,027
Zone: midden
Kweek: vrijlegger (de eieren drijven)

Een prachtig gekleurde soort, die dan ook erg populair is als aquariumvis. Men kan er slechts een enkel exemplaar van houden, want twee dieren zullen dadelijk slaags raken. Zelfs bij de handelaar vindt u ze altijd alleen in een bak, om ruzie te vermijden. In de natuur kunnen ze 25 cm lang worden; geef ze dus ook een groot aquarium met veel vrije zwemruimte. Zorg voor water van hoge kwaliteit (stabiele waterwaarden) in een bak met veel algen. Zijn er te weinig algen voorhanden, dan moet het dieet worden aangevuld met andere plantenkost; sla en spinazie zijn geschikte vervangingsmiddelen. Jonge doktersvissen zijn gulzige eters en moeten vaak kleine porties voer aangereikt krijgen.

Opmerking: niet samenhouden met ongewervelden. Mannetjes zijn gemiddeld wat groter dan vrouwtjes.

Paracanthurus hepatus PALET-DOKTERSVIS

Familie: Acanthuridae
Areaal: Indische en Stille Oceaan
Grootte: 15 cm
Dieet: herbivoor; vraagt grote hoeveelheden algen, aan te vullen met ander groenvoer als sla, spinazie en erwten
Milieu: temp. 24-26 °C; pH 8,3-8,4; s.g. 1,023-1,027
Zone: midden
Kweek: vrijlegger

Gemakkelijk te herkennen aan het hemelsblauwe lichaam, de opvallende zwarte tekening en de felgele staartvin. In een zeeaquarium maken ze een onvergetelijke indruk. Deze mooie doktersvissen kunnen bij uitzondering ook wel in een groepje gehouden worden, mits u beschikt over een groot aquarium met veel vrije zwemruimte. Zet dan de school tegelijk in de bak, als jonge dieren; na wat inleidend geworstel om de macht gaan ze meestal vreedzaam met elkaar om. De bak moet beslist rijk met algen begroeid zijn; de dieren zijn altijd aan het grazen. Vul het menu aan met andere plantenkost.

Opmerking: deze vissen kan men beter niet met ongewervelden samenhouden.

Tropisch zeeaquarium (p. 196-197)

Zebrasoma flavescens GELE ZEILVIN-DOKTERSVIS

Familie: Acanthuridae
Areaal: Stille Oceaan
Grootte: 15 cm
Dieet: herbivoor; algen en andere plantenkost, waaronder erwten, sla, spinazie en plantaardig diepvries- en droogvoer
Milieu: temp. 24-26 °C; pH 8,3-8,4; s.g. 1,023-1,027
Zone: midden
Kweek: vrijlegger

grote rugvin doet het lichaam hoger lijken

Als u een ruim aquarium hebt (150 cm lang en 50 cm breed) kunt u deze opvallend gele vissen in een groep van 6 of meer dieren houden; koop er anders slechts één, want de soort is erg territoriaal ingesteld. In een grote school zijn ze vaak minder agressief dan in een klein groepje, omdat de dieren dan meer bezig zijn elkaar in de gaten te houden, dan dat ze serieuze vechtpartijen aangaan. Ze grazen onophoudelijk; kweek zo nodig in een aparte bak algen op losse stenen, die u roulerend in de bak zet. Geef verder allerlei ander groenvoer, meermalen per dag.

Opmerking: deze vissen kunt u niet samenhouden met ongewervelden.

Tropisch zeeaquarium (p. 196-197)

Trekkervissen

Trekkervissen heten zo omdat ze de eerste rugvinstekel kunnen oprichten en vastzetten, als afweer; ze zijn zo lastig uit een schuilplaats te trekken en kunnen ook niet gemakkelijk door roofvissen worden doorgeslikt. Het zijn onverdraagzame, territoriaal ingestelde dieren; de mannetjes verdedigen een groot gebied waarin ze verscheidene vrouwtjes dulden. Die hebben daarbinnen ook zelf weer kleine broedterritoria. De eieren worden in een zelf gegraven kuil afgezet.

Met hun vaak bizar gekleurde, plomp eivormige lichaam maken ze zeker indruk in een aquarium, maar het zijn ongezellige, eenzelvige dieren; houd ze altijd alleen, ook nooit samen met ongewervelden. Ze hebben holen tussen rotsen nodig om er te rusten. Het zijn onhandige zwemmers: met een klap van de staart kunnen ze snel op territoriumschenders afschieten, maar langzame, nauwkeurige bewegingen kunnen alleen worden uitgevoerd door golvende bewegingen van rug- en aarsvin.

Trekkervissen hebben krachtige kaken en tanden waarmee ze schelp- en schaaldieren kraken. Stekelige zee-egels blazen ze met een straal water eerst op de rug, zodat de zachte buik bereikbaar wordt. Sommige soorten eten ook plankton en algen, en in het aquarium nemen ze vaak wel diepvriesvoer aan.

Balistoides conspicillum LUIPAARD-TREKKERVIS

Familie: Balistidae
Areaal: Indische en Stille Oceaan
Grootte: 25 cm (in het wild soms wel 50 cm)
Dieet: carnivoor; kreeftachtigen, schelpdieren; neemt op den duur zelfs stukjes mosselvlees uit de hand aan, maar pas op voor de scherpe tanden
Milieu: temp. 24-26 °C; pH 8,3-8,4; s.g. 1,023-1,027
Zone: alle zones
Kweek: vrijlegger

Deze mooie, heel populaire soort valt op door de flamboyante kleuren; in de natuurlijke omgeving van het koraalrif werken die echter camouflerend. In de onderste lichaamhelft zijn reeksen witte vlekken te zien, op de rug een gele nettekening; de bek lijkt met gele lipstick aangezet. Deze vissen kunnen erg groot worden en vragen dus ook een zeer ruim aquarium. Richt dat dan in met veel schuilplaatsen en spleten tussen rotsen, waar de dieren kunnen rusten of de nacht doorbrengen. Deze soort neemt meestal wel diepvriesvoer aan, maar jonge exemplaren zijn vaak lastiger aan de bak te wennen dan volwassen exemplaren.

Opmerking: deze vissen zijn vaak agressief, zowel tegen soortgenoten als andere vissen. Zet er geen kleine vissen of ongewervelden bij.

Odonus niger ROODTAND-TREKKERVIS

Familie: Balistidae
Areaal: Rode Zee, Indische en Stille Oceaan
Grootte: 25 cm; in het wild soms tot 50 cm
Dieet: carnivoor; kreeftachtigen en schelpdieren; neemt ook stukjes garnaal of mosselvlees aan
Milieu: temp. 24-26 °C; pH 8,3-8,4; s.g. 1,023-1,027
Zone: alle zones
Kweek: vrijlegger

Een donker gekleurde trekkervis, al varieert de kleur per populatie; er zijn donkerblauwe vormen onder, maar ook diepgroene. Bovendien is de kleur bij deze dieren van hun stemming afhankelijk. Een meer betrouwbaar kenmerk is het opvallend rode gebit. Ook de schubben zijn kenmerkend; ze veroorzaken een ruitjespatroon op het lichaam. Voor een trekkervis is deze soort tamelijk vreedzaam en gezellig van aard. De dieren wennen goed aan het aquariumleven en accepteren ook de gebruikelijke voedersoorten, waaronder diepvriesvoer.

Opmerking: houd deze dieren niet samen met ongewervelden die als prooi kunnen worden gezien; in de natuur leven ze vooral van sponzen. Volwassen dieren kunnen springen; zorg dus voor een zware dekruit.

Rhinecanthus aculeatus PICASSO-TREKKERVIS

Familie: Balistidae
Areaal: Indische en Stille Oceaan
Grootte: 23 cm; in het wild soms tot 30 cm
Dieet: carnivoor; kreeftachtigen en schelpdieren; neemt ook stukjes garnaal of mosselvlees aan
Milieu: temp. 24-26 °C; pH 8,3-8,4; s.g. 1,023-1,027
Zone: alle zones
Kweek: vrijlegger

Ook weer een soort met een bizar patroon van kleuren, dat inderdaad veel doet denken aan een wild schilderij van Pablo Picasso. Om die reden is hij ook erg populair als aquariumvis. De dieren zijn bovendien gemakkelijk te voederen; ze nemen alle soorten handelsvoer aan, ook diepvriesproducten. Probeert u de dieren te vangen, schrik dan niet van de geluiden die ze maken; dat is normaal. De geluiden worden naar het schijnt opgewekt door beenstukjes uit de borstvingordel of de schedel; daarbij dient de zwemblaas als klankkast.

Opmerking: een onverdraagzame soort, die het zowel op soortgenoten als andere vissen voorzien heeft, zelfs van vergelijkbare grootte. Houd hem ook niet samen met ongewervelden, want die worden opgegeten.

Lipvissen

Er bestaan ruim 400 soorten lipvissen; vele daarvan worden te groot voor een aquarium. Meestal zijn ze langwerpig, cilindrisch of maar iets hoger van bouw. In het algemeen zijn het kleurige dieren; de jongen zijn vaak heel anders gekleurd dan volwassen dieren.

Lipvissen graven zich de meeste tijd in de bodem in. Geef ze dus een bak met zandbodem. Sommige soorten spinnen een cocon om veilig in te rusten. Veel lipvissen hebben de gewoonte om parasieten van andere vissen af te plukken.

De voeding levert doorgaans weinig problemen op; lipvissen eten vooral kreeftachtigen en accepteren ook diepvriesvoer. Wees echter op uw hoede: lipvissen zijn zeer actieve dieren, om niet te zeggen wildebrassen. Opgroeiende exemplaren kunnen rotspartijen ondermijnen en grote ravage aanrichten in de bak. Jonge dieren zijn nog geschikt voor een gezelschapsaquarium, maar op den duur moet men ze vaak apart zetten.

Alle lipvissen beginnen hun leven als vrouwtje, maar in een groep verandert één dier altijd in een mannetje, zodat kan worden gepaaid. Soms wordt paarsgewijs afgezet, soms in een groep. Sommige soorten geven hun eieren en homvocht af terwijl ze in een spiraal naar het oppervlak zwemmen; andere bouwen nestjes van zand, grind en algen.

Coris gaimard Valse bijouterie-lipvis

Familie: Labridae
Areaal: Stille Oceaan
Grootte: in het wild 30 cm; in het aquarium meestal kleiner
Dieet: carnivoor; gesneden vis, garnalen, mosselen en ander schelpdiervlees
Milieu: temp. 24-26 °C; pH 8,3-8,4; s.g. 1,023-1,027
Zone: bodem
Kweek: vrijlegger

De volwassen dieren hebben een rode rug- en aarsvin, een rode of oranje kop, een heldergele staartvin en een sterrenhemel van blauwe stipjes op het donkere lichaam. Tegen soortgenoten zijn ze vaak erg agressief; houd dus slechts een enkel exemplaar in de bak, anders komt het tot gevechten. De jonge vissen zijn heel anders van kleur: diep oranje met witte, bruin of zwart omrande vlekken.

Opmerking: deze vissen zijn erg schrikachtig, en volwassen dieren kunnen een aquarium lelijk overhoop brengen; alleen jonge exemplaren zijn geschikt voor een gezelschapsbak. De jongen worden vaak ten onrechte als *Coris formosa* verhandeld; dat is een verwante soort met een witte middenband om de meer bruinrode romp.

Tropisch zeeaquarium (p. 196-197)

Gomphosus varius GROENE SNAVELLIPVIS

Familie: Labridae
Areaal: Stille Oceaan
Grootte: in het wild 25 cm; in het aquarium meestal kleiner
Dieet: carnivoor; gesneden vis, garnalen, mosselen of ander schelpdiervlees, plus mysisgarnaaltjes of pekelkreeftjes (levend of diepvries); graast ook op algen in de bak
Milieu: temp. 24-26 °C; pH 8,3-8,4; s.g. 1,023-1,027
Zone: bodem
Kweek: vrijlegger

Volwassen mannetjes zijn fraai blauwgroen van kleur; de jongen en de vrouwtjes zien er saaier uit, meer bruinachtig. Ook weer een populaire aquariumvis. In de natuurlijke omgeving van het rif gebruiken de dieren hun lange snuit om garnaaltjes en andere hapjes uit de holten in de koraaltakken te peuteren. Ze zijn meestal vreedzaam, maar door hun drukke gedrag kunnen ze andere soorten erg op de zenuwen werken.

Opmerking: jonge dieren kunnen veilig met ongewervelden worden samengehouden, oudere niet. Grote lipvissen hebben een stevige trek, en ongewervelden zijn een welkom hapje. Met hun scherpe tanden kunnen ze ook een stuk uit uw vingers bijten! De jongen vertonen poetsgedrag bij grotere vissen; oudere dieren doen dat niet meer.

Tropisch zeeaquarium (p. 196-197)

Labroides dimidiatus GEWONE POETSLIPVIS

Familie: Labridae
Areaal: Indische en Stille Oceaan
Grootte: in het wild 10 cm
Dieet: carnivoor; fijngesneden vis, garnalen, mosselen of ander schelpdiervlees, als aanvulling op het natuurlijke dieet van huidparasieten van andere vissen
Milieu: temp. 24-26 °C; pH 8,3-8,4; s.g. 1,023-1,027
Zone: alle zones
Kweek: vrijlegger

Wel de bekendste lipvis, vanwege zijn poetsgedrag. Grote vissen laten zich graag door poetslipvissen bevrijden van huidparasieten; ze blijven met gespreide vinnen stilstaan als ze erdoor benaderd worden, en soms verbleken ze daarbij, om de parasieten beter zichtbaar te maken. De soort is vreedzaam en kan met ongewervelden worden samengehouden.

Opmerking: pas op dat u per ongeluk niet de Valse poetsvis (*Aspidontus lineatus*) koopt, die er erg op lijkt maar een gemene roofvis is. De Valse poetsvis heeft een zwarte rugvin en een meer onderstandige (niet eindstandige) bek, ingericht op het losscheuren van stukken huid van vissen.

Tropisch zeeaquarium (p. 196-197)

Andere tropische zeevissen

Er zijn veel meer tropische zeevissen die in een aquarium kunnen worden gehouden, maar die zijn vaak lastig in bepaalde groepen in te delen. Zo is er een categorie roofvissen, waaronder de zaagbaarzen (Serranidae), waarvan diverse kleine tot middelgrote soorten (of jongen van nog grotere soorten) populaire aquariumvissen zijn geworden. Sommige zijn hermafrodiet, zodat de geslachten pas te herkennen zijn als de dieren zich op de voortplanting gaan voorbereiden; dan krijgen de vrouwtjes een plomper lichaam (door de aanleg van kuit) en worden de mannetjes kleuriger. Bij andere soorten kunnen de mannetjes herkend worden aan grotere vinnen. Zaagbaarzen zijn niet zo moeilijk te houden, mits men ze een groot aquarium geeft en er alleen grote vissen bij zet die ze niet kunnen opeten.

Dit allegaartje omvat ook enkele van de meest bizarre zeevissen, zoals zeepaardjes en koraalduivels. Zeepaardjes zijn echter moeilijk te houden vanwege hun zeer specifieke voedselbehoeften, koraalduivels vanwege hun giftige vinstekels en hun neiging alle medebewoners op te eten. Toch zijn er veel kleine, onschuldige soorten die een leuke aanvulling voor een gezelschapsbak vormen, of ook voor een bak met ongewervelden.

Calloplesiops altivelis Rifwachter

Familie: Plesiopidae
Areaal: Indische en Stille Oceaan
Grootte: in het wild 15 cm; in het aquarium meestal kleiner
Dieet: carnivoor; fijngesneden vis, garnalen, mosselen of ander schelpdiervlees; liefst levend voer, maar neemt ook wel dood voer
Milieu: temp. 24-26 °C; pH 8,3-8,4; s.g. 1,023-1,027
Zone: bodem, midden
Kweek: substraatlegger

Dit is een echte jager, die met dreigend laaggehouden kop door het aquarium zwemt. Zet er geen kleine vissen bij die kunnen worden opgegeten. Rifwachters hebben een markante camouflagetekening; de witte vlekjes maken het echte oog onzichtbaar, en de aandacht van nog grotere roofvissen wordt afgeleid naar de oogvlek in de rugvin. Ook prooidieren zien door dit patroon niet wat voor en achter is.

Opmerking: eerst nemen ze vaak alleen levend voer aan, maar de meeste dieren wennen op den duur ook aan allerlei dood dierlijk voedsel. Soms duurt het een tijd voor ze zich in de bak thuis voelen; zorg voor veel schuilplaatsen tussen rotsen, dan gaan ze weldra aan het voer. Men kan ze met ongewervelden samenhouden.

Tropisch zeeaquarium (p. 196-197)

Anthias squamipinnis RODE VLAGBAARS

Familie: Serranidae
Areaal: Indische en Stille Oceaan
Grootte: in het wild 15 cm; in het aquarium meestal kleiner
Dieet: carnivoor; fijngesneden vis, garnalen, mosselen of ander schelpdiervlees; liefst levend voer, maar kan ook aan dood voer wennen
Milieu: temp. 24-26 °C; pH 8,3-8,4; s.g. 1,023-1,027
Zone: alle zones
Kweek: vrijlegger

De Rode vlagbaars is een van de populairste soorten voor het zeeaquarium. Deze mooie dieren zijn fel oranje en geel met een diepgevorkte, liervormige staartvin en lange buikvinnen, wat het dier een sierlijk voorkomen geeft. Het is een vreedzame scholenvis; houd ze in een groepje van 3 of 4 exemplaren. Mannetjes hebben een verlengde derde rugvinstraal en zijn meestal feller gekleurd dan de vrouwtjes. In de school neemt het dominante mannetje de leiding en vestigt een harem.

Opmerking: deze vissen prefereren levend voer, maar nemen ook diepvriesvoer dat in de stroming van het filter wordt neergelaten, zodat het lijkt te bewegen. Men kan ze met ongewervelden samenhouden.

Tropisch zeeaquarium (p. 196-197)

Chromileptis altivelis PANTERBAARS

Familie: Serranidae
Areaal: Indische en Stille Oceaan
Grootte: in het wild 50 cm; in het aquarium meestal kleiner
Dieet: carnivoor; gesneden vis, garnalen, mosselen of ander schelpdiervlees; liefst levend voer, maar kan aan dood voer wennen
Milieu: temp. 24-26 °C; pH 8,3-8,4; s.g. 1,023-1,027
Zone: alle zones
Kweek: eierleggend (details onbekend)

Wie zijn huiswerk niet goed heeft gedaan alvorens een exemplaar van deze aantrekkelijke soort aan te schaffen, zal zich weldra gaan afvragen waar al zijn kleinere vissen in de bak toch zijn gebleven. Panterbaarzen zijn felle rovers die alles verslinden wat in hun muil past. Ze nemen ook allerlei dood dierlijk voer aan en worden vaak zo tam dat ze met de hand kunnen worden gevoerd. Het vlekkenpatroon breekt de lichaamsvorm op en maakt de vis bij het jagen minder zichtbaar; bij jonge dieren zijn de zwarte vlekken groter, bij oude talrijker.

Opmerking: houd er geen kleine vissen bij, en ook geen ongewervelden. Zijn de medebewoners groot en weerbaar genoeg om geen prooi te worden, dan is dit een uitstekende aquariumvis die constant dreigend door de bak paradeert.

Sphaeramia nematoptera PYJAMA-KARDINAALBAARS

Familie: Apogonidae
Areaal: Stille Oceaan
Grootte: 7,5 cm
Dieet: carnivoor; kleine ongewervelden als mysisgarnaaltjes en pekelkreeftjes, eerst levend; na gewenning ook diepvriesvoer, maar vlokvoer wordt geweigerd
Milieu: temp. 24-26 °C; pH 8,3-8,4; s.g. 1,023-1,027
Zone: midden
Kweek: muilbroeder

Kardinaalbaarzen zijn sterke vissen, gekenmerkt door twee rugvinnen, een grote kop en dito bek en ogen. Ze zijn vreedzaam en vragen rustig gezelschap. Ze zijn meestal 's nachts actief en hebben soms wat tijd nodig om aan een helverlichte bak te wennen. Voeder importdieren de eerste tijd 's avonds; zijn ze eenmaal ingeburgerd, dan eten ze ook wel op andere tijden. In het begin accepteren ze vaak alleen levend voer; op den duur ook diepvriesvoer. Vlokvoer wordt steevast geweigerd, ook al hongeren ze dood.

Opmerking: deze soort is geschikt voor een bak met ongewervelden; overdag schuilen ze daar meestal tussen rotsen of koraalgroepen.

Rifaquarium (p. 198-199)

Ecsenius midas MIDAS-KAMTANDSLIJMVIS

Familie: Blenniidae
Areaal: Indische Oceaan, Rode Zee
Grootte: 10 cm
Dieet: omnivoor; kleine ongewervelden als mysisgarnaaltjes en pekelkreeftjes (levend of diepvries); neemt ook graag vlokvoer aan en graast op algen in de bak
Milieu: temp. 24-26 °C; pH 8,3-8,4; s.g. 1,023-1,027
Zone: bodem
Kweek: substraatlegger

Een leuk, vreedzaam bodemvisje voor de beginner. Ze zitten graag uit te kijken op een rots, met opgeheven kop; ze verdedigen ook een territorium. Boven de ogen zijn twee pluimpjes zichtbaar. De vis (genoemd naar koning Midas, vanwege de goudkleur) past zich goed aan, mits hij veel holen en gangen vindt om zich te verstoppen. Hij eet algen, kleine ongewervelden en desnoods ook diepvries- en vlokvoer.

Opmerking: deze soort kan goed met ongewervelden worden samengehouden. Sommigen houden hem liever in een soortaquarium dan in een gezelschapsbak; medebewoners moeten in elk geval erg vreedzaam zijn. Veel slijmvissen zijn al nagekweekt; mannetjes zijn meestal groter dan vrouwtjes en ondergaan in de paaitijd een reeks kleurveranderingen. Meestal zetten ze hun kleverige eieren in een hol of onder een steen af.

Synchiropus splendidus MANDARIJN-PITVIS

Familie: Callionymidae
Areaal: Stille Oceaan
Grootte: 10 cm
Dieet: omnivoor; kleine levend en diepvriesvoer, bij voorkeur kreeftachtigen; ook dol op algen
Milieu: temp. 24-26 °C; pH 8,3-8,4; s.g. 1,023-1,027
Zone: bodem
Kweek: vrijlegger (de eieren drijven)

Deze kleurige, teruggetrokken levende vissen vragen een rustige bak met ongeveer even grote, vreedzame medebewoners. Richt de bak in met veel rotsen om tussen te schuilen, maar wel een zandbodem. Na gewenning aan het aquarium zijn deze vissen vaak liggend op een hoge rots te zien; als ze schrikken duiken ze een holletje in of begraven ze zich in het zand. Ze zijn onderling nogal onverdraagzaam; mannetjes vechten vaak met elkaar. De mannetjes zijn te herkennen aan de verlengde rugvinstekel.

Opmerking: deze soort is goed te houden in een bak met ongewervelden. Wees voorzichtig bij het uitvangen; het huidslijm schijnt erg giftig te zijn. De nakweek is nog niet gelukt.

Rifaquarium (p. 198-199)

Oxycirrhites typus SPITSSNUIT-KORAALKLIMMER

Familie: Cirrhitidae
Areaal: Indische Oceaan
Grootte: 10 cm
Dieet: carnivoor; klein levend voer als pekelkreeftjes; ook diepvriesvoer (waaronder plankton)
Milieu: temp. 24-26 °C; pH 8,3-8,4; s.g. 1,023-1,027
Zone: bodem, maar vaak op hoge uitkijkplaats
Kweek: substraatlegger

Dit zijn gezellige dieren, die goed met soortgenoten kunnen opschieten. Geef ze een gerijpt aquarium met helder, zuurstofrijk water. Het zijn bodemvissen, maar ze liggen graag op een hoge rots of tussen koralen te loeren. Het zijn goede jagers, die wachten tot een kleine prooi in hun buurt komt; dan slaan ze toe. In de natuur eten ze kleine garnaaltjes en andere ongewervelden, maar ze accepteren ook diepvriesvoer. Elke rugvinstekel draagt een kwastje aan de top. Mannetjes zijn kleiner dan vrouwtjes en hebben zwartgerande staart- en buikvinnen; ook is de onderkaak dieper rood.

Opmerking: men kan ze goed met ongewervelden samenhouden; met de lange snuit kunnen ze handig allerlei eetbaars uit de holten en spleten van een rifaquarium opdiepen.

Lythripnus dalli DALL'S KORAALGRONDEL

Familie: Gobiidae
Areaal: Stille Oceaan bij California (VS)
Grootte: 6 cm
Dieet: carnivoor; zeer fijn levend en diepvriesvoer, ook fijngehakte garnalen en ander dierlijk voer
Milieu: temp. 20-22 °C; pH 8,3-8,4; s.g. 1,023-1,027
Zone: bodem
Kweek: substraatlegger

Dit stralend blauw gestreepte visje vraagt wat lagere temperaturen dan de meeste tropische zeevissen. Geef de dieren een bak met een zandbodem om in te graven en holen waar ze in kunnen rusten en eieren afzetten; zonder holen komt het vaak tot onderlinge gevechten om een territorium. Men kan ze met vergelijkbare, kleine en vreedzame soorten samenhouden. De kweek gaat beter in een soortaquarium; houd daar een groepje in en breng ze met veel levend voer in kweekconditie. Het voer moet zeer fijn zijn, maar levert verder geen problemen.

Opmerking: ook geschikt voor een bak met ongewervelden. Ze leven kort, maar men kan ermee kweken, al zijn de jongen zeer klein en lastig groot te brengen. De eieren worden in een hol of kuil gelegd en door het mannetje bewaakt.

Gramma loreto KONINGSGRAMMA

Familie: Grammidae
Areaal: westelijke Atlantische Oceaan, Caribische Zee
Grootte: 12,5 cm
Dieet: omnivoor; klein levend en diepvriesvoer, plus vlokvoer (speciaalvoer voor zeevissen); enig groenvoer mag ook niet ontbreken
Milieu: temp. 24-26 °C; pH 8,3-8,4; s.g. 1,023-1,027
Zone: midden
Kweek: substraatlegger

Deze levendig gekleurde vissen bewonen donkere grotten en holen in koraalriffen. Richt het aquarium overeenkomstig in, zodat ze zich veilig voelen; dan komen ze zelfs onder felle lampen wel naar buiten. Is uw bak groot genoeg, dan kunt u er twee houden, maar vaak zijn ze erg agressief tegen elkaar; koop er bij twijfel liever één. Na gewenning zijn ze eenvoudig te voederen en weinig ziektegevoelig.

Opmerking: deze soort is heel geschikt voor een bak met ongewervelden. Over de kweek spreken de berichten elkaar tegen. Iemand zag eens dat een mannetje een hol met algen bekleedde en daarna de eieren in de bek uitbroedde. Een ander bericht spreekt van ei-afzetting in een met algen beklede kuil, waarbij (waarschijnlijk) het mannetje de wacht betrok. De opfok van de jongen is nooit gelukt.

Nemateleotris magnifica VUURPIJLVIS

Familie: Microdesmidae
Areaal: Indische en Stille Oceaan
Grootte: 6 cm
Dieet: omnivoor; klein levend en diepvriesvoer, plus vlokvoer; geef twee maal per week pekelkreeftjes
Milieu: temp. 24-26 °C; pH 8,3-8,4; s.g. 1,023-1,027
Zone: bodem
Kweek: eiereleggend (details onbekend)

Een prachtig gekleurd visje, dat bij gevaar in een zelf gegraven holletje wegduikt. Geef deze dieren een bak met een diepe zandbodem om in te graven; als ze geen hol kunnen vinden of maken, wennen ze nooit goed aan het aquariumleven. Zet er geen drukke medebewoners bij, want dan komen ze nauwelijks uit hun schuilplaats. In het begin hebben ze vaak levend voer nodig, maar ze wennen ook snel aan diepvriesvoer, dat altijd van de bodem wordt opgenomen. Door de verlengde rugvin op te wippen geven ze signalen naar soortgenoten; om gevechten te vermijden kunt u er beter maar 1 of 2 aanschaffen.

Opmerking: de soort is geschikt voor een bak met ongewervelden. Als deze vissen schrikken, springen ze vaak uit het water; breng dus een dekruit aan.

Opisthognathus aurifrons JACK-IN-THE-BOX

Familie: Opisthognathidae
Areaal: westelijke Atlantische Oceaan
Grootte: 12,5 cm
Dieet: carnivoor; dierlijk voedsel als fijngesneden vis, garnalen of schelpdiervlees; vooral verzot op levende kleine kreeftjes, maar neemt ook diepvriesvoer en kleine visjes of visbroed.
Milieu: temp. 24-26 °C; pH 8,3-8,4; s.g. 1,023-1,027
Zone: bodem
Kweek: muilbroeder

Van deze vissen ziet men gewoonlijk alleen de kop, die uit het holletje steekt. Ook voor passerend voer komen ze vaak maar gedeeltelijk naar buiten, en ze kunnen zich met de staart vooruit weer verrassend snel terugtrekken. Soms sluiten ze de ingang zelfs af met een steentje of schelp. Men kan ze in een groep houden, mits elk dier de ruimte heeft om rond het hol een territorium af te bakenen. Met andere vissen kunnen ze het goed vinden; geef alle gravende dieren wel voldoende ruimte op de zandige bodem.

Opmerking: ook goed met ongewervelden samen te houden. Als ze schrikken, springen ze vaak; breng dus een goed sluitende dekruit aan en wees voorzichtig bij het uitvangen.

Rifaquarium (*p. 198-199*)

Lactoria cornuta LANGHOORN-KOFFERVIS

Familie: Ostraciidae
Areaal: Indische en Stille Oceaan
Grootte: 40 cm
Dieet: omnivoor; klein levend en diepvriesvoer, plus algen; let erop dat deze trage dieren voldoende voer krijgen (ingevallen flanken zijn een teken dat ze honger lijden)
Milieu: temp. 24-26 °C; pH 8,3-8,4; s.g. 1,023-1,027
Zone: midden
Kweek: eierleggend (details onbekend)

Een heel herkenbare soort, door de 'horens' op de kop en ook bij de staart. De doosvormige romp is bedekt met beenplaten onder een dunne huidlaag; het harde pantser en de lange uitsteeksels geven een goede bescherming tegen roofvijanden. Het dier kan alleen de vinnen bewegen; aldus verplaatst hij zich traag maar trefzeker door het water. Wees voorzichtig met poetsvissen in het aquarium; de tere huid van de koffervissen kan door hun attenties beschadigd worden. Het vlees van de dieren is erg giftig, en ze geven ook toxinen af aan het water als ze zich bedreigd voelen; die kunnen dodelijk zijn voor andere vissen in de bak, maar ook voor henzelf.

Opmerking: deze vissen kan men ook in een bak met ongewervelden houden, maar ze plukken wel aan kokerwormen.

Pterois volitans GEWONE KORAALDUIVEL

Familie: Scorpaenidae
Areaal: Indische en Stille Oceaan
Grootte: 35 cm
Dieet: carnivoor; levend en diepvriesvoer, ook fijngesneden vis en garnalen
Milieu: temp. 24-26 °C; pH 8,3-8,4; s.g. 1,023-1,027
Zone: midden
Kweek: eierleggend (eieren in drijvende geleiklompen)

Een indrukwekkende verschijning, ook al door zijn afmetingen; maar vanwege de bizarre vinnen en het fraaie streeppatroon toch een populaire aquariumsoort. Lastig zijn vooral de eetgewoonten: deze roofzuchtige dieren verzwelgen alles wat in hun bek past. Bovendien zijn de vinnen met giftige netelcellen bedekt. In de natuur jagen ze in schoolverband. In het aquarium lijken ze doelloos rond te zweven, maar als de prooi in de buurt komt stoten ze snel toe en wordt het slachtoffer in een keer opgeslokt. Houd er dus geen kleine vissen bij.

Opmerking: koraalduivels kunnen mensen zeer pijnlijke steken toebrengen. Overkomt u dat, spoel de wond dan met heet water om het eiwit te laten stollen en ga dadelijk naar de dokter.

Siganus vulpinus GELE VOSSENKOPVIS

Familie: Siganidae
Areaal: Stille Oceaan
Grootte: 25 cm
Dieet: omnivoor; klein levend en diepvriesvoer, plus groenvoer; graast ook op algen in de bak
Milieu: temp. 24-26 °C; pH 8,3-8,4; s.g. 1,023-1,027
Zone: midden
Kweek: eierleggend (details onbekend)

Een tamelijk forse, maar toch redelijk handelbare soort voor een gezelschapsbak; de dieren zijn meestal vreedzaam en passen zich gemakkelijk aan, al kunnen ze tegen soortgenoten soms onverdraagzaam en bijterig zijn. Het zijn actieve dieren die alleen op hun gemak zijn in een bak met veel vrije zwemruimte. Ze nemen genoegen met de meeste gebruikelijke voedersoorten, maar zorg wel voor een flink aandeel van plantenkost in het dieet. Een bak met veel algen is ideaal, want daar grazen ze graag op.

Opmerking: men kan ze beter niet met sedentaire ongewervelden samenhouden, want daar knabbelen ze vaak aan. Er zijn geen kweekverslagen, maar uit ervaringen met verwante soorten mag denkelijk worden afgeleid dat de ei-afzetting kan worden gestimuleerd door waterverversingen.

Hippocampus kuda KUDA-ZEEPAARDJE

Familie: Syngnathidae
Areaal: Indische en Stille Oceaan
Grootte: 25 cm
Dieet: carnivoor; klein levend voor zoals mysisgarnaaltjes en pekelkreeftjes; neemt zelden diepvriesvoer.
Milieu: temp. 24-26 °C; pH 8,3-8,4; s.g. 1,023-1,027
Zone: bodem, midden
Kweek: eieren in broedbuidel

Deze soort wordt ook wel Geel zeepaardje genoemd. Het zijn populaire aquariumvissen vanwege hun bizarre vorm, maar ze zijn bepaald lastig in een aquarium te houden. Begin er alleen aan als u ze rijkelijk van het juiste voedsel kunt voorzien; wees bereid daar veel tijd in te investeren. Kuda-zeepaardjes kan men het beste in een speciaal soortaquarium huisvesten; dat moet dan zijn ingericht met veel koraaltakken waar de dieren zich met de staart aan kunnen vasthouden, net als in de natuur.

Opmerking: de kweek is wel eens gelukt. Het mannetje broedt de eieren in een buidel uit; de jongen komen na circa 4 weken vrij. Zeepaardjes hebben kleine bekjes; het voer moet dus (vooral voor jongbroed) uiterst fijn zijn, en ook rijkelijk voorhanden.

VISSEN UIT KOUDE ZEEËN

VOOR LIEFHEBBERS uit gematigde luchtstreken (zoals Noordwest-Europa) bestaat ook de mogelijkheid een bak in te richten voor vissen uit koudere zeegebieden. In de handel worden zulke vissen zelden aangeboden, maar met wat moeite kunt u ze ook zelf vangen in getijdenpoeltjes langs de kust, samen met diverse interessante ongewervelden.

Doe dat wel met verstand. In getijdenpoeltjes vindt u ook de jongen van vissen die weldra te groot worden voor uw aquarium of alle andere dieren daarin beginnen op te eten. Hier behandelen we enkele kleinblijvende soorten die veilig en zonder veel problemen in een aquarium kunnen worden gehouden. Zorg er wel voor dat u de nodige vergunningen hebt om dieren in het wild te verzamelen; dat is vaak per land verschillend.

Een koudwater-zeeaquarium kan ongeveer zo worden ingericht als een tropische bak, alleen zult u vaak een koelinstallatie moeten aanschaffen in plaats van een verwarmingssysteem.

Vissen uit koude zeeën zijn vaak saai van kleur en daarom minder gewild bij de liefhebbers. Toch zijn het interessante dieren, van een geheel eigen, subtiele schoonheid, en men kan er veel plezier aan beleven. U zou bijvoorbeeld in uw aquarium een getijdenpoeltje kunnen nabootsen, met zowel vissen als daarbij passende ongewervelden.

Lipophrys pholis GEWONE SLIJMVIS

Familie: Blenniidae
Areaal: Middellandse Zee, Atlantische kusten van West-Afrika tot Schotland
Grootte: 16 cm
Dieet: carnivoor; klein dierlijk voer (levend of diepvries)
Milieu: temp. 12-15 °C; pH 8,0-8,4; s.g. 1,024-1,025
Zone: bodem
Kweek: substraatlegger

Dit zijn actieve vissen die voortdurend rondscharrelen in de holletjes en spleten van de rotspartij in het aquarium. Alle slijmvissen hebben graag een holletje, maar deze soort is op dat punt heel kieskeurig. Leg ook wat grote slakkenhuizen in de bak (minstens 1 per vis), want soms nemen ze daar graag hun intrek in; maar construeer daarnaast ook talrijke holen en spleten tussen stenen, om in te schuilen. Deze vissen zijn erg gesteld op het gezelschap van soortgenoten; houd ze dus altijd in een groep.

Opmerking: de Gewone slijmvis heeft geen pluimpjes boven de ogen, anders dan de meeste verwanten. Deze soort heeft ook de soms wat onrustbarende gewoonte een beetje uit het water te klimmen en een zonnebad te nemen op een rots. Dat is normaal, dus maak u daar geen zorgen over.

Parablennius gattorugine GEHOORNDE SLIJMVIS

Familie: Blenniidae
Areaal: Middellandse Zee, oostelijke Atlantische Oceaan tot Schotland
Grootte: 20 cm
Dieet: carnivoor; dierlijk voer zoals vis, garnalen en mosselvlees
Milieu: temp. 12-15 °C; pH 8,0-8,4; s.g. 1,024-1,025
Zone: bodem
Kweek: substraatlegger

zeer lange rugvin met harde en zachte stralen

Deze soort vertoont uitgesproken territoriumgedrag en terroriseert ook vaak kleinere vissen; zelf kan hij weer erg worden toegetakeld door grotere vissen. Om beide problemen te voorkomen kunt u ze beter in een soortaquarium houden, met veel stenen om onder te schuilen en het territorium af te bakenen. Maak ook wat holen en gangen in een rotspartij. Let erop dat het voer de bodem bereikt, want alleen daar wordt het gegeten. De dieren zijn erg nieuwsgierig; ze komen vaak uit hun schuilplaats om te zien wat er allemaal gebeurt, zeker als ze eenmaal aan uw aanwezigheid gewend zijn.

Opmerking: zoals normaal bij slijmvissen is het rolronde lichaam bedekt met een dikke, onbeschubde huid. De pluimpjes boven de ogen zijn ook een typisch kenmerk van slijmvissen

Spinachia spinachia ZEESTEKELBAARS

Familie: Gasterosteidae
Areaal: oostelijke Atlantische Oceaan, van de Golf van Biscaje tot Noorwegen
Grootte: 20 cm
Dieet: carnivoor; klein levend voer als mysisgarnaaltjes en pekelkreeftjes; neemt ongaarne diepvriesvoer, en vlokvoer wordt meestal geweigerd
Milieu: temp. 12-15 °C; pH 8,0-8,4; s.g. 1,024-1,025
Zone: midden
Kweek: nestbouwer

Bij deze stekelbaars is de voorste rugvin opgedeeld in 15 korte stekels. Het lichaam is langgestrekt en slank, in de staartstreek geleidelijk tot een dunne steel versmald. Het is de enige stekelbaars die permanent in zee leeft. Hij is lastig te houden, vooral door zijn voedselbehoeften: de dieren hebben meermalen per dag klein levend voer nodig. Ze leven niet lang; ook in het wild worden ze waarschijnlijk zelden ouder dan twee jaar. Wilt u ze in een gezelschapsbak houden, kies dan de medebewoners met zorg, want deze stekelbaars is een vinnenbijter.

Opmerking: kunt u deze vissen het juiste voer geven, dan behoort ook de kweek tot de mogelijkheden. Mannetje en vrouwtje bouwen samen een nest van plantendelen, die met een kliervloeistof worden aaneengekleefd.

Lepadogaster candollei

Familie: Gobiesocidae **Areaal:** oostelijke Atlantische Oceaan, Middellandse en Zwarte Zee	**Grootte:** 7,5 cm **Dieet:** carnivoor; klein levend en diepvriesvoer, ook fijngesneden vis, garnalen en mosselvlees	**Milieu:** temp. 12-15 °C; pH 8,0-8,4; s.g. 1,024-1,025 **Zone:** bodem **Kweek:** substraatlegger

Een verscholen levend visje van ondiep water bij rotskusten, graag in de beschutting van stenen en zeewier. Om niet te worden weggespoeld door de branding, zijn zijn buikvinnen omgevormd tot een soort zuignap waarmee hij zich vastklampt aan rotsen, planten en andere vaste oppervlakken. Alle leden van de familie missen schubben; ze hebben wel een dikke huid. De ogen steken duidelijk uit. Ze lijken nogal op slijmvissen, maar zijn meestal bonter van kleur; deze soort varieert van groen tot roodachtig, met uiteenlopende vlekjes en strepen. Volwassen mannetjes hebben grote vlekken op de kop.

Opmerking: kies de medewoners met zorg, want deze vis is roofzuchtig en heeft een grote bek; hij eet ook aas.

Gobius niger ZWARTE GRONDEL

Familie: Gobiidae **Areaal:** oostelijke Atlantische Oceaan, Middellandse en Zwarte Zee	**Grootte:** 15 cm **Dieet:** carnivoor; klein levend en diepvriesvoer, ook stukjes vis, garnaal en mosselvlees	**Milieu:** temp. 12-15 °C; pH 8,0-8,4; s.g. 1,024-1,025 **Zone:** bodem **Kweek:** substraatlegger

Een soort met een groot verspreidingsgebied, wat ook geleid heeft tot het ontstaan van locale kleurvarianten. Die kleuren kunnen zelfs binnen een populatie verschillen, want de vissen passen zich aan naburige rotsen aan, zodat een groep dieren geheel in de omgeving kan opgaan. In weerwil van de Nederlandse naam (en de latijnse, want ook *niger* betekent zwart) vindt men zelden geheel zwarte exemplaren.

Opmerking: grondels hebben twee gescheiden rugvinnen; daaraan zijn ze eenvoudig te onderscheiden van slijmvissen, die er maar één hebben. Grondels zijn ook vaak territoriaal ingesteld; zo ook deze soort. Geef ze veel nissen en spleten om zich in terug te trekken. In een grote bak kan men een groepje houden; in een kleine bak komt daar narigheid van, want ze maken vaak ruzie over hun territoriumgrenzen.

Coris julis REGENBOOGLIPVIS

Familie: Labridae
Areaal: oostelijke Atlantische Oceaan, Middellandse Zee
Grootte: 25 cm
Dieet: carnivoor; klein levend en diepvriesvoer, ook gesneden vis, garnalen en mosselvlees
Milieu: temp. 12-15 °C; pH 8,0-8,4; s.g. 1,024-1,025
Zone: bodem, midden
Kweek: vrijlegger

Deze soort wordt vrij groot maar gedraagt zich meestal vreedzaam, zij het soms een beetje wild. Overdag zwemt hij veel rond in de onderste waterlagen; 's nachts graaft hij zich vaak in de bodem in, en daarbij kan een rotspartij gemakkelijk ondermijnd raken. Zoals vaak bij lipvissen varieert de kleur al naar gelang van vindplaats, leeftijd, geslacht, seizoen (paaitijd!) en zelfs de stemming van de vis.

Opmerking: deze dieren zijn hermafrodiet; vrouwtjes kunnen in functionele mannetjes veranderen als dat nuttig is binnen de school. Bij lipvissen zien we twee manieren om te paaien: soms zwemt een groep dieren naar het oppervlak en zet gezamenlijk af, soms gaat een enkel paartje tot baltsen over en paait daarna bij het oppervlak. De eieren drijven met stromingen mee; de larven leven in het plankton.

Pholis gunnellus BOTERVIS

Familie: Pholididae
Areaal: Atlantische Oceaan, oostelijke Stille Oceaan (bij de VS)
Grootte: 25 cm
Dieet: carnivoor; dierlijk voer zoals gesneden vis, garnalen, mosselen of ander schelpdiervlees; ook mysisgarnaaltjes en pekelkreeftjes (levend of diepvries)
Milieu: temp. 12-15 °C; pH 8,0-8,4; s.g. 1,024-1,025
Zone: bodem
Kweek: substraatlegger

Een glibberig type, deze aalvormige vis, die zijn naam dus wel verdient. Van nature leeft hij aan rotsachtige kusten met veel nissen en richels; geef ze dus ook een aquarium met veel schuilplaatsen. Het lichaam is slank en kronkelig; de lange rug- en aarsvin zijn met de kleine, ronde staartvin tot een doorlopende vinzoom vergroeid. Volwassen dieren zijn goudbruin met een zwarte oogstreep en een rij lichtgerande, donkere vlekken in de rugvinzoom. De jongen hebben donkere verticale banden.

Opmerking: geef deze vissen klein dierlijk voer; houd er geen kleine ongewervelden bij, want die vormen in de natuur hun hoofdvoedsel. Waarschijnlijk leggen ze hun eieren in een klompje onder stenen, en bewaken beide ouders het legsel.

TROPISCHE ONGEWERVELDEN

DENKEND AAN een tropisch zeeaquarium met ongewervelden krijg je al haast visioenen van een koraalrif met een hele gemeenschap van harmonieus samenlevende schepselen. Voor de realisatie van zoiets is toch veel geduld en ervaring nodig. Ongewervelden zijn kwetsbaarder dan vissen en stellen hogere eisen aan de waterkwaliteit; ook hebben ze veel meer licht nodig. Doe altijd eerst ervaring op met een visaquarium en begin daarna pas eens te denken aan een bak met ongewervelden.

Veel ongewervelden moeten voortdurend worden voorzien van speciaal gekweekt, fijn levend voer; sommige hebben nog meer buitenissige dieetbehoeften. Soorten die in zee uren achtereen voedsel opnemen, moeten in een aquarium wel twee of drie keer per dag gevoederd worden.

In de handel vindt u een groot assortiment aan tropische ongewervelden. Hier bespreken we slechts een paar sterkere soorten. Verdiep u goed in de dieren die u kiest; zelfs verwante soorten hebben vaak zeer uiteenlopende eigenschappen en behoeften. Zo zijn sommige zeeslakken vreedzame herbivoren, andere carnivoren die hun medebewoners zullen aanvallen. Veel vissen eten van nature ongewervelden en kunnen daar dus niet mee worden samengehouden. Vraag bij twijfel uw handelaar of de dieren 'compatibel' zijn (bij elkaar passen).

Sabellastarte spp. VILTKOKERWORM

Fylum: Annelida
Areaal: Indische en Stille Oceaan
Grootte: meestal minder dan 10 cm
Dieet: carnivoor; zeer fijn levend voer zoals artemia-nauplien, raderdiertjes en plankton
Milieu: temp. 24-26 °C; pH 8,2-8,4; s.g. 1,020-1,024
Kweek: planten zich soms voort in het aquarium; wolken eieren en sperma worden dan 's ochtends uitgestoten.

Deze populaire ringwormen worden vooral uit Singapore, Indonesië en Sri Lanka ingevoerd. Ze dragen een fraaie krans van geveerde tentakels op de kop. Het lichaam zit in een perkamentachtige, deels in het zand begraven buis. Om voedsel te vergaren waaiert de worm met de tentakels door het water; zo worden kleine prooidiertjes uitgezeefd. Bij onraad worden de tentakels snel in de buis teruggetrokken. De tentakels kunnen door roofvijanden worden afgebeten; als de waterkwaliteit slecht is worden ze vaak spontaan afgeworpen, en volwassen dieren doen dat ook om te voorkomen dat ze hun eigen larven opeten. Ze groeien wel weer aan als men de woonbuis maar met rust laat.

***Rifaquarium** (p. 198-199)*

Heteractis malu PAARSE SYMBIOSE-ANEMOON

Fylum: Cnidaria
Areaal: Indische en Stille Oceaan: Philippijnen, Singapore, Indonesië
Grootte: 10-40 cm in diameter
Dieet: carnivoor; dierlijk voer zoals stukjes rauwe vis, garnaal, inktvis of mosselvlees, over de tentakels gestrooid; vitaminentoevoeging is nuttig
Milieu: temp. 24-26 °C; pH 8,2-8,4; s.g. 1,020-1,024

Deze grote zeeanemoon wordt vooral gehouden om er anemoonvisjes in te huisvesten. Hij heeft lange, paarsgetopte tentakels en een beige tot bruin lichaam. Fel licht bevordert de groei van zoöxanthellen (kleine algjes) op de anemoon, waardoor de kleuren dieper worden. De algjes staan suikers aan de anemoon af. Anemonen 'ademen' via hun tentakels en kunnen stikken als het water niet vrij kan doorstromen; zet ze dus altijd met de tentakels omhoog en zorg voor permanente stroming. Deze soort kan gaan wandelen als hij stress ondervindt. Soms klapt het dier in elkaar, onder afgifte van bedorven water en afval. Gebeurt dat meer dan eens per etmaal, dan is het hoog tijd voor een waterverversing.

Rifaquarium (p. 198-199)

Dardanus megistos RODE HEREMIETKRAB

Fylum: Crustacea
Areaal: Caribische Zee
Grootte: 10-15 cm
Dieet: carnivoor; dierlijk voer zoals stukjes rauwe vis, garnaal, inktvis of mosselvlees; neemt ook de meeste soorten handelsvoer aan
Milieu: temp. 24-26 °C; pH 8,2-8,4; s.g. 1,020-1,024
Kweek: in het aquarium lastig

Deze felgekleurde, levendige heremietkrabben zijn heel gewild als aquariumdier, maar ze ontwikkelen zich tot grote, gespierde gedrochten die een rifaquarium in een ruïne kunnen veranderen. Ze zijn beter bruikbaar in de rol van aaseter en afvalopruimer in een groot visaquarium met robuuste vissen die zich niet zo gemakkelijk door hen laten overvallen. Koopt u een jonge heremietkrab, bedenk dan wel dat ze spoedig uit hun slakkenhuis groeien en dan uit een reeks van grotere slakkenhuizen een nieuwe woning moeten kunnen kiezen; anders doden ze desnoods een andere slakkenhuisbewoner in de bak om aan zijn huis te komen. Ondanks de last van hun huisje kunnen de dieren vrij snel bewegen, en ze lusten ook wel kleine vissen of ongewervelden.

Lysmata amboinensis MOLUKSE POETSGARNAAL

Fylum: Crustacea
Areaal: Indische en Stille Oceaan
Grootte: 3-8 cm (exclusief de voelsprieten)
Dieet: carnivoor; dierlijk voedsel zoals kleine stukjes rauwe vis, garnaal en mosselvlees; neemt ook de meeste soorten handelsvoer aan
Milieu: temp. 24-26 °C; pH 8,2-8,4; s.g. 1,020-1,024
Kweek: planten zich in het aquarium vaak spontaan voort

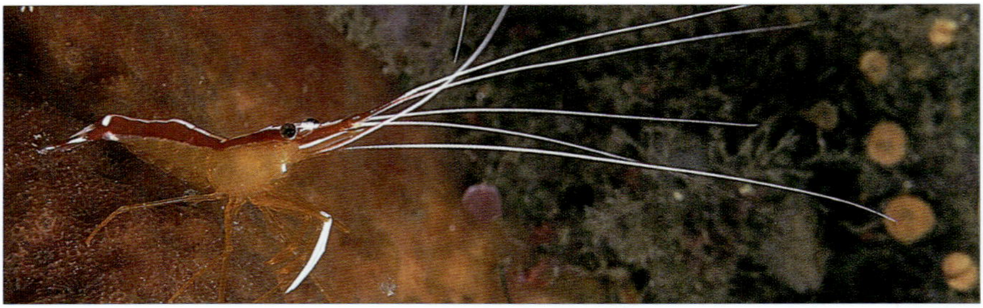

Poetsgarnalen heten zo omdat ze parasieten en andere ongerechtigheden van de huid van grotere vissen peuteren; en ze boffen dat ze daarbij door de vis niet als voedsel worden beschouwd. Ook in het aquarium vertonen ze dit gedrag. Men houdt ze ook graag vanwege de mooie kleuren – bij deze soort twee rode strepen opzij van een sneeuwwitte lijn over de rug. Het zijn actieve, gezellig levende dieren; ze ruimen overal in de bak voedselrestjes op. Geef ze veel schuilplaatsen; garnalen zijn heel kwetsbaar als ze vervellen, wat nu en dan moet om te kunnen groeien. Soms ziet men een vrouwtje met groene eierklompjes onder het achterlijf; maar jonge garnaaltjes worden in een normaal aquarium steeds door medebewoners opgegeten.

Rifaquarium (p. 198-199)

Fromia monilis ORANJE KUSSENSTER

Fylum: Echinodermata
Areaal: Indonesië, Sri Lanka
Grootte: 6-10 cm in diameter
Dieet: carnivoor; kleine stukjes rauwe vis, garnaal, inktvis of mosselvlees, naast de armen gelegd; neemt soms ook bepaalde soorten handelsvoer aan
Milieu: temp. 24-26 °C; pH 8,2-8,4; s.g. 1,020-1,024
Kweek: zelden gelukt

Een populaire, gemakkelijk te houden, mooi oranje-met-rood getekende zeester, die bovendien vreedzaam en onschuldig is, dus ook een ideale soort voor een bak met ongewervelden. Het is ook geen lastige eter, in tegenstelling tot veel andere zeesterren; vooral slangsterren stellen zeer specifieke eisen aan het voedsel en zijn ongeschikt voor de beginner. Welke zeester u ook koopt, let er altijd op dat ze niet beschadigd zijn (vooral niet aan de armtoppen). Kijk of het lichaam stevig is (niet slap); het watervaatstelsel van zeesterren is heel kwetsbaar. Beschadigde dieren leven meestal niet lang meer. Geef ze vooral niet te veel voer; om de dag is voldoende. Zoals alle ongewervelden hebben ze zeer goed water nodig.

Rifaquarium (p. 198-199)

Pseudocolochirus axiologus ZEEAPPEL

Fylum: Echinodermata
Areaal: Indonesië
Grootte: 15-20 cm
Dieet: carnivoor; zeer fijn levend of diepvriesvoer zoals artemia-nauplïen en raderdiertjes; aanvulling met speciale voedselsuspensies (handelspreparaten) is mogelijk
Milieu: temp. 24-26 °C; pH 8,2-8,4; s.g. 1,020-1,024

Van alle zeekomkommers zijn zeeappels wel de kleurigste, met een roze-grijs lichaam tot 10 cm lang, en rijen gele, roze of oranje buisvoetjes. Aan de kopzijde zit een groep tere, geveerde tentakels, geel tot dieprood van kleur; daarmee zeven ze voedseldiertjes uit het water, die vervolgens naar de mond gebracht en verteerd worden. Zeeappels zijn erg geliefd bij aquariumhouders, maar stellen wel tamelijk hoge eisen aan hun voeding. Men moet ze verscheidene malen per dag, met gelijke tussenpozen, zeer fijn levend voer geven; veel dieren sterven in het aquarium de hongerdood omdat men zich niet aan dit voederregime houdt. Houd zeeappels niet samen met agressieve vissen die aan hun tentakels plukken.

Rifaquarium *(p. 198-199)*

Aplysia spp. ZEEHAAS

Fylum: Mollusca
Areaal: wereldwijd verspreid
Grootte: 6-30 cm
Dieet: herbivoor; eet vrijwel uitsluitend algen (graast ook op algen in de bak), maar neemt soms ook ander groenvoer aan
Milieu: temp. 24-26 °C; pH 8,2-8,4; s.g. 1,020-1,024
Kweek: plant zich ook in het aquarium voort

Deze groenachtig bruine zeeslakken zijn niet bepaald schoonheden, maar kunnen zich in een zeeaquarium zeer nuttig maken. Ze grazen haast onafgebroken op algen, die anders zonder tegenmaatregelen een bak met ongewervelden snel kunnen overwoekeren. Voorzien van voldoende algen en in water van hoge kwaliteit kunnen zeehazen ruim twee jaar oud worden. De in de handel aangeboden soorten zijn vaak uit de Caribische Zee afkomstig; zo ook de Caribische Zeehaas (*Aplysia dactylomela*), vaak verkocht als jonge exemplaren (6-8 cm lang). Maar vergeet niet dat ze met gemak 30 cm lang worden. Net als landslakken hebben zeehazen een gespierde voet waarmee ze over rotsen en zeewier glijden. De naam zeehaas danken ze aan de oorachtige uitsteeksels op de kop.

Koudwater-Ongewervelden

Ook in koude zeeën komen veel kleine ongewervelden voor die uitstekend in een aquarium kunnen worden gehouden. Ze zijn meestal wel minder kleurig dan hun tropische pendanten; iets dergelijks zagen we al bij de zoetwatervissen.

Ongewervelden uit koude zeeën worden maar zelden in de handel aangeboden, maar u kunt ze natuurlijk zelf verzamelen in getijdenpoeltjes langs de kust. Wees daarbij voorzichtig: daar leven ook de jongen van grote vissen, die weldra niet meer in uw bak passen of alle medebewoners beginnen uit te roeien. Bedenk ook dat veel ongewervelde zeedieren zeldzaam beginnen te worden; laat beschermde soorten ongemoeid. Zorg voor de vereiste vergunningen en neem maar enkele exemplaren mee.

Net als bij tropische ongewervelden zijn hier geen algemene uitspraken te doen over de voeding en de verzorging. Ga voor alle dieren die u wilt houden altijd goed na welke eisen ze precies stellen en hoe ze zich van nature gedragen. U moet ook zonder onderbreking aan het juiste voer kunnen komen; desnoods moet u het zelf maar kweken. Weet u niet zeker of u dat uw dieren steeds kunt bieden, en kunt u niet garanderen dat ze in uw bak niet verhongeren, haal dan geen ongewervelden uit de natuur.

Zeeanemonen

Fylum: Cnidaria **Areaal:** Middellandse Zee, Atlantische Oceaan, noordoostelijke Stille Oceaan (VS)	**Grootte:** per soort verschillend **Dieet:** carnivoor; kleine stukjes rauwe vis, garnaal, inktvis of mosselvlees, op de tentakels gestrooid	**Milieu:** temp. 12-15 °C; pH 8,0-8,4; s.g. 1,024-1,025 **Kweek:** bij goede voeding treedt spontane deling op

Van de Gewone of Paarden-anemoon (*Actinia equina*) komen twee variëteiten voor: *A. e.* var. *mesembryanthemum* (algemeen in getijdenpoeltjes) en *A. e.* var. *fragracea* (uit dieper water). Beide zijn uitstekend in een aquarium te houden. Men vindt ze ook nog in verschillende kleuren, waaronder groen, bruin en rood. Een goed alternatief is de rode of witte Zeedahlia (*Urticina felina*) uit de noordelijke Atlantische en Stille Oceaan. De verwante *Urticina crassicornis* komt alleen aan de Amerikaanse oostkust voor. Alle zeeanemonen hebben een buisvormig lichaam, talrijke tentakels en een schijfvormige voet waarmee ze zich kunnen vastzuigen. Ze moeten permanent in vrij sterk stromend water staan, zodat ze kunnen ademen en eten.

GARNALEN

Fylum: Crustacea
Areaal: Middellandse Zee, Atlantische en Stille Oceaan
Grootte: per soort verschillend

Dieet: carnivoor; dierlijk voer zoals kleine stukjes rauwe vis, garnaal, inktvis en mosselvlees; neemt soms ook handelsvoer aan

Milieu: temp. 12-15 °C; pH 8,0-8,4; s.g. 1,024-1,025
Kweek: plant zich in het aquarium vaak spontaan voort

Alle garnalen, glasgarnalen en steurgarnalen uit de geslachten *Crangon*, *Palaemon* en *Hippolyte* zijn uitstekend in een zeeaquarium te houden; ze ruimen afval op en poetsen soms ook vissen. U kunt ze in elk getijdenpoeltje vangen, maar wees voorzichtig bij het transport; als het water te warm wordt gaan ze gauw dood. Ze zijn wat minder kleurig dan hun tropische verwanten, maar even interessant; ze brengen leven in een bak met ongewervelden, want ze zijn voortdurend op zoek naar iets eetbaars. Zorg voor voldoende schuilplaatsen, vooral als ze vervellen; zolang hun nieuwe pantser nog niet uitgehard is, zijn ze heel kwetsbaar. Ze planten zich vaak spontaan voort; men ziet dan vrouwtjes met klompjes eieren onder het achterlijf. De jonge garnaaltjes worden echter meestal door grotere medebewoners opgegeten.

ZEESTERREN

Fylum: Echinodermata
Areaal: Middellandse Zee, Atlantische en Stille Oceaan
Grootte: per soort verschillend

Dieet: carnivoor; dierlijk voer zoals kleine stukjes vis, garnaal, mosselen of ander schelpdiervlees; neemt soms ook handelsvoer aan

Milieu: temp. 12-15 °C; pH 8,0-8,4; s.g. 1,024-1,025

Zeesterren zijn gemakkelijk te vinden in getijdenpoeltjes, en men is dan gauw geneigd ze voor het aquarium mee naar huis te nemen. Dat kan ook best, maar u moet ze dan niet samenhouden met dieren waar ze van leven, zoals mosselen en kammosselen. Een hongerige Gewone zeester (*Asterias rubens*) trekt met gemak zo'n schelpdier open. Zeesterren wandelen langzaam rond, ook over obstakels; ze hebben zuignapjes aan de buisvoetjes onder de armen. Een afgebroken arm kan worden geregenereerd. De dieren zijn minder moeilijk te houden dan veel andere bewoners van getijdenpoeltjes, zoals schaalhorens, alikruiken, mosselen en kammosselen. Zet die liever in een aparte bak met dezelfde waterwaarden als voor zeesterren, en geef ze zeer fijn voer.

MARIENE ALGEN

ALGEN OF WIEREN ZIJN GEEN echte planten maar vormen een rijk op zichzelf; wel spelen ze in een rifaquarium een vergelijkbare, belangrijke rol. Sommige groeien op rotsen; andere leven in zeeanemonen, gebruiken daarvan de afvalproducten en geven er voedingsstoffen voor terug. Sommige korst- of draadvormige algen zult u vaak ongemerkt met kleine ongewervelden in aquarium krijgen, als u 'levende steen' in uw bak zet. Grote, decoratieve soorten, waarvan we hieronder een aantal bespreken, zijn gewoon te koop, net als zoetwaterplanten.

Groene, bruine of rode algen zijn nuttig in een aquarium, en veel dieren (vissen en ongewervelden) grazen er graag op. Soms ontwikkelen zich echter dekens van bruinrode 'smeeralg'; dan is er meestal iets mis in de bak, al kan dat van alles zijn: overbevolking, slechte waterkwaliteit, overmatige voedering of verkeerde belichting.

Algen kunnen niet groeien zonder licht, en ze maken gebruik van afvalproducten van vissen en ongewervelden; verder hebben ze bepaalde spoorelementen uit het zeewater nodig. Het is een soortenrijke groep; vooral het geslacht *Caulerpa* telt veel soorten, soms lastig op naam te brengen omdat dezelfde soort verschillende gedaanten kan aannemen, al naar gelang van de belichting, het substraat en de beschikbare voedingsstoffen. Sommige algensoorten zijn gevoelig voor temperatuurwisselingen (een overgang van 5 °C kan al dodelijk zijn). Andere kunnen grote variaties verdragen, zoals *Caulerpa prolifera*.

Acetabularia spp.
PARAPLUUTJESWIER

Een mooi, blauwgroen wiertje, met broze hoedjes als een paddestoel; ze gaan gauw stuk bij het transport. Geef ze veel licht en zwakke stroming in een bak zonder onstuimige dieren.

Caulerpa prolifera

Het meest gehouden groenwier in zeeaquaria; sterk, en heel geschikt voor de beginner. Voorkom echter wel dat ze de bak helemaal gaan overwoekeren; snoei ze regelmatig terug.

Codiacea spp.
KALKWIEREN

Kalkwieren heten zo omdat ze kalk uit het zeewater halen om hun loof te verstevigen; ze zijn zo veel stijver dan *Caulerpa*-soorten. Ze vragen sterke belichting en een hoge pH-waarde, maar zijn verder eenvoudig te houden.

Rhodophyceae spp.
ROODWIEREN

Roodwieren zijn gewild omdat ze mooi contrasteren in een rifaquarium. Bij gezonde planten zijn ook de randjes van het loof rood. Men kan ze het beste vastgegroeid op een steen kopen, maar ook dan zijn ze lastig te houden.

Pencillus capitatus
NEPTUNUS' SCHEERKWAST

Ongewoon uitziend, dus populair; meestal ingevoerd uit de Caribische Zee, waar hij op zand- of slikbodems groeit. Koop geen beschadigde exemplaren. Hebt u geluk, dan vermeerderen ze zich via kleine spruiten bij de voet.

Valonia ventricosa
ZEEMANSOGEN

Dit wier vormt ronde, eencellige ballen, tot 5 cm in diameter; het zijn de grootste cellen die bekend zijn uit de natuur. Ze raken gauw lek; wees erg voorzichtig als u de plant vervoert of werkjes uitvoert in de bak.

OOK AANBEVOLEN:

Caulerpa peltata
Caulerpa pinnata
Caulerpa racemosa
Caulerpa scalpelliformis
Caulerpa sertularioides
Caulerpa taxifolia
Halimeda opuntia (Cactuswier)
Halymenia spp.

HOE ZET IK EEN AQUARIUM OP?

AQUARIUM-APPARATUUR

In het woud van beschikbare apparatuur voor aquaria is het voor beginnende liefhebbers vaak lastig de bomen te zien. Maak u geen zorgen als u weinig geld hebt; de duurste producten zijn niet altijd de beste, en ook met alle kostbare hebbedingetjes uit de aquariumwereld bent u nog niet van succes verzekerd. Een goede basisuitrusting in combinatie met wat inzet en de wil tot leren is alles wat u nodig hebt. Ga om te beginnen na hoe de diverse installaties werken en hoe u er een efficiënt gebruik van kunt maken. Maak een inrichtingsplan voor u iets koopt en kies dan apparatuur en decoratiemateriaal waarmee u voor uw vissen de juiste leefomgeving kunt scheppen. Hebt u twijfels over de bruikbaarheid, het bedieningsgemak of de betrouwbaarheid, vraag dan advies aan de handelaar of aan ervaren liefhebbers.

◁ EEN TROPISCH AQUARIUM MET EEN DECORATIEF BELLETJESGORDIJN UIT EEN LANG LUCHTSTEENTJE.

Bak en onderstel

Wilt u een aquarium opzetten, dan moet u eerst nadenken over de bak en het onderstel. Kijk in uw portemonnee en ga na hoeveel ruimte u in huis hebt. Van de bakgrootte hangt deels ook weer af welke vissen u kunt houden, en hoeveel. Een paar mooie goudvisjes of een gezelschapje van kleine tropische zoetwatervissen kunt u al onderbrengen in een bakje van 60 x 30 x 30. Voor de meeste zeedieren zou dat echter verregaand onvoldoende zijn; die hebben een veel groter bodemoppervlak nodig, en ook stabielere waterwaarden, wat alleen in een groter aquarium kan worden gerealiseerd.

Aquaria en onderstellen zijn kant-en-klaar te koop, in vele modellen naar ieders smaak. Vindt u niets dat qua ontwerp en afmetingen bij uw verlangens aansluit, dan kunt u zelf een aquarium bouwen. Controleer altijd of het onderstel en de vloer het totale gewicht kunnen dragen, en zet de bak op een veilige plaats waar u er goed bij kunt voor alle voorkomende installatie- en onderhoudswerkzaamheden.

De constructie van de bak

De grootste sprong voorwaarts in de aquaristiek was (eind jaren zestig) de toepassing van siliconenkit voor verlijming van aquaria. Voordien maakte men aquaria van een hoekijzer-frame waarin de ruiten met stopverf werden vastgezet. Het frame roestte, vooral bij zeeaquaria, en als de stopverf hard werd ontstond vaak lekkage. Zo'n aquarium ging nauwelijks 10 jaar mee.

Dat werd anders met de komst van siliconenkit, die met het glas een moleculaire binding aangaat en na verwerking altijd een zekere elasticiteit behoudt. Hoekijzer-aquaria ziet men nu nauwelijks meer; alleen voor de sier wordt nog wel eens een frame aangebracht.

De moderne bouwmethoden staan eindeloze variatie toe in het ontwerp. De meeste aquaria zijn nog wel doosvormig, maar in de handel zijn ook modellen met gebogen voorruit, driehoekige bakken (voor plaatsing in een hoek), zeshoekige of nog andere, desgewenst met compartimenten voor inbouw van biologische filters. Wat u ook wilt, er is haast altijd een bak te vinden die dat mogelijk maakt, en desnoods kunt u er op bestelling een laten bouwen, geheel naar uw wensen.

Wilt u zelf een aquarium bouwen, denk dan goed na over het type en de vereiste glasdikte, en koop de siliconenkit bij een aquariumwinkel; gelijknamige producten voor gebruik in de bouw of voor sanitair zijn ongeschikt, want die bevatten giftige fungiciden. Verse kit geurt scherp (door azijnzuur); volg de bijgeleverde gebruiksaanwijzing. Gebruik geen oud vensterglas; dat kan verzwakt zijn door inwerking van licht of hitte. Laat het glas door een vakman op maat snijden en laat hem ook de randen gladslijpen, zodat u zich niet snijdt.

Nog worden aquaria meestal van glas gemaakt, maar acrylglas wint aan populariteit. Vroeger werden plastic aquaria op den duur geel en breukgevaarlijk, en er kwamen snel krassen op door schurend zand of door het wegpoetsen van algen. Moderne acrylglasbakken zijn sterk en licht, en ook nooit lek.

Om de vissen te beschermen en waterverlies door verdamping tegen te gaan hebben de meeste aquaria een kap waarin ook de verlichting is ondergebracht. U kunt ook een glazen dekruit op de bak leggen, of op een draagrand in de bak, zodat u er nog een lichtkap boven kunt plaatsen.

HET ONDERSTEL

Door een hoogwaardige meubelombouw ziet uw aquarium er dadelijk veel beter uit, en u kunt er ook de apparatuur handig in wegwerken.

Aquaria, vooral van glas, zijn leeg al behoorlijk zwaar, laat staan gevuld met water, zand en rotsen. Een beetje ruim, compleet ingericht aquarium weegt al gauw een paarhonderd kilo. Het onderstel moet daarop uiteraard berekend zijn en ook een vlak, horizontaal bovenblad hebben; anders gaat de bak kromstaan, wat tot lekkage of ruitbreuk kan leiden.

Veel bakken worden met een losse meubelombouw geleverd, in diverse stijlen, passend bij uw interieur. Deze meubels zijn zo ontworpen dat het aquariumgewicht gelijkmatig wordt verdeeld. In de kastjes kunt u visvoer, vangnetjes en ander gereedschap opbergen, alsook het buitenfilter en de luchtpomp, aldus onttrokken aan het oog. Monteer dan wel een terugslagventiel in de slang van de luchtpomp, zodat geen water kan worden teruggeheveld. De kast moet goed geventileerd zijn (tegen warmlopen van lucht- en filterpompen).

Een eenvoudig metalen onderstel is goedkoper, en u kunt ook zelf gaan knutselen met hout, baksteen, blokken gasbeton of wat dan ook – als het materiaal de last van het volle aquarium maar kan dragen. Het onderstel moet solide zijn; gebruikt u baksteen of sierbetonblokken, metsel die dan stevig vast. Een instortend aquarium kan veel schade en letsel veroorzaken! Of u nu een onderstel koopt of zelf fabriekt: zet de bak er niet direct op, maar op een tussenlaag van polystyreenschuim. Het kleinste zandkorreltje tussen bovenblad en aquariumbodem kan een puntbelasting uitoefenen waar de ruit van breekt. Bij nieuwe bakken wordt zo'n plaatje schuimplastic meegeleverd.

Niet alleen het onderstel moet solide zijn, maar ook de vloer. Een vlakke betonvloer is altijd goed; een houten vloer moet echter op draagkracht worden getest. Staat het onderstel op poten (in plaats van lange planken), dan oefenen die zware puntbelastingen uit en moeten ze op de vloerbalken steunen, niet op de vloerdelen ertussen.

Bedenk bij alles wel dat een groot aquarium in de regel gemakkelijker te onderhouden is dan een kleintje; in het grote watervolume zullen fluctuaties in de watereigenschappen een geleidelijker verloop hebben en beter in de hand te houden zijn. Natuurlijk moet u dan wat meer sjouwen. Zelfs aan een klein bakje hebt u al een hele til, en eenmaal gevuld kan en mag geen enkele bak meer verplaatst worden.

FILTERS

AQUARIUMFILTERS heeft men nodig om het water te zuiveren; ze vangen vuildeeltjes in en zetten die om in onschadelijke stoffen die naar het aquarium terugkeren. Deze omzetting is het gevolg van een natuurlijk proces, de stikstofcyclus (zie p. 27).

Het reinigend vermogen (de capaciteit) van filters hangt af van de oppervlakte van het filtermedium en de hoeveelheid doorstromend water. Er zijn twee manieren om water door het filter te laten lopen: met een circulatiepomp (motorfilter), of met een stijgbuis en een luchtpomp (doos- en sponsfilters). Motorfilters zijn veel krachtiger (en ook duurder); doos- en sponsfiltertjes zijn nuttig in een bak waar weinig stroming mag staan, bijvoorbeeld in een opfokbak voor jonge visjes. Er zijn binnenfilters (voor plaatsing in het aquarium, en al of niet motorgedreven) naast buitenfilters (voor plaatsing buiten het aquarium), de laatste meestal van het type met motoraandrijving.

BUITENFILTERS

Buitenfilters zijn meestal krachtiger dan binnenfilters en vergen ook minder onderhoud. Nog een voordeel is, dat het filtermedium kan worden gevarieerd, om de waterchemie te wijzigen; zo kan men turf toevoegen om het water aan te zuren, of koraalzand om het harder te maken. Combinaties zijn soms ook zinvol, bijvoorbeeld een motorgedreven buitenfilter waarvan het water via een sproeifilter en/of een UV-sterilisator in de bak terugloopt.

MOTORGEDREVEN BUITENFILTER

POTFILTER

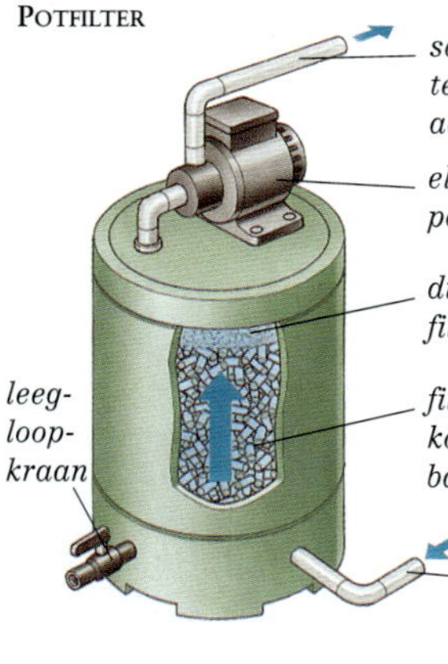

POTFILTER MET SPROEIBUIS OP UITLAAT

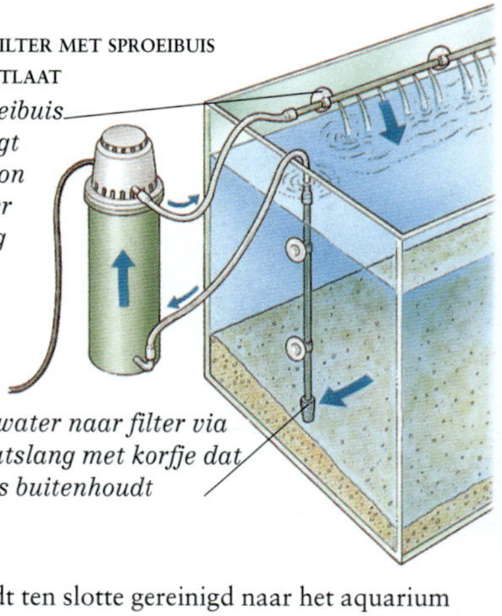

Potfilters zijn buitenfilters met een cilinder waarin de filtermedia (vaak filterwatten en porseleinringetjes, soms ook filterkool of turf) zijn opgeborgen; boven op de cilinder zit een elektrische pomp. Het vuile water stroomt van onderen het filter binnen, passeert opwaarts de filtermedia en wordt ten slotte gereinigd naar het aquarium teruggepompt. Men krijgt zo'n filter alleen goed aan het lopen door aan de uitlaatbuis te zuigen. Daarbij moet (zoals altijd) het filter lager staan dan de waterspiegel in het aquarium. Het filter mag nooit in het aquarium worden gezet.

VALFILTER

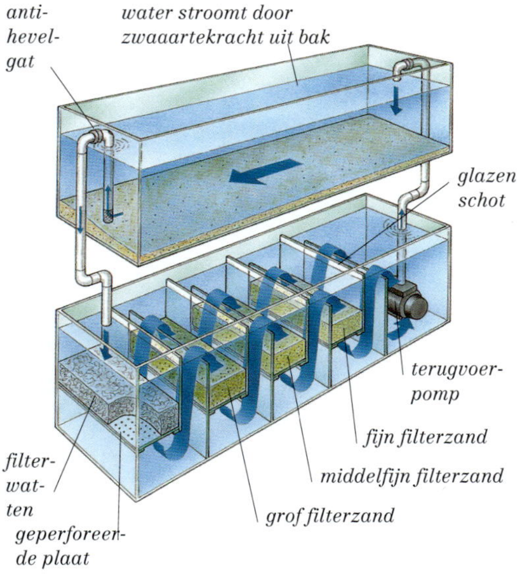

Een intern bodemfilter kan door gravende vissen in het ongerede worden gebracht en kan ook remmend werken op de plantengroei. Een externe variant is het valfilter met zand als filtermedium. Dit type bestaat uit een aparte bak met compartimenten waarin het water achtereenvolgens door verscheidene zand- en grindbedden loopt, van grof tot fijn. Het filter bevindt zich onder het aquarium, en het water valt er door de zwaartekracht vanzelf in (via een overloop); het wordt na reiniging door een waterdichte circulatiepomp teruggebracht naar het aquarium. In het laatste compartiment van het filter kan ook een thermostaatverwarming worden gemonteerd. Het hele filter wordt onzichtbaar in het ombouwmeubel geplaatst. Zulke filters werken uitstekend en zijn bij zoetwater- en zeeaquaria te gebruiken.

SPROEIFILTER

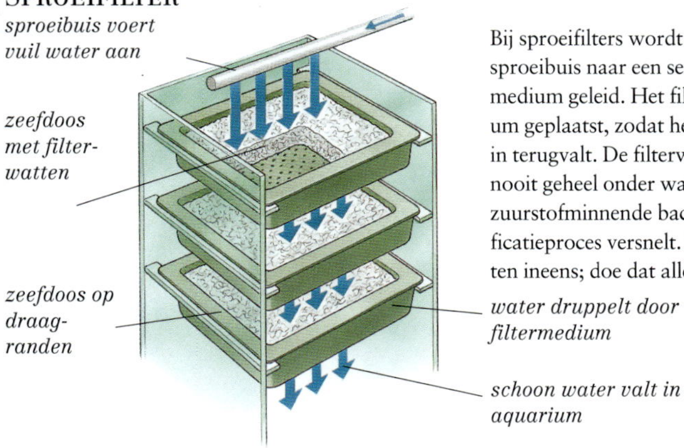

Bij sproeifilters wordt water opgepompt en via een sproeibuis naar een serie zeefbakken met een filtermedium geleid. Het filter wordt boven het aquarium geplaatst, zodat het schone water er als regen in terugvalt. De filterwatten blijven nat maar staan nooit geheel onder water; daardoor kunnen er zuurstofminnende bacteriën in leven, wat het nitrificatieproces versnelt. Vervang niet alle filterwatten ineens; doe dat alleen in de bovenste zeefdoos, zet die dan onderaan en laat de andere dozen opschuiven. Zo behoudt u de nuttige filterbacteriën.

UV-STERILISATOREN

Een UV-sterilisator is geen filter maar wordt wel vaak in combinatie met een extern motorfilter (potfilter) gebruikt. Hij doodt alle vrij in het water zwevende ziektekiemen en algensporen. Zowel bij zoetwater- als zeeaquaria kan zo'n apparaat nuttig zijn. De sterilisator bestaat uit een UV-lamp met een kwartsmantel en een ondoorzichtige veiligheidshuls. Hij wordt op de uitlaatslang van het filter gemonteerd; het voorgefilterde water doorloopt daarbij de ruimte tussen kwartsmantel en veiligheidshuls en wordt door het UV-licht gesteriliseerd. Een UV-lamp heeft een beperkte nuttige levensduur; daarna loopt de werking snel terug. De UV-lamp moet dus aan het eind van de garantieperiode worden vervangen.

Binnenfilters

Binnenfilters zijn er in allerlei vormen en maten. Sommige zijn luchtgedreven, zoals bodemfilters, doos- en sponsfiltertjes (de laatste alleen bruikbaar in kleine aquaria met weinig vis). Motorgedreven binnenfilters worden geheel ondergedompeld en bevatten een verwisselbaar filterpatroon; ze zijn geschikt voor middelgrote aquaria. Het grootste nadeel van binnenfilters is dat ze nauwelijks voor reiniging uit het aquarium genomen kunnen worden zonder dat er een wolk vuil terugvalt in de bak. Een bodemfilter kan zelfs niet grondig gereinigd worden zonder het hele aquarium af te breken. Dat hoeft echter niet vaak te gebeuren, tenminste als de bak niet overbevolkt is.

Sponsfiltertje

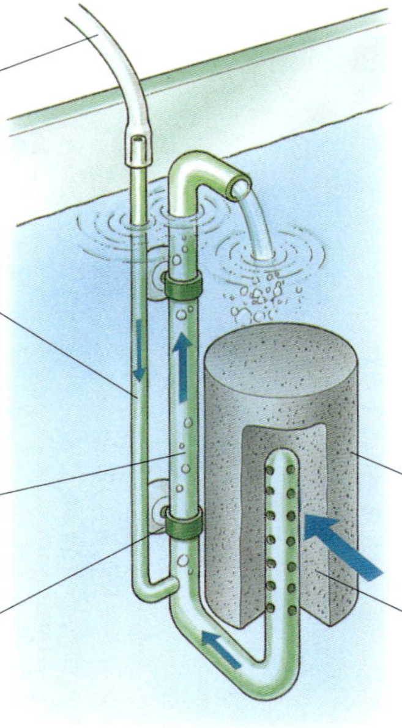

In zijn simpelste vorm bestaat een sponsfilter uit een stijgbuis met van onderen een wijdcellig sponsje. In de buis sleurt een stroom luchtbellen water mee en creëert zo een onderdruk. Daardoor wordt water door de spons ingezogen en tevens van vuil ontdaan. Sponsfilters zijn alleen bruikbaar in kleine aquaria, bijvoorbeeld in een opfokbakje met jongbroed, waar geen sterke stroming in mag staan.

Doosfilter

Kleine doos- of hoekfiltertjes met een enkele stijgbuis zijn ook ideaal voor kleine aquaria. Ze bestaan uit een doos met smalle spleten waardoor het water binnentreedt; de doos is gevuld met filterwatten of een filterpatroon. De bodem is verhoogd en heeft ook inlaatspleten. Door de stijgbuis laat men een bellenstroom oprijzen, die water meesleurt; aldus ontstaat een onderdruk in het filter en wordt ander water door de inlaatspleten naar binnen gezogen. Vuil wordt daarbij in de filterwatten opgevangen en via de stikstofcyclus omgezet in onschadelijke zouten. Doosfilters staan meestal op de bodem van het aquarium; soms moet u een paar ballaststeentjes in de doos doen om opdrijven te voorkomen. Sommige modellen kunnen met rubber zuignappen aan een ruit worden bevestigd.

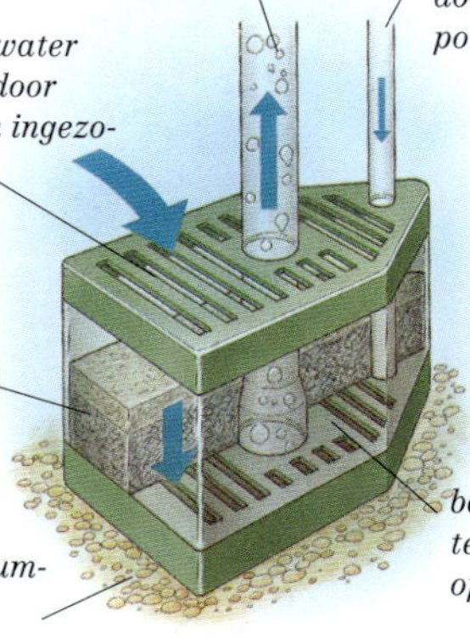

Bodemfilter

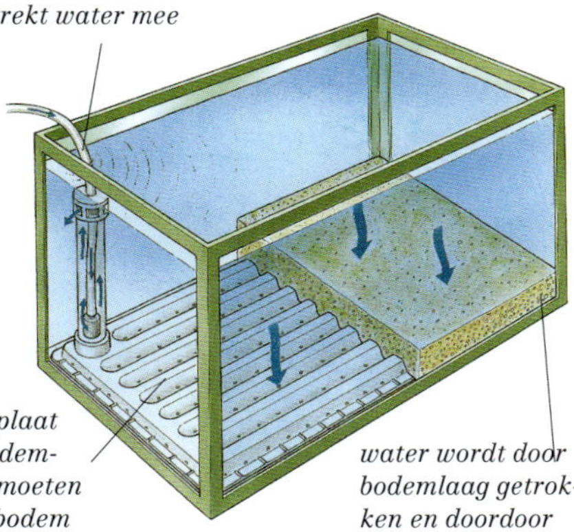

Bodemfilters bestaan uit een of meer filterplaten die onder de grindbodem worden gelegd; ze moeten de hele bodem van de bak bedekken en 5-10 mm van elkaar verwijderd zijn. Door een of meer stijgbuizen, die bijna tot de waterspiegel oprijzen, laat men een bellenstroom opstijgen, die water uit de ruimte onder de filterplaat meesleurt en een onderdruk creëert. Om die te compenseren wordt nieuw water door de grindbodem aangezogen; daarbij wordt meegevoerd vuil in het grind gevangen en door nitrificerende bacteriën onschadelijk gemaakt. Men kan een zeefmatje (fijnmazig plastic gaas) onder het grind leggen, zodat de filterplaat niet door fijn sediment (zand) verstopt raakt.

Motorgedreven binnenfilter

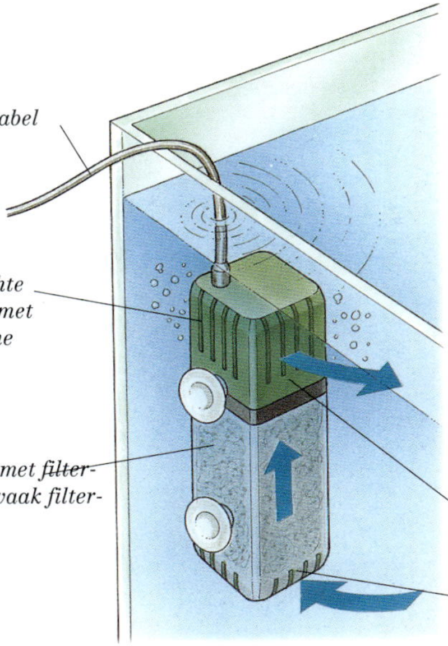

Voor weinig geld zijn ook binnenfilters te koop met een motorpomp in een waterdichte behuizing; ze moeten met motor en al onder water worden gebracht. De pomp trekt vuilwater door het eronder gezeten filterhuis met filterwatten of filterschuim en werpt het scherm in het aquarium terug. De doorstroomsnelheid is doorgaans veel hoger dan bij een luchtgedreven filter met stijgbuis. Daarom worden motorbinnenfilters niet op de bodem gezet, waar ze snel zouden dichtslibben, maar juist dichter bij de waterspiegel.

Eiwitafschuimers

Eiwitafschuimers gebruikt men vooral bij zeeaquaria, om ophopingen van eiwitachtige stoffen te verwijderen. Het apparaat ligt net onder de waterspiegel. In een stijgbuis wordt via een luchtsteentje een bellenstroom gepompt, die water meesleurt naar een ruimte aan de top, waar het eiwit als schuim achterblijft. Voor een goede werking moet het luchtsteentje om de maand vervangen worden. Als u medicijnen toedient tegen visziekten, mag de eiwitafschuimer 12 uur niet aanstaan, anders worden ook de medicijnen verwijderd.

LUCHTPOMPEN

ANDERS DAN DE MEESTE mensen denken geeft een stroom belletjes uit een luchtsteentje maar weinig zuurstof af aan het water – de belletjes rijzen daarvoor te snel naar het oppervlak. Maar ze veroorzaken wel golfjes op de waterspiegel en vergroten dus het oppervlak waarover zuurstofopname kan plaatsvinden. Maar een aquarium kan het best zonder luchtpomp stellen, mits er iets anders is dat het water in beweging brengt (bijvoorbeeld een sproeibuis van een filter). Luchtpompen zijn wel onmisbaar bij sommige filtersystemen. Door de stroming die een luchtsteentje opwekt, verbetert de circulatie rond verwarmingselementen, zodat geen warme plekken ontstaan; en zo wordt ook zuurstofrijk oppervlaktewater naar alle delen van de bak gebracht.

MEMBRAAN- EN ZUIGERPOMPEN

De meeste luchtpompen voor aquariumgebruik zijn membraanpompen. Ze werken met een zwengelarm die een rubber membraan doet trillen, wat ze nogal lawaaiig maakt, al kan men het geluidsniveau flink omlaagbrengen door goed onderhoud. De voortdurende beweging leidt ook tot materiaalmoeheid; vervang daarom regelmatig het membraan en de terugslagventielen. Zorg dat u reserveonderdelen in huis hebt. Luchtpompen kunnen ook een binnenfilter aandrijven (zie p. 164-167); zulke pompen mogen nooit lang afgezet worden, ook niet voor onderhoud, want dan werkt het filtersysteem niet meer.

Zuigerpompen werken veel rustiger dan membraanpompen, maar zijn meestal minder efficiënt. Als u een luchtpomp onder het niveau van de waterspiegel in het aquarium opstelt (in de kast onder de bak, bijvoorbeeld), moet altijd een terugslagventiel op de luchtslang gemonteerd zijn, zodat er wel lucht naar het aquarium kan, maar geen water terug kan stromen. Anders kan bij een defect aan de pomp water teruggeheveld worden, in de pomp; zelfs kan het aquarium zo ongemerkt leeggeheveld worden, op de vloer. Monteer het ventiel ook goed op de slang, anders komt er geen lucht in het aquarium.

MEMBRAANPOMP

LUCHTSTEENTJES

Luchtsteentjes hebben diverse toepassingen in het aquarium. Met een lang luchtsteentje kunt u een breed gordijn van belletjes maken, wat decoratief kan werken. Ook in bodem- of doosfilters worden luchtsteentjes gebruikt, evenals in eiwitafschuimers. Luchtsteentjes zijn in diverse vormen te koop, en de mate van poreusheid bepaalt de grootte van de afgegeven belletjes: grofkorrelige steentjes geven grotere bellen. Er zijn ook speciale houten blokjes, waarmee men zeer fijne belletjes kan maken. Luchtsteentjes slibben na een paar maanden dicht, dus vervang ze regelmatig.

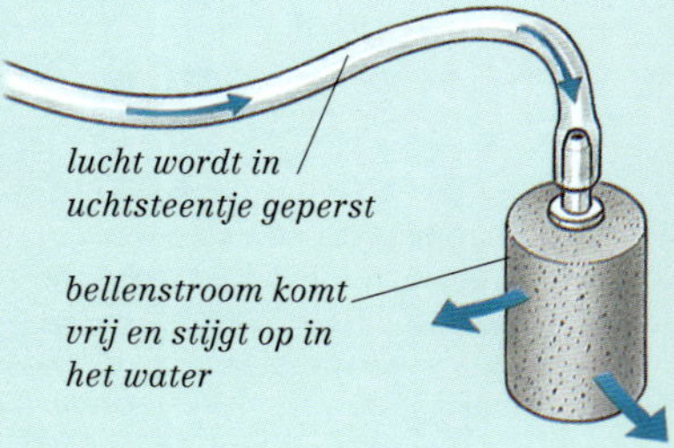

VERWARMING EN KOELING

IN DE BEGINTIJD waren verwarmingselementen en thermostaten opgeborgen in een glazen buis die met rubber was afgedicht; het waren broze gevallen, die door grotere vissen gemakkelijk konden worden verbrijzeld. Rond 1975 kwamen er overheidsvoorschriften die ertoe leidden dat deze apparaten veel steviger en veiliger werden. De huidige modellen zijn betrouwbaarder, nauwkeuriger en veiliger dan ooit.

VERWARMING EN THERMOSTAAT

In een klein aquarium is maar een zwakke verwarming nodig; in een grote bak een sterke, of liever nog twee elementen van geringer vermogen – dat is veiliger, want als de ene verwarmingsbuis stuk gaat kan de andere de temperatuur nog op een redelijk niveau houden, of juist afslaan zodat het defecte element de bak niet teveel opwarmt.

Thermostaten werken vaak met een strip van bimetaal, die afhankelijk van de temperatuur open- en dichtklapt, zodat de stroom naar het verwarmingselement wordt geregeld. Dompelbare typen hebben vaak een schaalverdeling voor de temperatuur; vaak is de thermostaat dan in de verwarming geïntegreerd. Moderne buitenthermostaten hebben een instelschaal waar ook kinderhandjes niet bij kunnen. In de nieuwste modellen is microchip-technologie verwerkt; ze zijn de meerprijs waard vanwege hun superieure nauwkeurigheid en betrouwbaarheid. Een kleine sensor in het water of buiten tegen de aquariumruit geeft de watertemperatuur aan de buitenthermostaat door, die dan de verwarming aan- of afzet, naar behoefte. Soms is er een lcd-schermpje waarop de temperatuur kan worden afgelezen.

Verwarmingsmatten onder het aquarium worden door een aparte thermostaat geregeld. Ze zijn niet waterdicht en mogen dus nooit in de bak gelegd worden; altijd eronder. Voornaamste nadeel van verwarmingsmatten is, dat bij een defect de hele bak moet worden afgebroken.

THERMOMETERS

Een thermometer is onmisbaar voor een goede regeling van de watertemperatuur. Thermometers zijn niet duur; koop er gelijk maar een paar, dan kunt u de aanwijzing van de ene met de andere controleren. Glazen alcoholthermometers worden het meest gebruikt; ze zijn redelijk nauwkeurig, reageren snel en zijn door de rode of blauwe vloeistof goed af te lezen. Voorts zijn dunne plastic stripthermometers te koop die buiten tegen de aquariumruit geplakt worden; de verkleuring van sectoren van de strip geeft de temperatuur aan, zodat u al van verre kunt zien of er iets mis is. Monteer ze zorgvuldig; direct zonlicht geeft vaak een foute aflezing. U kunt ook zeer nauwkeurige lcd-thermometers (op batterijen) kopen.

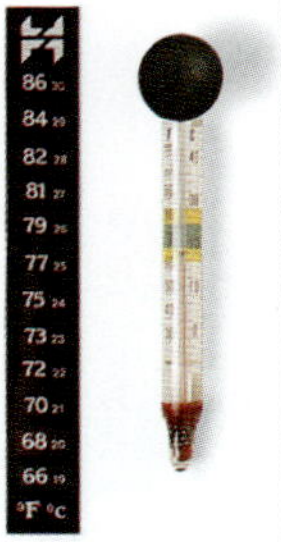

EEN STRIPTHERMOMETER (LINKS) EN EEN ALCOHOLTHERMOMETER

KOELAPPARATUUR

Een tropisch aquarium moet worden verwarmd, maar voor koudwatervissen is koeling nodig, vooral in zeeaquaria. Dat is vooral 's zomers van belang, als het water veel warmer kan worden dan de dieren in de natuur beleven. Sommige liefhebbers knutselen zelf een koelaggregaatje in elkaar, maar speciaal voor gebruik in aquaria zijn ook kant-en-klare apparaten te koop die goed afgeregeld kunnen worden.

VERLICHTING

LICHTSTRALEN DRINGEN niet zo gemakkelijk in water door; bij een diep aquarium moeten de lampen sterker zijn om ook de bodem goed te verlichten. Gaat het er alleen om de vissen goed te zien, dan is een enkele tl-buis voldoende. Maar als u ook de planten goed wilt laten groeien of ongewervelde zeedieren gaat houden, dan moet u meer verstand van licht hebben.

Zichtbaar licht is maar een onderdeel van de electromagnetische straling – zeg maar kosmische straling die zo sterk uiteen kan lopen als van röntgenstraling aan de ene kant tot radiogolven aan de andere kant van het spectrum. Een mengsel van alle zichtbare spectrale kleuren ervaren wij als wit licht. Planten gebruiken de blauwe en oranjerode componenten uit het spectrum; ongewervelden hebben de blauwe en violette componenten nodig. De tl-buizen die u monteert moeten dus licht van de juiste golflengte afgeven.

Tropische vissen, ongewervelden en planten zijn van nature ingesteld op een daglengte van ongeveer 12 uur en een ongeveer even lange nacht. Imiteer dat in het aquarium door een enkele lichtbron 12 uur per dag aan te laten, of door verscheidene tl-buizen met tijdschakelaars aan- en af te laten slaan, zodat ochtend- en avondschemering worden nagebootst.

TL-VERLICHTING

In tl-buizen hebt u wel het makkelijkste, meest efficiënte en ook best gestandaardiseerde middel bij de hand om een aquarium te verlichten. Ze zijn er in allerlei kleuren, en door ze te combineren kunt u heel goed het spectrale bereik realiseren dat de dieren en planten in uw bak nodig hebben. In de handel zijn diverse typen breedspectrum-lampen met wit licht, maar geen daarvan bootst het natuurlijke daglicht goed na. Ze zijn duurder dan gewone tl-buizen en moeten al na 6-8 maanden worden vervangen, ook als ze zo op het oog nog prima licht geven. Gewone tl-buizen zijn trouwens na 12-18 maanden ook aan vervanging toe.

De meeste aquaria worden met lichtkap geleverd, waarin een of meer tl-buizen passen. Ga voor aankoop na of de kap voldoende plaats biedt aan alle buizen die u denkt nodig te hebben, en controleer of de kap gemakkelijk voor onderhoud toegankelijk is.

SPOTVERLICHTING

Met spotlights kunt u bijzondere lichtomstandigheden scheppen, door bepaalde delen van het aquarium te accentueren of de golfjes een fraai lichtspel te laten toveren. Ze worden niet in een lichtkap gemonteerd maar los boven de bak gehangen. Als de lampen dicht boven het water hangen moet u een dekruit aanbrengen, zodat er geen water tegen aan kan spatten. Spotlights zijn erg nuttig om diepe aquaria te verlichten. Hang de lampen wel zo op dat ze de toeschouwers niet in de ogen schijnen.

Kwikdamplampen kunnen de vorm van een peertje hebben, of van een buis (dan vaak met ingebouwde reflector). De effectieve levensduur van deze lampen is maar kort; ze moeten elk half jaar vervangen worden. Metaalhalide-lampen hebben een veel hogere lichtopbrengst en zijn zeer waardevol voor een aquarium met ongewervelden. Ze zijn niet goedkoop en gaan ook maar 8-10 maanden mee, maar de investering komt er wel uit.

GLOEILAMPEN

Gewone gloei- of wolfraamlampen zijn niet ideaal voor gebruik bij aquaria. Ze zijn wel goedkoop en gemakkelijk te installeren, maar ze worden heet en gaan in een lichtkap gauw stuk. Condenswater in de fitting is levensgevaarlijk en de spectrale eigenschappen van het uitgezonden licht zijn voor de planten niet erg geschikt.

CONDENSATIEROOSTERS

Condensatieroosters voorkomen dat verdampingswater op de fitting van lampen condenseert. Ze worden gemaakt van plastic of vaker nog van glas. Ze onderscheppen uiteraard een deel van het licht op weg naar het aquarium. Houd ze daarom angstvallig schoon; verwijder regelmatig zoutafzettingen of algaanslag.

Om een groter deel van het zichtbare spectrum te kunnen aanbieden aan uw planten en dieren, kunt u verschillende typen lampen combineren. Op die manier kunt u prachtige effecten bewerkstelligen, vooral in rijk beplante zoetwaterbakken en in zeeaquaria met tropische ongewervelden.

Substraten

Een substraat is nodig om de vissen een veilig gevoel te geven, om er planten en decorstukken in te zetten en om nuttige bacteriën onderdak te geven. Alle substraten moeten vooraf goed (maar zonder zeep!) in warm water worden gewassen. Vooral bij zee- en brakwater-aquaria mogen geen stukjes metaal in het substraat achterblijven; die kunnen met zout water reageren en giftige stoffen afgeven.

Grind

In zoetwater-aquaria gebruikt men meestal grind als substraat. Het is in verschillende korrelgrootte verkrijgbaar, en de steentjes kunnen afgerond zijn of hoekig en scherp. Grof en scherpkantig grind is ongeschikt voor dieren die op zoek naar voedsel de bodem omwoelen of er kuilen in graven; aan de scherpe randen kunnen bodembewonende vissen zich verwonden. Bij grof grind kunnen zich ook voederrestjes tussen de steentjes ophopen en gaan rotten, waardoor het water slecht wordt. In een zachtwater-aquarium moet kalkloos grind gebruikt worden; vraag er uw handelaar naar. Het kalkgehalte kan worden getest met een beetje azijn; als het grind gaat schuimen bevat het kalk (dat met azijnzuur reageert). Grind wordt in diverse kleuren geleverd. Donker grind staat mooi in het aquarium, en is ook weldadig voor vissen uit schaduwrijke wateren. Lichte kleuren werken vaak onnatuurlijk; boven licht grind zien vissen er bleek uit, en ze worden dan ook vaak schuw.

Standaard aquariumgrind

Fijn grind

Rood grind

Filterzand

Zand is een bruikbaar alternatief voor grind in een zoetwaterbak, maar gebruik geen zand dat dichtslaat (zoals metselzand). Speciaal filterzand kent dat bezwaar niet, geeft ook geen schadelijke stoffen aan het water af en heeft afgeronde korrels waar het water en de wortels goed tussendoor kunnen. Het is wel lastig om er terrassen of een strandje mee te maken, want het glijdt snel weg. Fijn zand kan apparaten en slangen verstoppen; vooral in een bak met een bodemfilter kunt u er beter van afzien.

Koraalzand

In zeeaquaria maakt men vaak een bodem van koraalzand, al of niet met een onderlaag van dolomietgruis of gebroken schelpen. Brengt u zo'n grove onderlaag aan, leg er dan een zeefmatje op, zodat het zand er niet tussenloopt. In een zeeaquarium kunt u ook een bodem van kalksteensplit of geklopte mergel maken (al of niet afgedekt met koraalzand); met kleine hoeveelheden van deze substraten kunt u in een zoetwaterbak de pH bufferen als u hard water wilt; koraalzand is daar minder geschikt voor.

WATER

WATER LIJKT MISSCHIEN het simpelste bestanddeel van een aquarium, maar bedenk dat de waterkwaliteit voor waterdieren van direct levensbelang is. Vissen kunnen alleen overleven binnen een bepaald, optimaal traject van watereigenschappen; hun stofwisseling hangt van vele factoren af, waaronder ook de hardheid, de zuurgraad (pH-waarde), de temperatuur en het zuurstofgehalte van het water. U kunt wel allerlei apparaten kopen om uw vissen een gezonde leefomgeving te bereiden, maar bewaking van de waterkwaliteit is minstens zo belangrijk. De waterchemie raakt gemakkelijk uit zijn evenwicht; via de lucht of anderszins komen ook gemakkelijk schadelijke stoffen in de bak terecht. Vaak merkt u dat pas als uw dieren ziek worden of dood gaan, dus als het te laat is.

ZOETWATER-AQUARIA

Alleen als u een aquarium voor het eerst vult, mag u het water direct uit de kraan halen. Leidingwater kan voor vissen giftige stoffen bevatten, waaronder chloor en fluor. Voor u water in een bak met vissen brengt, moet het 12 uur in een emmer hebben opengestaan, zodat de chemicaliën weggedampt zijn. U kunt het proces versnellen door het water met een krachtige straal in de emmer te laten spuiten. De belletjes in de waterstraal drijven de schadelijke gassen uit, wat u in het geval van chloor duidelijk kunt ruiken. Is de emmer vol, dan kunt u er een luchtsteentje inzetten om het water in beweging te houden. Aldus is het water vaak al na een uur of twee klaar voor gebruik. Er zijn ook speciale waterbehandelingsmiddelen voor aquaria te koop; enkele drupjes daarvan in een emmer maken het water ook sneller bruikbaar.

Bij waterverversing moet het verse water altijd (binnen 2 °C nauwkeurig) dezelfde temperatuur hebben als het water dat zich al in het aquarium bevindt, en ook dezelfde pH en hardheid. Voor het laatste zijn ook weer oplosbare additiva te koop, waarmee u deze waarden gelijk kunt maken.

ZEE- EN BRAKWATER-AQUARIA

Een zee- of brakwateraquarium moet gevuld worden met leidingwater waaraan eerst zouten zijn toegevoegd. Gebruik daarvoor alleen speciale zeezoutpreparaten van een goed merk; nooit tafelzout of keukenzout! Voor zeevissen moet de vereiste hoeveelheid zout worden opgelost volgens de aanwijzingen van de fabrikant, in een plastic emmer met leidingwater, tot het gewenste soortelijk gewicht (s.g.) bereikt is – meestal tussen 1,023 en 1,027 (zoet water heeft een s.g. van 1,000). Binnen dat traject kunnen de meeste zeevissen wel leven, en ook de wat sterkere ongewervelden (al hebben andere soorten soms afwijkende waarden nodig). Voor brakwatervissen lost u hooguit half zo veel zout op (tot een s.g. van 1,002-1,007); die concentratie hoeft niet zo precies constant gehouden worden, want deze dieren leven van nature in getijdenwateren waar de zoutgraad in de loop van een etmaal flink kan variëren.

Als u de bak voor het eerst vult, moet het zout zeker voor een deel zijn opgelost. Later, bij gedeeltelijke waterverversingen, moet u eerst met een hydrometer de zoutgraad in het aquarium meten en vers water van hetzelfde s.g. toevoegen; het zout moet dan geheel zijn opgelost, zodat in het aquarium op slag het juiste s.g. wordt bereikt. Bij verdamping verdwijnt alleen water, geen zout; meet dus altijd eerst het s.g. in het aquarium, voor u gaat bijvullen met nog meer zout water. Bij excessieve verdamping, zoals op warme zomerdagen, zult u vaak met zoet water moeten bijvullen om de zoutgraad weer op het gewenste niveau te brengen.

DECORATIE EN ACCESSOIRES

WAT U OOK WILT GEBRUIKEN om uw aquarium te stofferen: het moet gifvrij zijn, de waterchemie niet nadelig beïnvloeden en passen bij de natuurlijke behoeften van de vissen. Schuwe vissen moet u retraites geven in de vorm van holen tussen stenen of kienhout, afstandzwemmers vragen juist veel open ruimte. Verder hangt de keuze van het decor vooral van ieders persoonlijke smaak af. Menigeen prefereert een natuurlijke aanblik, maar sommigen houden nu eenmaal van wat snuisterijen, tot diepzeeduikers en gezonken galjoenen aan toe!

ROTSEN

Rotspartijen kunt u kant en klaar bij de aquariumwinkel kopen. Ga niet zelf stenen zoeken, tenzij u geoloog bent, want sommige gesteenten geven giftige stoffen af of beïnvloeden de waterchemie. Zo bevat marmer arsenicum, en van kalksteen wordt het water hard en basisch. De stenen uit de aquariumwinkel doen geen kwaad in het water, maar u moet ze wel altijd goed schoon schrobben onder een lopende kraan.

Kies dan stenen uit met dezelfde kleur en structuur, en let bij het inzetten op de streping, die gelijk gericht moet zijn; anders ziet het er gauw onnatuurlijk uit. Wilt u hoge steenstapelingen maken, lijm de stenen dan met siliconenkit goed aan elkaar; vissen kunnen een berg stenen ondergraven, zodat het hele geval instort.

In zeeaquaria gebruikt men vaak tufsteen, een lichte en poreuze steensoort, die overigens ook in zoetwaterbakken met hard water bruikbaar is. Bazalt is veel zwaarder, verplaatst meer water en maakt dat ook harder. In zoet- en brakwateraquaria ziet een klein vloertje van afgeronde keitjes in een deel van de bak er aardig uit.

TUFSTEEN

KEITJES

HOUT

Hout is bruikbaar in zoet- en brakwateraquaria. Men verkoopt drie soorten: kienhout, wijnstokken en drijfhout. Met kienhout bedoelen we resten van dode bomen die eeuwenlang in het veen hebben gelegen. Het geeft looistoffen af aan het water, dat daardoor bruin kleurt; dat deert de vissen meestal niet, vooral niet als ze van zacht en zuur water houden. Toch moet kienhout (evenals drijfhout) voor gebruik twee weken lang gewaterd worden om een overmaat van looistoffen te verwijderen; ververs het water regelmatig, en zet er een luchtsteentje in, dat versnelt het uitloogproces. Schrob het hout goed af voor gebruik. Wijnstokken worden in gedroogde vorm door de bloemist verkocht; ze geven minder looistoffen af maar moeten wel gewaterd en geschrobd worden. Zonder te zijn gewaterd zinken ze ook niet goed naar de bodem.

KIENHOUT

DRIJFHOUT

Koralen en schelpen

U kunt allerlei mooie, dode koralen kopen, maar die zijn alleen geschikt voor zeeaquaria, want ze maken het water hard en verhogen de pH. Sommige hebben ook scherpe kanten en kunnen de tere huid van vissen beschadigen. Dode koralen zijn de skeletresten van ooit levende koraaldiertjes, dus moeten ze eerst een paar uur uitgekookt worden; anders kan het water vervuild raken. U kunt ook namaakkoralen inzetten; daarmee spaart u de natuur en ze zien er heel levensecht uit, vooral als ze wat bealgd zijn geraakt.

Schelpen zijn nuttig in een bak met vissen die ook in het wild schelpen als schuilplaats gebruiken. Kies soorten waar de vissen niet in kunnen vastraken en kook ze ook weer van tevoren uit.

Namaakdecoratie

Vroeger zagen plastic planten er afzichtelijk uit, maar nu zijn ze haast niet meer van echt te onderscheiden. Ze zijn nuttig in een bak met vissen die planten eten of uit de grond woelen. Replica's van zeewieren zoals *Caulerpa* zijn een goed alternatief voor de echte plant, die zich soms lastig in het aquarium laat kweken.

Kunsthout, namaakrotsen en koraalimitaties zijn ook te koop. De keuze uit vormen en kleuren is beperkt, maar deze producten zijn totaal ongevaarlijk en hoeven dus ook niet uitgebreid te worden geschrobd, gewaterd of uitgekookt. Anders dan met 'levende steen', bewoond door allerlei schelpdiertjes en kreeftjes, loopt u geen risico plaagdieren in uw bak te halen.

Achterwanddecors

Aquariumvissen gedragen zich vrijmoediger en meer natuurlijk als ze de veilige dekking van een achterwanddecor achter zich weten. U kunt daartoe heel simpel de achterruit van buiten zwart verven; dat suggereert diepte in de bak en onttrekt het bloemetjesbehang aan het gezicht. In de handel zijn ook plastic achterwanddecors met vergezichten, zoals beelden van een koraalrif; maak alleen de hoeken met een drupje lijm vast aan de ruit, dan kunt u ze nog eens verwisselen.

Er zijn ook achterwandconstructies voor montage in de bak; vaak zijn daarop rotspartijen en terrassen gemodelleerd. Lijm ze vast voor u de bak vult, en wel zo dat er geen vissen achter kunnen schieten.

Onderhoudsgereedschappen

Onmisbaar

- Een emmer (altijd van plastic).
- Hevelslang: ideale binnenwijdte 10-15 mm, lengte ongeveer 2 m.
- Vangnetjes: passend bij het formaat van uw vissen; snelle vissen vangt u makkelijker met twee netjes.
- Thermometer: zelfklevende stripthermometers geven een ruwe indicatie van de temperatuur, maar niets gaat boven een goede alcoholthermometer (of u moet een electronisch apparaat kopen). Koop er eentje extra, voor als er eens een breekt.
- Hydrometer: alleen nodig voor zee- en brakwater-aquaria, om de zoutgraad te meten.
- Een reservevoorraad filtermedia (als u een filter hebt waarin die nodig zijn).
- Testsetjes: om allerlei waterwaarden te meten. Gebruik ze vooral als u de waterkwaliteit niet vertrouwt.

Aanbevolen

- Vakliteratuur over aquariumvissen: voor informatie over de soortherkenning, de verzorging en de kweek.
- Reserveonderdelen: sluitringen voor potfilters, lagers voor circulatiepompen en rubber membranen voor luchtpompen. Duur zijn ze niet, en je zal maar zonder zitten. Vul de voorraad nu en dan aan.
- Reserve-verwarming en -thermostaat: goud waard als de verwarming op een ongelukkig moment uitvalt.
- Reserve-zekeringen: voor als de stoppen doorslaan.
- Vismedicijnen: houd alleen een paar veelgebruikte middeltjes op voorraad; medicijnen zijn beperkt houdbaar en u kunt ze beter pas kopen als u ze nodig hebt.
- Een algenkrabber.

DE INRICHTING VAN HET AQUARIUM

EEN AQUARIUM INRICHTEN is geen zaak van 'eventjes doen'. Wel kunt u het karwei verlichten door goede planning en voorbereiding. We geven u geen spoorboekje van wat u precies moet doen en op welk moment; u doet er goed aan zelf een checklist te maken, die u tijdens de arbeid steeds raadpleegt. Trek er de nodige tijd voor uit; als u de bak niet dadelijk goed inricht, draait hij later ook niet behoorlijk, of helemaal niet. Volg bij het installeren van de apparatuur de gebruiksaanwijzing van de fabrikant, naar de letter. Laat voor de veiligheid de elektrische installatie door een vakman aanleggen. Om u op pad te helpen behandelen we in dit hoofdstuk de basisprocedures, met voorbeelden voor de inrichting van achtereenvolgens een zoetwaterbak, een brakwater-aquarium en een zeeaquarium.

◁ RIFBEWONENDE VISSEN ZOALS DE VUURPIJLVIS (*NEMATELEOTRIS MAGNIFICA*) DOEN HET GOED IN EEN AQUARIUM

Eerste toebereidselen

Het loont de moeite om een uitgewerkt plan te maken voor elke fase van de inrichting van een aquarium. Al voor u de apparatuur aanschaft moet u weten hoe groot de bak wordt, waar hij komt te staan, en of de vloer het totale gewicht kan dragen. Had u binnenkort ook nieuw behang of tapijt willen hebben, voer dat plan dan eerst uit, want een gevuld aquarium is loodzwaar en kan niet worden verplaatst zonder de bak eerst helemaal af te breken. Zet de bak op een rustige plek waar hij niet in de weg staat maar waar u wel goed bij kunt voor onderhoud en waterverversing. Vermijd directe zoninstraling, want dat geeft overmatige algengroei en te hoge temperaturen.

Maak een inrichtingsplan en haal alles in huis wat u nodig hebt; voer zo veel mogelijk werkjes van tevoren uit, zodat de inrichting zelf minder tijd kost.

Checklist gereedschap en apparatuur

- aquarium
- lichtkap
- onderstel
- grondplaat (eventueel)
- polystyreenplaatjes
- achterwanddecor
- substraat (zand of grind)
- zeefmatje (eventueel)
- rotsen, kienhout etc.
- koralen en/of schelpen (koralen alleen in zeewateraquaria, schelpen dito en ook in zoetwaterbakken met hard water)
- filterinstallatie
- verwarming met thermostaat
- lampen en armaturen
- luchtpomp met slang, terugslagventiel en luchtsteentjes
- thermometer
- dekruit of condensatierooster
- stekkerbankje (4 stopcontacten)
- waterpas
- draadtang met stripper
- buigtangen
- schroevendraaiers
- schaar
- scherp mes
- plakband
- isolatieband
- contactstekkers
- snoergeleiders
- emmer
- vergiet of zeef
- siliconenkit
- plastic folie
- handdoek
- hevelslang
- elastiekjes, vislijn en een boor
- zeezout (voor zee- en brakwater-aquaria)
- hydrometer (voor zee- en brakwater-aquaria)

SCHETSONTWERP

Maar van tevoren een ontwerpschets van uw aquarium en geef aan waar de apparatuur, de planten en de decorstukken (rotsen, hout, koralen, schelpen etc.) moeten staan. Voor u iets koopt kunt u de handelaar het beste vragen om in een ongeveer even groot, leeg aquarium te demonstreren hoe alles eruit zal zien, en dan wordt ook duidelijk of het past. Zet de verwarming/thermostaat op een plek waar u bij kunt voor onderhoud, maar wel onttrokken aan het oog; op die plek mag het water ook niet stagneren, anders ontstaan steile temperatuurgradiënten. Plaats zo nodig een luchtsteentje bij de verwarming, om de circulatie te verbeteren. Zet filterslangen en sproeibuizen zo neer dat ze geen schade aan tere planten berokkenen maar het water wel vrij kan passeren van de uit- naar de instroomopening. Is er een buitenfilter met inlaatslang, dan moet het eind daarvan vlak bij de bodem zitten en moet er een korfje op gemonteerd zijn zodat geen visjes in de slang gezogen kunnen worden.

INLEIDENDE WERKZAAMHEDEN

Bevestig een zelfklevend achtergronddecor tegen de achterruit (buitenzijde); plak papieren decors pas vast als de bak op zijn plaats staat, anders komt er misschien nog een scheur in. U kunt ook de achterruit zwart verven (of een andere kleur); laat de verf goed drogen. Ook kurkplaatjes zijn als achtergrond te gebruiken; plak die vast met siliconenkit en laat die 24 uur drogen.

Was van tevoren het grind of zand. Nieuw substraat is vaak erg vuil en moet worden uitgespoeld tot het weglopende water helder is; pas wel op dat de gootsteenafvoer niet door zand verstopt raakt. Het uitspoelen kan in een zeef of vergiet, of in een emmer, maar doe het in kleine porties; gebruik uw handen of een houten pollepel, die u ook later alleen voor aquariumdoeleinden gebruikt. Gebruik een opslagteiltje, anders moet u elke gewassen portie zand of grind apart naar de bak brengen en erin kieperen, en dat kost tijd.

Boen de rotsen en het hout met een borstel schoon onder de hete kraan; gebruik nooit zeep. Als u dat van tevoren doet, is een keertje spoelen op de dag van installatie voldoende. Om opdrijven van het hout te voorkomen moet het vooraf twee weken worden gewaterd; vervang daarbij het water regelmatig. Zo verdwijnt ook een deel van de looistoffen, die anders het aquariumwater lelijk donkerbruin maken, als slappe thee (wat overigens geen kwaad kan).

Als u stenen of blokken dood koraal (of imitaties daarvan) wilt opstapelen tot een rotspartij met terrassen en holen, lijm ze dan met siliconenkit aan elkaar, laag voor laag, en kies stenen met een platte onderkant als fundament. Houd de steenstapeling met tape bij elkaar tot de kit droog is, en wacht tot elke laag droog is (na 24 uur) voor u een nieuwe er op zet. Met siliconenkit kunt u ook hout of kurkschors op een leiplaatje vastzetten. Wilt u planten zoals Javavaren op een stuk hout laten groeien, boor dan kleine gaatjes in het hout zodat u er vislijn door kunt halen om de plant mee vast te binden. Zet uw binnen- of buitenfilter in elkaar en vul het met filtermedia. Lees zoals altijd goed de gebruiksaanwijzing; als u de werking en de constructie van de apparatuur goed kent is het onderhoud later veel eenvoudiger.

U kunt het aquarium natuurlijk op uw eentje inrichten, maar bij het optillen en op zijn plaats zetten kunt u het beste iemand vragen u te helpen. Het is erg plezierig als iemand met ervaring u daarbij helpt; neem maar eens contact op met een aquariumvereniging in uw woonplaats, want de leden daarvan zijn meestal wel bereid hun kennis en expertise met u te delen. Maak op de dag van installatie de plek waar u aan het werk bent vrij van meubels, en bedek het tapijt en naburige stoelen met plastic folie (bijv. polyetheen vuilniszakken), zodat er geen water of zand op gemorst wordt. Houd kindertjes en huisdieren op een afstand. Neem voor alles ruim de tijd.

NIEUWE ZOETWATERBAK

ZORG DAT U DE RUIMTE HEBT als u een aquarium gaat inrichten, zodat u comfortabel kunt werken; en haal alles in huis wat u nodig hebt. Neem met uw helper alle te verrichten handelingen nog eens zorgvuldig door, want je kunt dingen beter ineens goed doen dan dat je later nog weer allerlei fouten moet herstellen.

INSTALLATIE VAN APPARATEN EN DECOR

1 ▷Zet het onderstel op zijn plaats en controleer of het vlak en stevig staat. Leg de grondplaat en de polystyreenplaatjes op het onderstel en zet de bak daar boven op, zo nodig met hulp. Kijk of de bak horizontaal staat en niet op het onderstel wiebelt. Spoel de bak schoon met warm water; gebruik geen zeep. Maak de bak goed droog. Gaat u een bodemfilter gebruiken, leg dan de filterplaten in de bak, en monteer de stijgbuis.

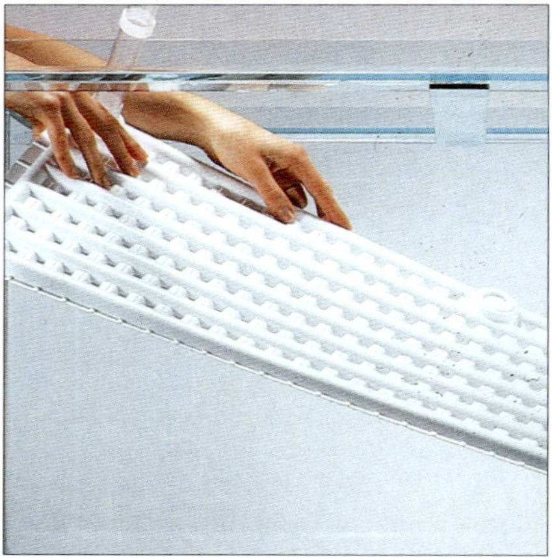

2 ▽ Breng de luchtslang aan, met het uiteinde onder de stijgbuis. Bodemfilters werken beter met een luchtsteentje op de slang, maar dan moet de luchtpomp meer druk leveren. U kunt ook een circulatiepomp op de stijgbuis monteren. Kort de buis met een scherp mes in als hij niet onder de kap past.

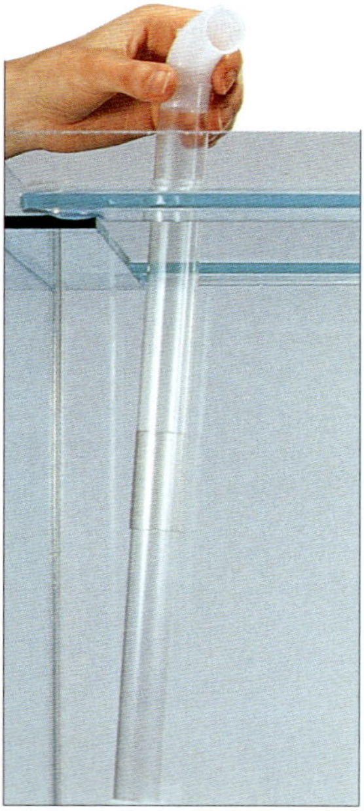

3 Breng een dunne laag substraat in de bak, om de decorstukken op te laten rusten; 2-3 cm is genoeg. Verdeel het substraat gelijkmatig over de bodem. Als u bodemvissen gaat houden, of andere dieren die in de bodem graven, is het vaak veiliger om het grind pas na de decorstukken in de bak te brengen. Grote stenen zullen niet zo gauw ondermijnd raken als ze direct op de filterplaten of de bodemruit rusten. Lichtere stenen, bloempotjes of hout hoeft u niet op de bodemruit te laten steunen; men kan ze gewoon op het grind leggen als dat geheel op hoogte is gebracht.

4 ▷ Druk de stenen in het substraat. Als u tevoren geen rotspartij in elkaar hebt gelijmd met siliconenkit, neem dan stenen met een platte onderkant als fundering voor een steenstapeling, en zorg er voor dat de hogere stenen stevig staan, zodat de stapel niet kan omvallen. Laat nooit stenen tegen een ruit leunen. Laat voldoende ruimte vrij voor de apparatuur die nog moet komen. Breng daarna (zonder de stenen te verschuiven) de rest van het substraat in de bak, tot de laag ongeveer 4 cm dik is, maar laat de bodem van voren naar achteren iets oplopen.

5 ◁ Zet het hout in de bak. Grote stukken kunt u strategisch neerzetten om er apparatuur of elektrische kabels achter te verbergen. Bloempotjes (heel of gebroken) kunt u ook als decor gebruiken (alleen niet in een zachtwater-aquarium). Ze zijn niet sterk genoeg om er stenen op te stapelen maar u kunt er wel stukken hout mee opvijzelen of kleine holletjes maken in een grotere grot. Zorg dat de ingang van de holen vrij toegankelijk is. Ongewaterd hout kan gaan opdrijven; bind er dan tijdelijk wat stenen aan vast met vislijn, of lijm de stukken vast op een leiplaatje dat u onder het grind schuift.

6 Zet de verwarming/thermostaat met de bijgeleverde zuignappen vast aan de achter- of zijruit. Hang ze niet verticaal, maar liever schuin; dan verspreidt de warmte zich beter. Controleer of uw apparatuur geheel mag worden ondergedompeld of met de bovenkant uit het water moet steken.

7 ▷ Vul nu de bak met water; dat mag zo uit de kraan komen, want het moet toch nog weken rijpen voor er vissen in komen. Laat het water uitstromen op een steen of een schoteltje, zodat het substraat niet wordt omgewoeld. U kunt ook een emmer water via een hevelslang rustig in de bak laten leeglopen.

8 Gebruikt u een luchtgedreven bodemfilter, monteer dan een terugslagventiel op de luchtslang, zodat geen water in de luchtpomp kan worden teruggeheveld. U kunt nu ook het binnen- of buitenfilter installeren; buitenfilters moeten op gang gebracht worden volgens de gebruiksaanwijzing vcan de fabrikant. Soms moet u wat schudden om luchtbellen uit het filter te verwijderen. Installeer ook de luchtpomp en zet de thermometer in het water.

9 Wacht 2 of 3 dagen voor u waterplanten koopt en inzet; laat het water eerst op temperatuur komen. Tropische planten lijden schade als u ze plotseling in koud water dompelt. Gebruik deze dagen om de werking van de apparatuur te controleren; probeer de thermostaat zo in te stellen dat de gewenste temperatuur bereikt wordt. Nu kunt u nog gemakkelijk verkeerde apparaten vervangen; later, als de planten in de bak staan, wordt dat lastiger.

Planten inzetten

1 Na een paar dagen kunt u de planten inzetten. Hevel wat water uit (niet weggooien), zodat u kunt werken zonder geklotst over de rand. Hebt u bosjes stengelplanten gekocht, maak die dan los en plant ze apart; kneus de tere stengels niet. Raadpleeg uw inrichtingsplan, maak de plantengroepen een voor een af en houd de planten die nog niet aan de beurt zijn nat en warm. Groepjes planten van dezelfde soort maken een meer natuurlijke indruk en leveren betere schuilplaatsen voor vissen. Streef naar contrasterende kleuren en bladvormen, dat staat leuker.

2 Zet eerst wat langere planten tegen de achter- en zijwanden; meer naar voren komen lage plantjes en een of twee grote, bijzondere 'solitairplanten' als blikvanger. Begraaf alleen de wortels van de planten in het substraat; de wortelhals met knoppen moet erboven uitsteken. Bind eventuele epifyten met vislijn op het kienhout vast; pas op dat u daarbij de wortelstokken niet beschadigt. Verschuif bij het werken in de bak ook de stenen, het hout en de apparatuur niet.

3 Bent u klaar en tevreden met het resultaat, breng dan het bewaarde water terug in de bak. Kijk hierna goed of de temperatuur weer op het juiste niveau komt, en schakel de verlichting in. Eerst ziet de beplanting er nog rommelig uit, maar binnen enkele dagen richten de planten zich op en beginnen de wortels zich in het substraat te verankeren. Door het planten kan wat troebeling ontstaan, maar die wordt door het filter weldra weggenomen.

Voltooiing van de installatie

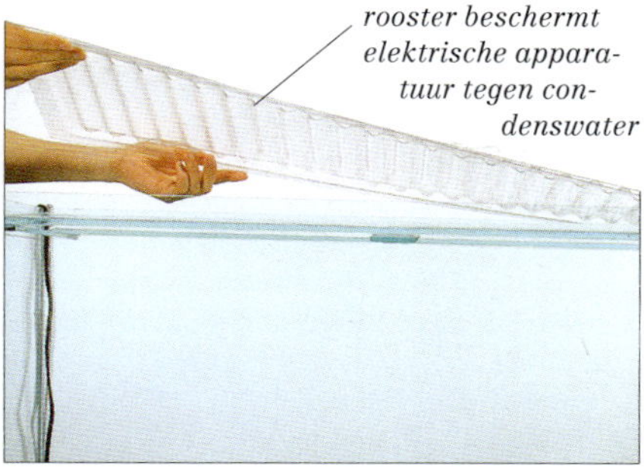

1 Leg het condensatierooster (of de dekruit) op het aquarium. Draai de tl-buizen in de fittingen van de lichtkap; de transformator en de regelapparatuur moeten buiten de kap gemonteerd zijn (of in een speciaal compartiment in de kap, bij sommige modellen). Trek de kabels door de daarvoor bestemde gaten en monteer vochtwerende kapjes op de fittingen. Spotlights worden aan het plafond of een wandarm boven het aquarium gehangen; laat de installatie door een vakman uitvoeren. Vraag professionele hulp als u twijfels hebt over de aansluiting en verkabeling van de apparatuur; een foutje kan dodelijk zijn.

2 Plaats de lichtkap op het aquarium. Gebruikt u een stekkerbankje, sluit daarop dan de verwarming, de lampen, de luchtpomp en het filter aan. Maar het is beter drie aparte stroombronnen te gebruiken: een voor de verwarming, een voor filter en luchtpomp, en een voor de verlichting. Als er dan eens een zekering doorslaat, vallen niet alle systemen tegelijk uit. Laat losse kabels niet rondslingeren, zodat iemand er over zou kunnen struikelen; zet ze vast met snoergeleiders of tape.

Vissen inzetten

1 Gooi de vissen niet in een keer uit de plastic transportzak in het aquarium. Laat ze met zak en al een uurtje in het aquarium drijven, zodat de temperatuur in de zak gelijk wordt aan die in de bak. De vis heeft zo lang wel voldoende lucht; wilt u de zak toch al open zetten, rol dan de randen om en zet de zak met een wasknijper aan de rand van de bak vast.

2 Laat na een uur de vissen los, maar voorkom liever dat het water uit de zak wegloopt in het aquarium; het kan vuil zijn. Sommige liefhebbers laten de vissen eerst in een emmer los en brengen ze dan met een vangnetje naar het aquarium over. Anderen gaan met een klein vangnetje in de transportzak op jacht, maar dat is onhandig en de vis kan daarbij beschadigd worden als men niet uitkijkt. Vaak laat men herhaald scheutjes water uit de bak in de zak lopen, om de vis geleidelijk te laten wennen, maar dat is zinloos want het duurt toch uren voor de vis zich aan drastische wijzigingen in de waterchemie heeft aangepast.

Tropisch zoetwater-aquarium

Het hier afgebeelde aquarium dient als voorbeeld voor de inrichting van een gezelschapsbak voor tropische zoetwatervissen, geschikt voor de beginner. De vissen erin worden niet erg groot, en sommige planten zich gemakkelijk voort. We geven ook een alternatieve mogelijkheid op, met minder maar grotere soorten. In beide gevallen moet de temperatuur 22-24 °C bedragen, de pH 7,0-7,5 en de hardheid (dH) 10-12°.

Veel beginnende liefhebbers zijn verkikkerd op een bepaalde soort; voor als dat bij u ook zo is, hebben we een derde optie gegeven, voor een bak waar u Pauwoogcichliden of een schooltje piranha's in kunt houden. Koop nooit zo maar wat mooie, jonge visjes, want die groeien vaak snel uw bak uit en vragen dan een ruimere behuizing met een veel krachtiger filter dat de groeiende hoeveelheden afval aankan. In een bak met piranha's kunt u grote planten zetten zoals Amazone-zwaardplanten (*Echinodorus*-soorten), *Sagittaria platyphylla* of Javavaren (vastgebonden op stenen). Bij Pauwoogcichliden kunt u alleen plastic planten gebruiken; levende planten graven ze uit, al zijn Javavarens op een stuk kienhout misschien langer tegen hun attenties bestand.

Wilt u zelf een gezelschap samenstellen, let dan bij aankoop goed op de eisen die elke soort stelt aan het voedsel en de watereigenschappen, en onthoud dat u scholenvissen altijd in een groepje moet houden.

Benodigdheden en vissen

- Aquarium 100 x 30 x 30 cm, met dekruit of condensatierooster (evt. geïntegreerd in kap), thermostaatverwarming, bodemfilter, luchtpomp met slang, 1 of 2 tl-buizen
- Substraat: standaard aquariumgrind
- Stenen: graniet, kalkloze zandsteen o.i.d.
- Planten: bijv. *Bacopa caroliniana*, *Cabomba caroliniana*, *Cryptocoryne affinis*, *Echinodorus*-soorten, *Hygrophila polysperma*, *Ludwigia repens* en *Vallisneria spiralis*
- een paartje *Ancistrus* sp. (p. 40)
- 6 x *Barbus titteya* (p. 64)
- 6 x *Brachydanio rerio* (p. 66)
- 2 x *Corydoras paleatus* (p. 39)
- 2 x *Crossocheilus siamensis* (p. 70)
- 2 paartjes *Poecilia reticulata* (p. 80)
- een paartje *Trichogaster leeri* (p. 37)
- een paartje *Xiphophorus helleri* (p. 82)
- 4 x *Xiphophorus maculatus* (p. 83)

Alternatieve gezelschappen

een paartje *Ancistrus* sp. (p. 40)
een paartje *Aplocheilus lineatus* (p. 77)
4 x *Corydoras barbatus* (p. 39)
een paartje *Melanotaenia boesemani* (p. 85)
6 x *Phenacogrammus interruptus* (p. 45)
een paartje *Trichogaster trichopterus* (p. 36)

Of, voor een soortaquarium van 120 x 40 x 40 (uitgaande van jonge dieren):

een paartje *Astronotus ocellatus* (p. 56), **of:**
3-4 x *Serrasalmus nattereri* (p. 50)

ZACHTWATER-AQUARIUM

Voor een zachtwater-aquarium moet u alleen kalkvrij zand, grind en gesteente gebruiken. Weliswaar zijn chemische middeltjes verkrijgbaar om de waterchemie te beïnvloeden, maar die helpen niet als het substraat of de stenen het water weldra even hard maken als voorheen, of nog harder. En als u drastische ingrepen moet doen om de eigenschappen van uw leidingwater te veranderen, dan moet u dat elke keer herhalen als u water gaat verversen; vergeet ook dat niet.

In het afgebeelde aquarium leven verscheidene soorten, maar u kunt een even indrukwekkend schouwspel creëren met slechts drie soorten, zoals in het voorgestelde alternatief. Wilt u hoogvinnige soorten (maanvissen, discusvissen) houden, dan moet het aquarium minstens 50 cm diep zijn, en een extra rustige standplaats is dan ook niet verkeerd. Deze soorten hebben geen dichte vegetatie nodig, maar wel een paar grote planten (bijv. Amazone-zwaardplanten) en eventueel nog bosjes Javavaren op het kienhout. Laat in een normale gezelschapsbak delen van de bodem onbegroeid, maar maak ook dichtbeplante gedeelten en wat holen tussen kienhout of in halve kokosnoten; aardewerk bloempotjes zijn hier onbruikbaar omdat ze kalk afgeven. Op een paar platte stenen kunnen mooi eieren worden afgezet.

Voor de beide voorgestelde gezelschapsaquaria moeten de volgende waterwaarden worden gehandhaafd: temperatuur 22-24 °C; pH 6,0-6,4; hardheid 5-6° dH.

Benodigdheden en vissen

- Aquarium 100 x 30 x 30 cm, met dekruit of condensatierooster (evt. geïntegreerd in kap), thermostaatverwarming, buitenfilter (potfilter) met sproeibuis op uitlaat, 1 of 2 tl-buizen
- Substraat: filterzand
- Kienhout en/of wijnstokken
- Planten: bijv. *Barclaya longifolia*, *Cryptocoryne balansae*, *Echinodorus paniculatus*, *Echinodorus tenellus*, *Limnophila aquatica*, *Ludwigia repens*, *Nymphaea stellata*, *Synnema triflorum* en *Vesicularia dubyana*
- 4 x *Botia sidthimunki* (p. 74)
- 6 x *Moenkhausia pittieri* (p. 47)
- 6 x *Nannostomus beckfordi* (p. 49)
- 4 x *Otocinclus affinis* (p. 41)
- een paartje *Papiliochromis ramirezi* (p. 55)
- 10 x *Paracheirodon axelrodi* (p. 47)

Alternatieve gezelschappen

10 x *Carnegiella strigata* (p. 48)
een paartje *Crenicara filamentosa* (p. 54)
25 x *Paracheirodon axelrodi* (p. 47)

Of, voor een soortaquarium van 100 x 50 x 50 cm:

4 x *Pterophyllum scalare* (p. 47), of:
4 x *Symphysodon* sp. (p. 57)

(of houd van beide soorten een enkel paartje; als het ene paar gaat broeden moet het andere wel verwijderd worden)

Riftvallei-aquarium

In de grote meren van de Oost-Afrikaanse Riftvallei leven talrijke cichliden. Soorten uit verschillende meren moet men niet bij elkaar houden. Malawi-cichliden gedragen zich heel anders dan Tanganyika-cichliden en vragen ook andere watereigenschappen, een andere gezelschapsopbouw en aquariuminrichting.

Kiest u voor Malawi-cichliden, dan moet u een rotspartij maken tot vlak bij de waterspiegel, met talrijke holen en spleten als schuilplaatsen en territoriumcentrum. Zorg dat de steenstapeling niet kan worden ondergraven, en plaats de apparatuur op zo'n manier dat u er gemakkelijk bij kunt voor onderhoud. Planten zijn niet echt nodig.

Tanganyika-cichliden hebben meer zwemruimte nodig en hebben liefst ook een open, zandig bodemgedeelte midden in de bak, met steenstapelingen aan weerszijden, en ook met wat bosjes planten zoals *Vallisneria*- en *Cryptocoryne*-soorten. Leg wat slakkenhuizen op het zand als huisvesting en broedhol voor slakbewonende cichliden als *Neolamprologus brevis*.

Beide groepen cichliden hebben zeer zuiver, goed gefilterd en ook zeer zuurstofrijk water nodig, met een temperatuur van 24-26 °C. Bij Malawi-cichliden moet de pH 7,5-8,0 bedragen, de hardheid 8-10 °dH. Tanganyika-cichliden vragen iets harder en meer basisch water (pH 8,0-8,5; dH 15-20°).

Benodigdheden en vissen

• Aquarium 100 x 40 x 40 cm, met dekruit of condensatierooster (evt. geïntegreerd in kap), thermostaatverwarming, motorgedreven bodemfilter met (dubbele) stijgbuis, luchtpomp met slang, 1 of 2 tl-buizen
• Substraat: standaard aquariumgrind
• Stenen: zandsteen, graniet o.i.d., achter in de bak tot bij het oppervlak opgestapeld; een paar stukken tufsteen kunnen als pH-buffer dienen.
• Planten: geen
• 3 x *Labeotropheus trewavasae* (p. 60)
• 3 x *Labidochromis caeruleus* (p. 60)
• 3 x *Melanochromis johanni* (p. 61)
• 3 x *Pseudotropheus estherae* (p. 61)
• 3 x *Pseudochromis livingstonii* (p. 61)
• 3 x *Pseudotropheus zebra* (p. 61)
(Maak steeds trio's van 1 mannetje en 2 vrouwtjes, zodat de agressie van het mannetje in de paaitijd verdeeld wordt.)

Alternatief gezelschap
Tanganyika-cichliden

4 x *Julidochromis dickfeldi* (p. 58)
2 paartjes *Neolamprologus brevis* (p. 59)
4 x *Neolamprologus leleupi* (p. 59)

Leg een paar grote, lege slakkenhuizen op het zand voor de slakcichliden (*Neolamprologus*). In de natuur gebruiken ze de huisjes van *Neothauma*-slakken, maar met huisjes van wijngaardslakken uit de delicatessenwinkel gaat het ook prima. Geef ook wat dekking tussen planten (*Vallisneria*- en *Cryptocoryne*-soorten)

KOUDWATER-AQUARIUM

Goudvissen zijn de populairste koudwatervissen. Men kan ze in een beplant aquarium houden, maar plastic planten zijn ook wel handig, want die worden niet opgegeten en uitgegraven. Goudvissen zijn notoire afvalproducenten; koop dus een goed filter, dat al dat afval aankan, inclusief het vele molm dat de vissen uit de bodem opwoelen. Bij de andere hier genoemde koudwatervissen kunt u beter wel levende planten zetten, als dekking en soms ook om er de eieren aan af te zetten.

Normaal gebouwde goudvissen kan men beter niet samenhouden met sluierstaartvormen; de gewone vormen worden te groot en te onstuimig voor de tere, slecht zwemmende kweekvariëteiten. De hier afgebeelde vissen en die van alternatieve selectie 3 kunt u goed in een onverwarmd aquarium huisvesten, bij temperaturen tussen 10 en 20 °C. De vissen uit de selecties 1 en 2 vragen hogere temperaturen (boven 15 °C en boven 18 °C, respectievelijk); dus moet hun bak in koude winters toch vaak verwarmd worden. Bij warm zomerweer wordt het water echter al gauw te warm, waardoor het zuurstofgehalte daalt. Om de vissen dan niet in problemen te brengen moet u regelmatig een deel van het water verversen, minder voer geven en ook controleren of het filter efficiënt blijft werken. De soorten van selectie 3 vragen stromend, zeer zuurstofrijk water, wat bereikt kan worden met een sproeibuis op de filteruitlaat. Voor alle voorgestelde gezelschappen moet de pH 6,8-7,4 bedragen, de hardheid 8-10 °dH.

Benodigdheden en vissen

- Aquarium 100 x 30 x 30 cm, met dekruit of condensatierooster (evt. geïntegreerd in kap), thermostaatverwarming (selectie 1 en 2), bodemfilter, luchtpomp met slang, 1 of 2 tl-buizen
- Substraat: standaard aquariumgrind
- Stenen: kalkvrije zandsteen, graniet o.i.d.; eventueel ook hout
- Planten: bijv. *Ceratophyllum demersum* (drijvend of geplant), *Egeria densa*, *Ludwigia repens*, *Vallisneria spiralis* en *Vallisneria tortifolia*; of plastic planten.
- 10 x *Carassius auratus* (jonge dieren van 5 cm; hetzij alleen normaal gebouwde vormen, hetzij diverse kweekvormen zoals komeetstaart, sluierstaart, demekin, oranda, chinsurin en shubunkin, zie p. 90-91)

Alternatieve gezelschappen

Selectie 1:
4 x *Enneacanthus chaetodon* (p. 88)
6 x *Notropis lutrensis* (p. 92)
4 x *Rhodeus* sp. (p. 92)

Selectie 2:
10 x *Gambusia affinis* (p. 78)
10 x *Tanichthys albonubes* (p. 67)

Selectie 3:
4 x *Cottus gobio* (p. 89)
2 x *Gasterosteus aculeatus* (p. 93)

BRAKWATER-AQUARIUM

DE INRICHTING VAN een brakwater-aquarium is een leuke uitdaging voor ervaren liefhebbers. Afgebeeld is een slechts gedeeltelijk gevuld aquarium (paludarium), met een strandje en een 'mangrovebosje'. Het water kan nogal snel uit zo'n bak verdampen; zorg dat de verwarming diep ligt en niet droog kan vallen. Leg ook een dekruit of condensatierooster op de bak, onder de lichtkap.

DE INRICHTING VAN DE BAK

1 Breng een 4-5 cm dikke laag gewassen filterzand op de bodem aan. Zet de planten in potjes in, om de groei in toom te houden, en zet ze achteraan, zodat u ze met stenen kunt camoufleren. Kunt u niet aan echte mangroveplanten komen, dan zijn jonge palmen ook bruikbaar.

2 Geef stenen en hout een strategische plaats, zodat de potten niet te zien zijn. Vul de gaten ertussen met grind of zand, zodat alles stevig staat en zich geen vuil in spleten kan ophopen. Voeg platte stenen toe als zitplaats voor slijkspringers of vieroogvissen.

3 ◁ Voor het strandje laat u het zand aan één kant oplopen, versterkt met stenen en hout. Vul de bak met water van de juiste zoutgraad, tot het strandje net onder staat. Laat wat takken als luchtwortels boven water uitsteken.

4 ▽ Installeer de verwarming zo diep mogelijk onder water en sluit een motorgedreven buitenfilter aan. Plaats de sproeibuis vlak boven de waterspiegel, zodat lichte stroming in de lengterichting van de bak ontstaat. (Sterke stroming doet het strandje inzakken.)

ZEEAQUARIUM

BIJ DIT BASISONTWERP voor een zeeaquarium kunt u tufsteen of bazalt gebruiken voor een rotspartij met veel holen, spleten en terrassen. Net als bij een brakwateraquarium mogen geen stukjes metaal in de bak voorkomen; metalen roesten in zout water en geven dan giftige stoffen af. Completeer het aquarium met een condensatierooster of dekruit, alsmede een lichtkap.

DE INRICHTING VAN DE BAK

1 Leg filterplaten op de bodem; monteer de stijgbuis en sluit er een circulatiepomp op aan; een luchtslang kan hier achterwege blijven. Bedek de filterplaat gelijkmatig met een 2-3 cm dikke laag gewassen dolomietgrind. Leg daarop dan weer een zeefmatje.

2 Breng nog eens een 5 cm dikke laag koraalzand op het zeefmatje; zorg dat het zand tevoren goed gewassen is, want anders wordt het water troebel door fijn stof. Verdeel het zand gelijkmatig over de onderlaag, zodat het efficiënt kan werken als filterbed.

3 ▷ Zet eerst de grootste stenen in de bak en zorg dat ze stevig in het substraat verankerd staan. Bouw dan voorzichtig de rotspartij op, en controleer of de constructie stabiel is. Plaats de stenen zo dat er holen ontstaan. U kunt de rotspartij ook verlijmen met siliconenkit; doe dat dan een dag van tevoren, en laat de kit 24 uur drogen.

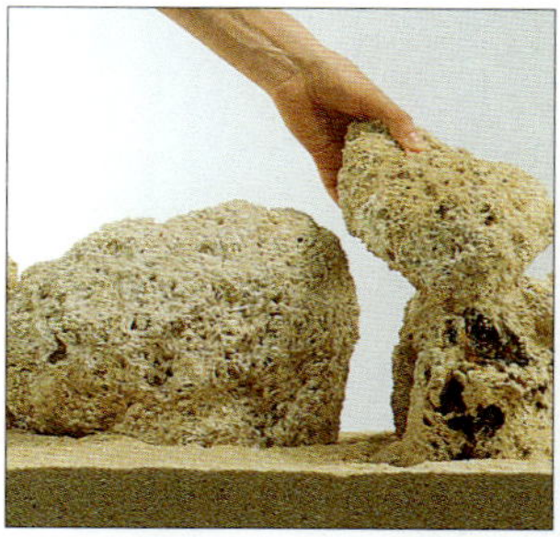

4 ▽ In de bak moet ruimte overblijven voor de vissen om te zwemmen, en voor een goede watercirculatie. Installeer een thermostaatverwarming, luchtpomp, thermometer en desgewenst een eiwitafschuimer. Vul de bak met water van de juiste zoutgraad en schakel de apparatuur in.

BRAKWATER-AQUARIUM

Het in bedrijf houden van een brakwater-aquarium is misschien wel de moeilijkste opgave in de aquaristiek; het water mag niet zout zijn en niet zoet, de zoutgraad is aan wisselingen onderhevig. Maar ook in natuurlijke brakke wateren varieert het zoutgehalte met de getijden, dus u hoeft zich geen grote zorgen te maken als u de watereigenschappen niet helemaal stabiel kunt houden. Zorg er wel voor dat alle veranderingen geleidelijk verlopen en dat het water schoon blijft. Streef naar de volgende, optimale waterwaarden: temperatuur 25-28 °C, pH 7,6, hardheid 12-15 °dH en s.g. 1,002-1,007. Als u het water gaat bereiden, los dan maar half zo veel zeezout op als voor een zeeaquarium vereist is.

De hier afgebeelde vissen groeien uit tot forse, actieve dieren en moeten op den duur in een grotere bak gehuisvest worden. Het voorgestelde alternatieve gezelschap bestaat uit kleinere, meer handzame soorten – deels bodemdieren, deels vissen van open water. Men kan de soorten uit deze gezelschappen niet door elkaar houden; daar komt oorlog van, en dan zullen de kleintjes het loodje leggen. Beplanting is nuttig, maar kies alleen soorten die tegen brak water kunnen; de voorgestelde soorten zijn ook tegen knabbelende vissen bestand. Net als bij een zeeaquarium mogen geen stukjes metaal in de bak liggen, want die roesten en geven dan giftige stoffen af. Meet regelmatig de zoutgraad met een hydrometer.

Benodigdheden en vissen

- Aquarium 100 x 30 x 30 cm, met dekruit of condensatierooster (evt. geïntegreerd in kap), thermostaatverwarming, motorgedreven buitenfilter met sproeibuis op de uitlaat, 1 of 2 tl-buizen
- Substraat: standaard aquariumgrind
- Hout: kienhout en/of wijnstokken; desgewenst ook stenen
- Planten: bijv. *Ceratopteris thalictroides*, *Cryptocoryne ciliata*, *Microsorium pteropus* (vastgebonden op het hout, zodat de beplanting aan hoogte wint; soms kan men hout compleet met deze planten kopen), *Sagittaria platyphylla* en *Sagittaria subulata*.
- 2 of 3 x *Arius seemani* (p. 95)
- 2 of 3 x *Monodactylus argenteus* (p. 98)
- 2 of 3 x *Scatophagus argus* (p. 99)
- 2 of 3 x *Toxotes jaculatrix* (p. 101)

Alternatief gezelschap

6 x *Brachygobius xanthozona* (p. 96)
4 x *Chanda ranga* (p. 96)
een paartje *Poecilia latipinna* (p. 99)
2 x *Stigmatogobius sadanundio* (p. 97)
6 x *Telmatherina ladigesi* (p. 95)

Tropisch Zeeaquarium

Bij zeeaquaria is het vooral van belang dat ze voldoende tijd krijgen om te rijpen voor er dieren in worden gehuisvest. De sleutels tot succes zijn: tijd, geduld en veel lezen om er achter te komen welke vissen compatibel zijn (ofwel geschikt om te worden samengehouden). Ook moet alle apparatuur geschikt zijn voor gebruik in zout water; metalen voorwerpen (inclusief lichtkappen en klemveren voor de verwarming) vergiftigen de bak. Rotspartijen moeten stevig op de aquariumbodem verankerd zijn, en opgevuld met koraalzand.

Beginners moeten eerst ervaring opdoen met een visaquarium (dus zonder ongewervelden). Vissen stellen minder hoge eisen aan de verlichting en kunnen beter tegen ziekten worden behandeld. De watereigenschappen moeten echter wel goed in het oog worden gehouden; zeevissen zijn erg gevoelig voor ophoping van giftige stoffen zoals nitriet en ammonia. Geef niet te veel voer, zodat geen voederresten achterblijven en tot rotting kunnen overgaan. Door regelmatig onderhoud, met name gedeeltelijke waterverversingen, kunt u dit risico indammen. Houd de volgende waterwaarden in stand: temperatuur 24-26 °C, pH 8,3-8,4 en s.g. 1,023-1,027.

Houd niet meer vissen in uw bak dan hier wordt aangeraden; zeevissen hebben veel meer ruimte nodig dan zoetwatervissen. Het voorgestelde alternatieve gezelschap bestaat uit grotere vissen – ook minder vissen, dus, dan in de hier afgebeelde bak.

Benodigdheden en vissen

- Aquarium 100 x 30 x 30 cm, met dekruit of condensatierooster (evt. geïntegreerd in kap), thermostaatverwarming, motorgedreven buitenfilter met sproeibuis op de uitlaat, 1 of 2 tl-buizen
- Substraat: koraalzand
- Stenen: bazalt of tufsteen; desgewenst ook koraalimitaties
- Planten: geen (soms gaan er spontaan algen in de bak groeien)
- 2 x *Amphiprion clarkii* (p. 114)
- 6 x *Chromis cyanea* (p. 117)
- 1 x *Coris gaimard* (p. 134)
- 2 x *Dascyllus aruanus* (p. 118)
- 1 x *Labroides dimidiatus* (p. 135)
- 2 x *Paracanthurus hepatus* (p. 131)

Alternatief gezelschap

4 x *Anthias squamipinnis* (p. 137)
1 x *Calloplesiops altivelis* (p. 136)
1 x *Chaetodon chrysurus* (p. 125)
1 x *Gomphosus varius* (p. 135)
1 x *Zebrasoma flavescens* (p. 131)

Rifaquarium

Voor u aan een rifaquarium met ongewervelden begint, moet u beslist ervaring hebben opgedaan met een visaquarium, en moet u in staat zijn de waterwaarden precies op peil te houden. Vaak duurt het maanden voor een bak goed draait, dus oefen geduld; haastwerk loopt meestal uit op rampspoed. Kies de ongewervelden met zorg uit. Vele stellen speciale eisen aan belichting, temperatuur, pH en andere factoren, en ze zijn ook zeer gevoelig voor veranderingen in hun leefomgeving. Sommige vragen heel speciaal voedsel.

Vissen en ongewervelden zijn vaak niet compatibel: vissen leven immers vaak van ongewervelden. Ook zijn visziekten in een rifaquarium lastig te behandelen omdat ongewervelden vaak slecht tegen vismedicijnen kunnen of er zelfs aan doodgaan. Maar houd de moed erin; hebt u ervaring opgedaan met een zoetwaterbak of een zeeaquarium met alleen vissen, dan kunt u het ook eens met zeeanemonen en wat anemoonvisjes proberen. Misschien lukt het u zelfs met deze vissen te kweken, en dan bent u aardig op weg.

Let goed op wat er in de bak gebeurt en voer regelmatig onderhoud uit, inclusief waterverversingen. Houd de volgende waterwaarden aan: temperatuur 24-26 °C, pH 8,3-8,4 en s.g. 1,023-1,024. Na een paar maanden, als de bak goed draait, kunt u er nog eens een blikvangertje bij zetten, bijvoorbeeld een dwergkeizersvis of een mandarijn-pitvis, om het beeld van een koraalrif te vervolmaken.

Benodigdheden en vissen

- Aquarium 100 x 30 x 30 cm, met dekruit of condensatierooster (evt. geïntegreerd in kap), thermostaatverwarming, motorgedreven bodemfilter, eiwitafschuimer, 2-3 tl-buizen (om een breed spectrum te bereiken)
- Substraat: koraalzand
- Stenen: bazalt of tufsteen; desgewenst ook koraalimitaties
- Planten: algen (*Caulerpa sertularioides*)
- 6 x *Amphiprion ocellaris* (p. 115)
- 1 x *Centropyge bispinosus* (p. 123)
- 1 x *Fromia monilis* (p. 152)
- 3 x *Heteractis malu* (p. 151)
- 4-6 x *Lysmata amboinensis* (p. 152)
- 1 x *Pseudocolochirus axiologus* (p. 153)
- 1 x *Synchiropus splendidus* (p. 139)

Alternatief gezelschap

2 x *Heteractis malu* (p. 151)
4 x *Lysmata amboinensis* (p. 152)
2 x *Opisthognathus aurifrons* (p. 141)
een paartje *Premnas biaculeatus* (p. 115)
4 x *Sabellastarte* sp. (p. 150)
4 x *Sphaeramia nematoptera* (p. 138)

VISSEN EN HUN VERZORGING

OMGAAN MET VISSEN

EEN GEZONDE, GOED uitgebalanceerde bak is in één oogopslag te herkennen. Het water is helder en geurloos, de planten zijn goed op kleur, de vissen zijn monter en hangen niet in bosjes rond bij de waterspiegel, happend naar zuurstof. Dat is natuurlijk ook uw doel, als aquariaan, maar dat bereikt u niet in een vloek en een zucht. U moet veel geduld hebben, vooral in de beginfase: zet pas dieren in uw bak als die gerijpt is, anders vraagt u om moeilijkheden. Maar hebt u voldoende tijd en inspanning besteed aan het instellen van de juiste omstandigheden, en hebt u de vissen er daarna zorgvuldig ingebracht, dan loont zich al die moeite vanzelf. Met wat aandacht voor het onderhoud blijven uw vissen gezond en tevreden, en ziet het aquarium er steeds tiptop uit.

◁ GEZELSCHAPSAQUARIUM MET TROPISCHE ZOETWATERVISSEN

Overwegingen vooraf

Beginners zijn vaak ongeduldig en willen dadelijk hun eerste vissen kopen. Maar als u te haastig vissen in de bak zet, krijgt u vaak problemen, want een nieuw, nog onstabiel aquarium is vaak een vijandige omgeving voor dieren. Wacht tot de bak gerijpt is en tot u zeker weet dat alles naar behoren functioneert, voor u er vissen in zet.

De dieren moeten ook geleidelijk in de bak worden gebracht, zodat het filter, dat nog bezig is zijn kolonies van nuttige bacteriën op te bouwen, niet overbelast wordt. Blijf binnen de grenzen van het redelijke, als u besluit hoeveel vissen u wilt houden; let daarbij op de grootte van de bak en ook op de bijzonderheden van de vissen die u kiest.

De rijping van de bak

Een pas ingericht aquarium is ongeschikt om er dieren in te huisvesten, tot de stikstofcyclus zich heeft ingesteld. De eerste 9 of 10 dagen doen zich in de bak hoge concentraties van ammonia voor, potentieel dodelijk voor vissen. Na 15 dagen is de ammonia verdwenen, maar beginnen zich giftige nitrieten op te hopen, die op de 29ste dag hun piek bereiken. In de volgende 7 dagen worden de nitrieten omgezet in onschuldige nitraten. Dan pas, na 36 dagen, komt de bak in evenwicht. Er is geen manier om het proces te versnellen, of u moet water uit een reeds gerijpte bak gebruiken en het nieuwe filter 'enten' met filtermedia uit een bestaand, gerijpt filter. Zelfs dan duurt het nog dagen voor de waterchemie stabiel wordt, en eerder mag u geen vissen in de bak zetten. In een zoetwaterbak helpen de planten bij de rijping (maturatie) door schadelijke stoffen te absorberen. Overdag halen ze ook gassen (met name kooldioxide) uit het water. In een zeeaquarium kunnen zich eiwitten tot gevaarlijke concentraties ophopen. Gebruik een eiwitafschuimer om deze te verwijderen; maak het opvangbakje dan twee maal per dag schoon en ga daar mee door tot een stabiele concentratie is bereikt.

Zet de vissen niet allemaal tegelijk in de bak; begin met sterkere soorten zoals deze Getipte goerami.

Sommige sterke, nitriet-tolerante vissen kunnen al eerder in een nog ongerijpte bak worden gezet: na 14-20 dagen, als het ammonia-stadium van de cyclus achter de rug is. Geschikte soorten zijn onder meer Platy's en Molly's, alsook de Getipte goerami. Let wel op of de dieren tekenen van onbehagen tonen of vlekken op het lichaam of de vinnen krijgen; maar als ze deze ongerijpte omstandigheden verdragen helpen ze juist door hun eigen afvalproducten de nuttige bacteriën in het filter zich sneller te vestigen. Voor zeeaquaria zult u de hele cyclus van 36 dagen geduldig toch moeten laten aflopen voor u vissen of ongewervelden inbrengt; voor erg gevoelige soorten is zelfs een week extra wachttijd gewenst.

Maak nuttig gebruik van de rijpingsperiode om de werking van uw apparatuur te controleren. Regel de thermostaat goed af, zodat precies de gewenste temperatuur wordt bereikt. Kijk of het buitenfilter niet lekt; filters moeten vanaf de eerste dag werken zodat ze gelijk met het aquarium gerijpt zijn. Meet regelmatig de waterwaarden om te zien of de juiste pH en hardheid zich instellen; controleer bij brakwater- en zeeaquaria ook het zoutgehalte. Is alles dan in orde, dan kunnen de vissen erin.

De maximale visbezetting

De ruimte in een aquarium is uiterst beperkt. Zelfs als u maar een enkele vis in de bak zet is de bevolkingsdichtheid er veel groter dan in de vrije natuur. Het is zaak het juiste evenwicht te vinden, zodat u wel een aquarium vol leven hebt, maar geen overbevolkte bak. In een overbevolkt aquarium is de filterwerking onvoldoende en ontstaat gebrek aan zuurstof; de waterchemie wordt onstabiel en ziekten kunnen sneller of zelfs oncontroleerbaar om zich heen grijpen. Vissen kunnen agressief worden tegen elkaar, waarvan de zwakkere dieren dan het meeste te lijden hebben.

Bij het vaststellen van de maximale visbezetting is vooral de oppervlakte van de bak belangrijk, meer dan de inhoud. De waterdiepte is in feite niet relevant; immers, de grootte van het scheivlak van lucht en water bepaalt hoeveel zuurstof in oplossing gaat en voor de dieren beschikbaar komt. Een bak van 160 liter, met de maten 100 x 40 x 40 cm (lengte maal hoogte maal breedte), heeft een oppervlakte van 4000 vierkante cm; een bak met dezelfde inhoud, maar met de maten 75 x 52 x 40 cm heeft een oppervlakte van slechts 3000 cm^2. In de eerste bak kan men dus meer vissen houden dan in de tweede, want de oppervlakte is groter. De maximale visbezetting berekent u als volgt. Bepaal eerst de oppervlakte van de bak (lengte maal breedte). Kijk dan hoe lang de door u uitgekozen vissen kunnen worden (lengte zonder staartvin). Reserveer dan voor elke centimeter vislengte bij tropische zoetwatervissen 75 cm^2 van de oppervlakte van het aquarium, bij koudwatervissen uit zoet water 180 vierkante cm^2, en voor tropische zeevissen 300 cm^2.

Sommige vissen vragen meer ruimte dan gemiddeld, andere kunnen met minder toe. Van discusvissen bijvoorbeeld, die 15 cm lang worden, kunt u het beste maar een enkel paartje houden in een bak zonder andere vissen. Alleen zo krijgt u de dieren verantwoord groot en ook rijp voor de kweek. In een bak met een krachtig, zeer goed filtersysteem kunt u de bezetting iets groter maken. Maar vertrouw niet op technische apparatuur om hogere dichtheden mogelijk te maken, want een mechanische storing kan dan rampzalige gevolgen hebben. Bedenk ook dat een bak met minder vissen vaak meer indruk maakt dan een bak waarin de vissen zich voor de ruiten verdringen.

Tropische zoetwatervissen

Een tropische zoetwaterbak van 90 lengte en 30 cm breedte heeft een oppervlakte van 2700 cm^2. Daarin kunt u 18 vissen van 5 cm houden, of een assortiment van vissen met een totale romplengte van 90 cm. Per vis hebt u minder ruimte nodig dan in het geval van koudwater- of zeevissen; het blokje geheel rechts laat dat goed zien.

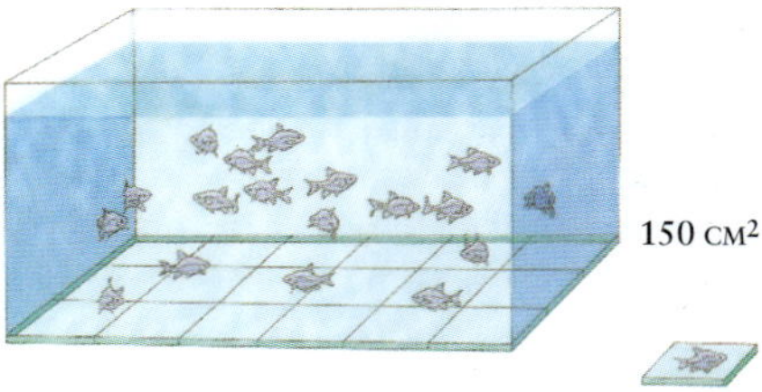

Koudwatervissen uit zoet water

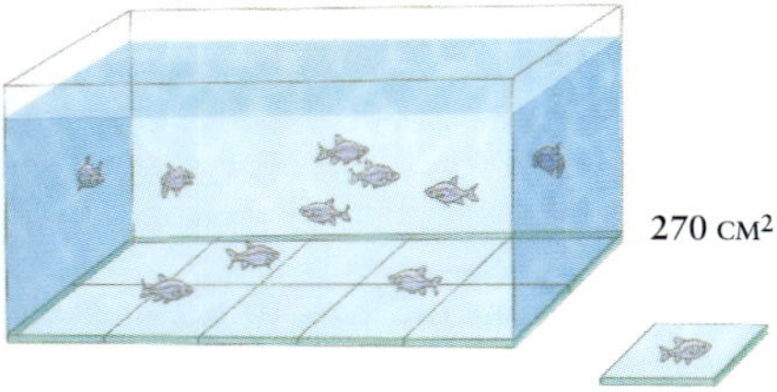

In een koudwateraquarium van 90 cm lengte en 30 cm breedte kunt u 10 zoetwatervissen van 3,75 cm houden, of een gevarieerde groep met een totale romplengte van 37,5 cm. Reken altijd met de lengte van de volwassen vis; jonge dieren groeien anders snel de bak uit.

Tropische zeevissen

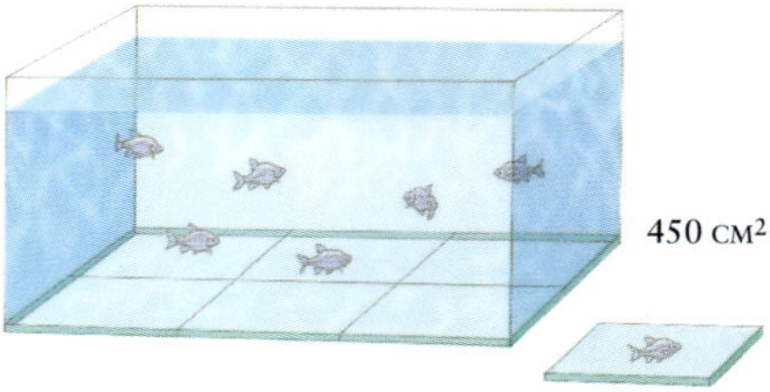

In een zeeaquarium van 90 x 30 cm mag de totale romplengte van de vispopulatie niet groter zijn dan 22,5 cm. Dat komt neer op zes visjes van 3,75 cm lengte. Juist voor zeevissen is de bezettingsgraad van groot belang, en dit is ook wel echt de minimale maat voor een zeeaquarium.

VISSEN KOPEN

WILT U ECHT SUCCES hebben met uw nieuwe aquarium, dan moet u precies weten welke vissen u wilt hebben, hoe u gezonde dieren herkent en waar u kwaliteit kunt kopen. Het is van het grootste belang dat u soorten kiest die in het aquarium goed bij elkaar passen ('compatibel' zijn), en dat u precies weet welke eisen ze stellen. Duik in de literatuur en haal alle bekende informatie boven tafel. Bereid u goed voor en heb uw kennis paraat als u in de winkel staat, dan kunt u gerust een keuze doen en voorkomt u kostbare vergissingen.

WAAR VIND IK VISSEN EN INFORMATIE?

Een goede aquariumwinkel is proper en schoon, en het personeel licht u degelijk voor bij uw keuze. Zorg wel dat u weet wat u wilt als u binnenstapt.

Er zijn veel manieren om aan vis te komen. Er zijn algemene dierenwinkels met een aquariumafdeling, maar ook specialistische verkooppunten, visveilingen, bezorgdiensten van verenigingen, en niet te vergeten vrienden en kennissen met een visoverschot. Wees met dat laatste voorzichtig; sommige 'vrienden' willen alleen maar graag af van vissen die onhandelbaar zijn, of een maatje te groot. Aquariumverenigingen zijn een waardevolle bron van informatie. Denk niet dat u te onervaren bent voor toetreding, want iedere aquariaan is zo begonnen. Bij tentoonstellingen en veilingen kunt u de hand leggen op gezonde nakweekdieren en tevens goede voorlichting krijgen van de kweker, over hoe ze te houden.

Zoek een betrouwbare handelaar, vraag ook andere liefhebbers daar naar, en bekijk diverse winkels. Een bonafide handelaar zal tijd voor u uittrekken, uitleggen waarom de ene combinatie beter is dan de andere, zowel bij dieren als planten, en zelfs weigeren u dieren te verkopen die niet bij elkaar passen. Als u hem om een paartje vraagt, en het geslachtsverschil is hoe dan ook te zien, dan komt u inderdaad met een paartje thuis. De handelaar zal de gevangen vis in het netje tegen de ruit willen houden, op zo'n manier dat hijzelf, maar vooral ook u kunt zien of hij gezond is – en zo leert u meteen wat over het geslachtsonderscheid. Hij zal niet proberen u overbodige apparatuur aan te smeren, maar liever willen dat u later als tevreden klant terugkomt om meer te kopen – voer bijvoorbeeld, en filtermedia. Slechte verkopers herkent u zo: die hebben nooit tijd voor u en het kan ze niet schelen wat ze verkopen, als ze maar verkopen. Mijd ze als de pest!

Koop niet alle vissen die u wilt hebben in één keer. De dieren moeten geleidelijk in de bak gebracht worden, zodat het filter niet overbelast raakt, wat licht gebeurt als er nog onvoldoende bacteriën in zitten om de plotselinge stroom van afval te verwerken.

GOED EN FOUT VOOR DE BEGINNER

GOED

- In winkels rondkijken zonder iets te kopen. Zo ziet u of het een propere zaak is, met montere vissen in de bakken, en gezonde planten.
- Veel vragen, ook naar de bekende weg! Een goede handelaar zal de tijd nemen voor advies over de inrichting van uw bak en de vissen die u erin kunt houden. Wacht daarvoor wel een rustig moment af.
- Kijken of de dieren gezond zijn. Een goede handelaar zal zieke vissen in quarantaine houden.
- Lid worden van een aquariumvereniging. De voordelen van het lidmaatschap wegen zeker op tegen de moeite die u moet doen om u aan te melden. U krijgt er veel informatie, u kunt er een vervanger zoeken als u op vakantie gaat of apparatuur lenen als de uwe is stukgegaan en de winkels dicht zijn.
- Vragen wat de vissen eten en of dat voer ook altijd verkrijgbaar is.

FOUT

- Ongeduldig zijn. De inrichting van een aquarium vergt nu eenmaal weken.
- Impulsaankopen doen. Een overijld besluit kan u geld kosten en uw vissen hun leven.
- Vissen kopen van een handelaar die geen tijd voor u heeft en u niet de vis wil geven die u aanwijst.
- Vissen kopen die al ziek zijn, aan het oppervlak hangen, lusteloos of vermagerd zijn, of schommelend zwemmen.
- Dieren onderweg laten afkoelen, of in de zon te warm laten worden. Zet de plastic zakken met vis in een isolerende koelbox.
- Vissen kopen uit een bak waar een lijkje in drijft. Vissen gaan wel eens dood van ouderdom, maar vaker is ziekte in het spel, en die kunt u zo ook in uw eigen bak krijgen.
- Vissen kopen in een winkel ver van uw huis; de eigenschappen van het water aldaar zijn vaak anders dan in uw aquarium en als beginner mist u de kennis en de middelen om daarmee overweg te kunnen.

GEZONDE VISSEN UITZOEKEN

Een gezonde vis gedraagt zich natuurlijk. Wat dat inhoudt kunt u met een kiene blik zelf wel ontdekken, voor elke soort. Gezonde vissen zwemmen doorgaans met gespreide vinnen rond. Bodemvissen wroeten vlijtig in het zand of rusten op (of onder) stenen of hout, oppervlaktevissen scheren monter langs de waterspiegel. Hoe hun gewoonten ook zijn, ze moeten er niet gestresst uitzien, gewond zijn of symptomen van ziekte vertonen (zoals vlekken, ontstekingen of schimmelgroei). Gezonde vissen zijn mooi op kleur, hebben heldere ogen en gave vinnen, en ze reageren normaal op elkaar. Dieren die in een hoek wegkruipen, hijgend aan de waterspiegel hangen of zich schuren tegen stenen of planten hebben vaak ziekte onder de leden, of het water is slecht. Als u twijfelt of een vis gezond is, koop hem dan niet.

Gezonde vissen, zoals deze potloodvisjes, zijn goed op kleur, met gave vinnen; soms ziet u ze in de bak van de handelaar al baltsen.

Laat u niet van aankoop afschrikken als de handelaar een briefje 'niet verkopen – worden behandeld' aan een van zijn bakken heeft gehangen. Dat hij vissen in quarantaine houdt is alleen maar verstandig, en het is een goed teken dat hij heeft gezien dat de vissen in die bak niet helemaal in orde leken en eerst behandeld en genezen moesten worden voor hij ze kon verkopen. Sommige handelaren houden hun dieren in zo'n goede conditie dat het kan voorkomen dat u van uw pas aangekochte vissen binnen een paar dagen een nestje met eieren krijgt, of dat u er op een tentoonstelling dadelijk een prijsje mee wint.

Geschikte vissen uitzoeken

Als u vissen uitzoekt, let dan niet alleen op hun uiterlijk maar vooral op hun gedrag en op de eisen die ze stellen aan de waterkwaliteit. Een school kleurige zachtwater-tetra's zou misschien wel leuk staan in de hier afgebeelde cichlidenbak, maar het water is in dit geval veel te hard voor zulke tetra's.

Als u vissen gaat kopen, zoek dan soorten uit die compatibel zijn (bij elkaar passen). Sommige soorten zijn erg vechtlustig, andere zoeken een rustige omgeving waar weinig te doen is, weer andere houden van een drukke bak waar ze in een school of op hun eentje kilometers kunnen maken. Actieve roofvissen kunt u uiteraard niet samenhouden met kleine, vreedzame visjes, daar komt narigheid van.

Vissen zoeken in het aquarium vaak plekjes uit die met hun natuurlijke habitat overeenkomen. Sommige trekken zich graag terug tussen stenen of kienhout, andere verbergen zich liever in de beplanting. Bijlzalmpjes hangen vaak stil onder het wateroppervlak; veel tetra's doorkruisen in een school de middelste waterlagen en pantsermeervallen scharrelen graag in een groepje op de bodem rond. Houd dus terdege rekening met zulke specifieke gedragspatronen van vissen, bij aankoop en ook al bij de inrichting van de bak.

De meeste in de handel aangeboden aquariumvissen zijn tamelijk vreedzaam en rustig. Sommige meer nerveuze vissen, met name Zuid-Amerikaanse dwergcichliden, voelen zich alleen veilig in gezelschap van kleinere vissen die door de bak patrouilleren en door hun reacties voor naderende gevaren waarschuwen.

Veel grote vissen zijn als jonkie best mooi gekleurd en ook heel innemend wat hun persoonlijkheid betreft; maar laat die toch maar liever in de winkel. Een schattig slangkopvisje van 5 cm lang groeit weldra uit tot een vreeswekkende rover die zijn kleinere medebewoners maar al te graag opeet! Cichliden vechten vaak om een territorium en kunnen zwakkere dieren daarbij erg toetakelen. U kunt ze wel met even grote vissen samenhouden, maar houd de aantallen klein.

Vaak gaan vissen elkaar in het begin nogal te lijf maar komen ze later toch tot een vorm van vreedzame coëxistentie, nadat eenmaal de 'pikorde' is vastgesteld. Informeer u goed over alle soorten die u wilt kopen, ga na hoe ze zich gedragen, wat ze eten en hoe groot ze worden. Soms zijn kleine, onschuldig ogende visjes roofzuchtiger dan veel grotere monsters met een dreigend voorkomen. Een goede handelaar zal u helpen een verantwoorde keuze te maken.

Compatibel of niet?

- Kies vissen die vergelijkbare eisen stellen aan de waterkwaliteit; houd de pH, de hardheid en de temperatuur altijd binnen de natuurlijke tolerantiegrenzen van de soort.
- Ga na of de dieren territoriaal zijn ingesteld, en of ze dat gedrag in uw bak kunnen uitleven zonder andere vissen lastig te vallen.
- Zet geen grote, drukke vissen in een bak met veel kleinere, rustige soorten. De grote dieren zullen de kleintjes vaak 'pesten' en al het voer voor hun neus wegkapen.
- Wees op uw hoede voor problemen met het voer: is het vereiste voer wel altijd verkrijgbaar? En hebt u geen eenzame rover in uw bak die al zijn medebewoners opeet?
- Kies de soorten zo dat alle waterlagen in het aquarium bevolkt zijn, maar niet overbevolkt.

VERZORGINGSEISEN

Uw vissen hangen voor de kwaliteit van hun leventje geheel van u af; dus hebt u ten opzichte van hen dezelfde verantwoordelijkheden als wanneer u een hond of kat in huis haalt. Ongeacht hun grootte of temperament, u moet ze een geschikte leefomgeving bieden. Grote vissen hebben ook een groot aquarium nodig, waar ze flinke afstanden in kunnen zwemmen. Kleine, vreedzame soorten moet u niet dwingen samen te leven met grotere, agressieve vissen, want dan raken ze gestresst.

Altijd moet het welzijn van de vissen vooropstaan, als u een aquarium bevolkt. Bij het aankopen van vissen moet u dus in de eerste plaats goed uitzoeken welke behoeften de dieren hebben. Stel u altijd de volgende vragen, en zoek er het antwoord op: kan ik de vissen de waterkwaliteit bieden die ze nodig hebben? Kan ik altijd aan het juiste voer komen? Kunnen de dieren vreedzaam omgaan met elkaar en met andere soorten in mijn bak?

De meeste zoetwatervissen zijn tamelijk tolerant op het vlak van de waterkwaliteit, al moeten extreme pH- en dH-waarden worden vermeden. Zeevissen en vooral ongewervelden stellen hogere eisen; vraag steeds advies aan uw handelaar, over de vereiste zoutgraad en andere watereigenschappen, alsook over de voedselbehoeften. Bij alle aquaria moet regelmatig gemeten worden of de toestand in orde is; ook moet regelmatig water worden ververst, zonder de temperatuur en de waterchemie ingrijpend te veranderen. Welke soorten u ook houdt, altijd moet de bak op een rustige plek staan, waar weinig wordt gelopen. Onnodige stress moet worden voorkomen, want de dieren kunnen er ziek van worden.

JONGE OF VOLWASSEN DIEREN?

Beginnende liefhebbers weten vaak niet of ze volwassen dieren moeten kopen, dan wel jonge. Bij volwassen dieren hebt u meestal meer garantie dat ze fysiek sterk zijn. Afwijkingen zoals misvormingen of vinbeschadigingen zijn beter zichtbaar en het gedrag van de dieren zegt veel over hun gezondheidstoestand. Van jonge dieren kunt u uiteraard langer plezier hebben; een volwassen vis leeft misschien niet zo lang meer. Jonge dieren zijn ook goedkoper en het is bovendien leuk om ze te zien opgroeien. Mits de dieren gezond zijn is er geen klemmende reden om alleen volgroeide exemplaren te kopen, of u moet van meet af aan op zoek zijn naar prijsexemplaren. De keuze is aan u; in elk geval heb ik zelf in het verleden wel eens piepjonge Congozalmen en allerlei regenboogvissen gekocht en met voldoening oud zien worden, nadat ik er ook nog mee had gekweekt. Ik heb ook wel eens volwassen dieren gekocht omdat ze opvallend mooi waren: aanwinsten voor de gezelschapsbak, of omdat ze erg geschikt leken voor de kweek.

Vol uitgegroeide dieren maken indruk in een aquarium, maar aan jonge dieren bent u minder geld kwijt en beleeft u vaak meer plezier, want u kunt ze van jongs af aan vertroetelen en observeren. En wie zou deze jonge Geelmasker-keizersvis (*Pomacanthus xanthometopon*) niet willen hebben?

Nieuwe vissen inzetten

Nu hebt u in de winkel zorgvuldig een stel gezonde en compatibele vissen uitgezocht, maar u moet ze ook nog veilig in uw aquarium zien te krijgen. Houd de reisweg altijd zo kort mogelijk en zorg dat thuis alles op de komst van de vissen is voorbereid. Denk over deze fase tevoren goed na, zodat u ruim de tijd hebt om de dieren met alle zorg te omringen. U kunt de stress voor ze verminderen door ze op zachtzinnige wijze in de bak te zetten. Brengt u nieuwe dieren in een reeds bevolkt aquarium, kijk dan of ze wel vriendelijk worden opgenomen. Door goed op te letten ziet u problemen eerder aankomen, en die zijn dan door een prompte reactie vaak nog eenvoudig op te lossen.

Zachte behandeling

Nieuwe vissen verdienen een zachtzinnige behandeling en veel zorgzame aandacht. Het transport van de kwekerij, of de vangplaatsen in de natuur, via de importgroothandel naar de bakken bij uw plaatselijke handelaar is een zware beproeving voor de dieren; ze zijn vaak weken onderweg, worden diverse malen opnieuw gevangen en in zakken met water van wisselende kwaliteit overgezet. Soms krijgen ze dagenlang geen voer, om te voorkomen dat ze onderweg veel afval produceren. Ze staan door dit alles onder sterke stress. Alle betrokkenen langs de route doen wel hun best om de vissen in goede gezondheid op hun bestemming te krijgen, maar toch sterft altijd wel een deel aan stress-gerelateerde ziekten, en dan vaak aan witte stip (een infectie door *Ichthyophthirius*). In de winkel ziet u zulke vissen wel eens in een quarantainebakje rondzwemmen.

Al zien de door u gekochte vissen er nog zo gezond uit: besef wel dat het ritje van de winkel naar uw bak slechts de laatste etappe is van een lange lijdensweg; maak het trauma voor de dieren niet onnodig groter.

Hoe vervoer ik vissen?

Vissen worden meestal vervoerd in een doorzichtige plastic zak met een sluitelastiek aan de top, of gewoon dichtgeknoopt. De handelaar doet er maar weinig water in, en dat moet ook; tweederde van de zak moet met lucht gevuld zijn. Een deskundig dichtgeknoopte zak staat bol als een ballon, door de erin gevangen lucht. De zuurstof in het water wordt doo de vissen al snel verbruikt, maar kan worden aangevuld uit de lucht erboven; de zwembewegingen van de dieren helpen daar zelfs bij. Voor langere reizen wordt door de handelaar zuivere zuurstof in de zak gespoten.

De plastic zak moet in een ondoorzichtige (liefst bruine) papieren zak worden gezet; zo is de stress voor de vissen het kleinst als ze later naar het daglicht worden gehaald en aan allerlei hectische handelingen worden onderworpen. Sommige handelaren gebruiken zakken met afgeronde hoeken, waar de vissen zich niet in kunnen vastzwemmen. U kunt ook de punten omvouwen en met tape vastplakken, of met een elastiekje de punten afsnoeren. Stekelvinnige vissen kunnen een zak gemakkelijk lekprikken, en die moet u dus in een dubbele of zelfs driedubbele zak vervoeren, om de kans op lekraken te verkleinen. Bij erg stekelige zeedieren (zoals sommige zee-egels) moet de plastic zak in een afgesloten doos van hard plastic worden geborgen, elk dier apart, zodat ze elkaar niet tijdens de reis kunnen beschadigen. Een koelbox is een zinvolle investering, waar het gaat om allerlei dieren te vervoeren.

Laat de vissen niet lang in de auto liggen; in de zon kan de temperatuur snel te hoog oplopen. Kan het even niet anders, zet dan de vissen in de bagageruimte en leg er isolerende dekens overheen om extreme temperaturen te vermijden. Dat is vooral belangrijk bij koudwatervissen, als u die 's zomers wilt vervoeren.

GEWENNING VAN NIEUWE VISSEN

Tijdens de korte rit naar huis mag de temperatuur niet sterk dalen. Eenmaal thuisgekomen laat u de plastic zak met vissen ongeveer een uur in het aquarium drijven, zodat de temperatuur van het water in de zak gelijk wordt aan die in de bak. Vaak wordt aanbevolen een beetje aquariumwater in de zak te laten lopen zodat de vis geleidelijk aan de gewijzigde waterwaarden kan wennen. Maar dat is onzin, want het duurt dagen voor een vis zich aan zo'n overgang heeft aangepast. Let op of de nieuwkomers niet door de andere vissen worden lastiggevallen en laat ze eerst op verhaal komen voor u voer aanbiedt. Meestal voelen ze zich na een paar uur al wel weer op hun gemak, al kan dat per soort verschillen. Kijk dan of ze voer aannemen, maar maak u geen zorgen als dat niet dadelijk lukt; soms nemen nieuwe vissen pas na een of twee dagen voer aan. Zorg er wel voor dat dominante medebewoners niet al het voer voor hun neus wegkapen.

TERRITORIALE AGRESSIE

Reeds gevestigde vissen gedragen zich soms agressief tegen nieuwe bakgenoten. Grijp alleen in als het te erg wordt; overigens kunt u zulke ruzies inperken door de inrichting van de bak (plaatsing van stenen, hout en planten) vlak voor aankomst van de nieuwkomers een klein beetje te veranderen. Het herziene decor dwingt alle bewoners opnieuw territoria af te bakenen en de pikorde vast te stellen, en dan hebben ze even minder aandacht voor nieuwe vissen. Als het desondanks tot aanhoudende pesterijen komt, zit er soms niets anders op dan de pestkop naar een andere bak te brengen, of anders maar het slachtoffer te verwijderen.

Soms leveren vissen schijngevechten, waarbij de dieren elkaar niet verwonden of in een hoek jagen. Vaak is dat de inleiding tot het paaien.

QUARANTAINE

Nieuwe vissen worden soms in een quarantainebak gezet; blijken ze een latente ziekte mee te dragen, dan kunnen ze daar eerst voor worden behandeld en besmetten ze de andere vissen niet. Men gebruikt hiervoor een klein, kaal aquarium waar de dieren vier tot zes weken in moeten verblijven. Gereedschappen (ook vangnetjes) die u bij de quarantainebak gebruikt mogen nooit voor andere doeleinden dienen, tenzij u ze afdoende steriliseert.

Of quarantaine altijd zin heeft, is omstreden. Zelf denk ik dat stress-gerelateerde ziekten het beste voorkomen kunnen worden door de vissen zo snel mogelijk in het gewone aquarium te zetten, waar ze zich sneller thuisvoelen door de rustige omgeving en de onbezorgde activiteiten van medebewoners. Als u lang wacht met de overbrenging naar het gewone aquarium, kan de stress die de dieren in quarantaine ondervinden zelf aanleiding voor ziekte worden. Quarantaine is wel nodig als de nieuwe vissen duidelijk ongezond zijn. En in twijfelgevallen is voorzichtigheid uiteraard nooit verkeerd.

Zet de quarantainebak op een rustige plaats, waar de vissen niet door veel geloop worden gestoord, en zorg voor gedempte verlichting. Geef slechts minimale porties voer. Vermoedt u een ziekte waarvan de verwekker een vrijzwemmend stadium kent, zoals witte stip, dan is installatie van een UV-sterilisator zinvol.

Een quarantainebak is ook nuttig als verpleeghuis voor zieke vissen uit het gewone aquarium; u kunt ze daarin een goede individuele behandeling geven. Houd dus altijd een klein reservebakje bij de hand, compleet met thermostaatverwarming en een filtertje.

VISSEN OBSERVEREN

ZWEMMEN DE VISSEN eenmaal in uw bak rond, dan kunt u eindelijk eens op uw gemak gaan genieten van de aanblik van die mooie onderwaterwereld in uw huiskamer. Wel moet u nog een periode van leren door. Bestudeer goed hoe uw vissen op elkaar reageren, welke soorten overdag actief zijn en welke zich alleen in de vroege ochtend of de late avond laten zien. Kijk hoe ze zich normaal gedragen en wees alert als zich plotseling wijzigingen voordoen. Naarmate uw ervaring toeneemt zult u merken dat het juist uw vertrouwdheid met de vissen is, waardoor u ze gezond en monter kunt houden.

OBSERVATIE VAN HET GEDRAG

Neem de tijd voor waarnemingen aan de levensuitingen en gedragingen van uw vissen. De meeste vissen zijn overdag actief, maar sommige zijn nacht- of schemeringsdieren. Dat heeft natuurlijk gevolgen voor de tijden waarop u ze voer moet aanbieden. Een zwak gloeipeertje boven de bak geeft voldoende licht om ook de nachtelijke verrichtingen van uw vissen op de voet te kunnen volgen, zonder de dieren daarbij te storen.

Een van de aardigste aspecten van de aquaristiek is het doen van waarnemingen aan het gedrag en de onderlinge betrekkingen van de vissen. Elke soort gedraagt zich weer anders, en u zult merken dat de meeste vissen een tamelijk geregeld bestaan leiden. Zo kunt u constateren dat veel vissen een vast patroon van verplaatsingen ontwikkelen; ze volgen bepaalde routes in de bak en herhalen die tochtjes elke 3 of 4 minuten. Ervaren aquariumfotografen bestuderen die zwemroutines van de vissen om op het juiste moment een wereldplaat te schieten.

Kennis van het normale gedragspatroon van uw vissen helpt u problemen tijdig te zien aankomen. Als de dieren onrustig of juist sloom worden; als ze bij de bodem gaan rondhangen in plaats van plechtig rondjes te zwemmen in hogere waterlagen: dan is er mogelijk iets mis met de temperatuur. Hyperactief gedrag kan echter ook de voortplanting aankondigen. Hangen de vissen aan het opppervlak, dan wijst dat vaak op een slecht werkend filter of op te warm water. Merkt u zulk afwijkend gedrag snel op, dan kunt u tijdig tegenmaatregelen treffen.

Als u nieuwe dieren in de bak brengt kan het normale gedrag van de reeds aanwezige vissen tijdelijk gaan afwijken, tot ze vertrouwd zijn geraakt met de nieuwkomers; en dat is logisch, want die hebben in feite inbreuk gemaakt op hun territoriale rechten. Let op dat geen van de betrokken dieren daarbij al te erge klappen oploopt.

U zult weldra merken dat de dagelijkse voedering van uw vissen een ideale gelegenheid biedt om te zien of ze nog goed gezond zijn. Kijk hoe ze aan het voer gaan, en let op of elke vis zijn deel krijgt. Weigeren sommige dieren te eten, varieer dan de voedertijden of probeer ander voer uit, en zorg dat andere, dominante vissen ze niet wegjagen.

VISSEN UITVANGEN

ONVERMIJDELIJK KOMT eens het moment dat u vissen uit de bak moet vangen, om ze naar een andere bak over te brengen of tegen ziekte te behandelen. Ga dan met overleg te werk. Zwiep niet op goed geluk met een vangnet door de bak; dat leidt alleen tot ontwortelde planten, opdwarrelend vuil en doodsbange of zelfs beschadigde vissen. Vis vangen vereist enige handigheid, maar moeilijk is het niet.

WERKEN MET EEN VANGNET

Een vangnet moet van fijnmazig gaasdoek gemaakt zijn, vooral als u vissen met harde vinstekels wilt vangen, zoals cichliden, goerami's en meervallen; anders raken de stekels vaak vast in het net, waarbij vis en net schade oplopen. Gebeurt dat toch, probeer dan eerst de vis zichzelf te laten bevrijden; dat lukt vaak het beste bij vissen die speciale afweerstekels opzetten, zoals *Ancistrus*-soorten en sommige modderkruipers. Lukt dat niet, dan moet u het net maar stukknippen.

Witte netten zijn minder bruikbaar dan groene, waar de vis soms vanzelf inzwemt, denkend beschutting te vinden tussen planten. U kunt het beste twee netten gebruiken; met het ene drijft u de vis dan het andere binnen. Of anders een net en een kleurloze plastic zak; de vis zwemt dan vaak argeloos de zak binnen, die hij niet opmerkt. Na gebruik moet het net altijd gesteriliseerd worden; niet in bleekwater of andere huishoudmiddeltjes, maar in een speciale oplossing bestemd voor aquariumgebruik. Die is voor weinig geld te koop en eenvoudig in het gebruik: verdunnen in een emmer, en dan het net erin.

Beweeg het net rustig door de bak als u vissen wilt vangen of terugzetten. Jaag niet wild achter vluchtende vissen aan.

VANGTRECHTERS

Vroeger waren glazen vangtrechters in de handel, maar helaas zien we die tegenwoordig zelden meer, althans niet in West-Europa. Ze lijken wat op een bovenmaatse pijp met een wijde kop en een geleidelijk versmalde, holle steel. Met de kop wordt de vis benaderd; intussen houdt men de steel rechtop en de duim op het open uiteinde, zodat de lucht in de steel niet wegkan. Is de vis binnen bereik, dan tilt men de duim op, zodat de lucht plotseling ontwijkt; tegelijk wordt water met kracht de kop ingezogen, de vis meenemend. Het kleurloze glas maakt het apparaat verregaand onzichtbaar voor de vis. Het apparaat is vooral handig als men heel jonge visjes moet vangen.

VANGEN MET DE HAND

Na wat oefening kunt u vissen ook met de hand vangen, maar wel op uw eigen risico. Met de nodige voorzorgen is dit toch de beste manier om grote, stekelige bodemvissen te vangen, zoals meervallen. Kijk wel uit dat u de stekels niet in uw vlees krijgt, en plaats uw vingers zo dat ze niet klem komen tussen de krachtige borstvinstekels en de flanken van de vis. Een meerval moet met de ene hand bij de staart worden gegrepen en met de andere, vlakke hand onder de buik worden gesteund. Grote exemplaren zijn gemakkelijker te vangen als u de waterstand eerst verlaagt. Het spreekt wel vanzelf dat deze vangmethode ongeschikt is voor giftige soorten of voor vissen die forse stroomstoten kunnen afgeven.

WATEREIGENSCHAPPEN

ALLE SOORTEN waterdieren hebben specifieke watereigenschappen nodig om te kunnen leven. Factoren zoals hardheid, zuurgraad en zoutgehalte moeten op een bepaald niveau worden gehandhaafd, en daarom moet ook de aquariumhouder op de hoogte zijn van de beginselen der waterchemie. Ook in een gerijpte bak moet u regelmatig de waterwaarden meten, met speciale testsetjes die in de aquariumwinkel te koop zijn. Zo kunt u elke verandering op de voet volgen en zo nodig corrigeren. Een verstandige aquariaan zal ook altijd een thermometer bij de hand hebben, en voor zee- of brakwateraquaria ook een hydrometer om de zoutgraad te meten.

DE ZUURGRAAD

De chemische samenstelling van natuurlijke wateren wordt meestal beïnvloed door de substraten waar ze door- en overheen stromen. Water uit een kalksteengrot zal basisch reageren, maar bronnetjes en plasjes in veengrond worden zuur. De zuurgraad wordt uitgedrukt in een getal: de pH-waarde (van *pondus hydrogenii* ofwel het gewicht van de waterstofionen in het water), die kan variëren van 1 tot 14. Water met een pH van 7,0 is noch zuur, noch basisch en wordt daarom neutraal genoemd. Bij waarden boven 7,0 noemen we water basisch, bij lagere waarden zuur. De meeste organismen kunnen niet leven bij extreem lage of hoge pH-waarden; vissen al helemaal niet. In zoet water ligt de pH-waarde doorgaans tussen 6,5 en 7,0; een paar soorten verlangen een waarde juist buiten dit gebied, maar een pH onder 5 of boven 8 is meestal dodelijk. Voor zeedieren zijn de grenzen nog nauwer; de pH moet hier ver in het basische gebied liggen (rond de normwaarde 8,3 en daar niet meer dan 0,2 van afwijkend).

In de handel zijn diverse testsetjes voor de pH-waarde verkrijgbaar. Ze werken met een indicatorvloeistof die men aan een watermonster toevoegt, of met indicatorstokjes die men in het water dompelt, waarna uit de kleurverandering de pH-waarde kan worden bepaald. Alle producten die zulke chemische reagentia bevatten hebben een beperkte houdbaarheid en moeten elk jaar worden vervangen. Sinds enige jaren zijn ook elektronische meters verkrijgbaar; die zijn relatief wel duur, maar ook veel nauwkeuriger en snel afleesbaar.

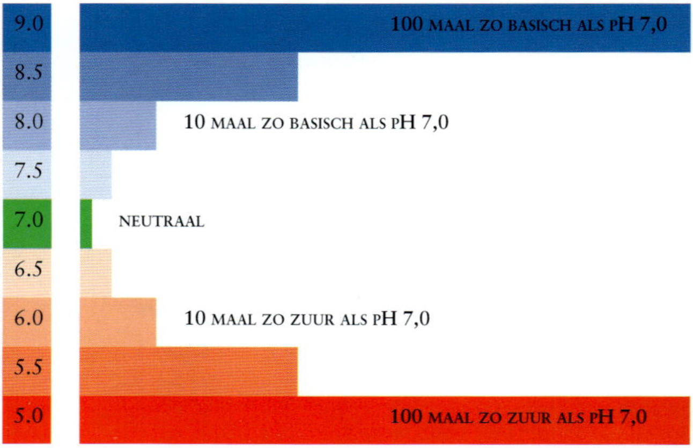

De pH-schaal is logaritmisch; een waardeverandering van 1,0 betekent een tienvoudige stijging van de zuren of basen. Een kleine daling of stijging van de pH-waarde kan dus dramatische gevolgen hebben voor de vissen. Regelmatige meting van de pH is daarom van vitaal belang, vooral bij zeeaquaria.

De hardheid

Ook de hardheid van natuurlijke wateren wordt beïnvloed door het substraat waarover het stroomt, maar zeewater is altijd zeer hard. De hardheid is een maat voor bepaalde metaalionen (vooral calcium, in mindere mate ook magnesium) in het water. Meestal letten we in de aquaristiek op de 'totale hardheid' (GH), waarin ook de carbonaathardheid (KH) is verwerkt. Er zijn verschillende manieren om de totale hardheid aan te geven; meestal gebruiken we in Nederland een schaal met eenheden in °dH. In de onderstaande tabel ziet u het verband tussen de calciumconcentratie en het hardheidsgetal, uitgedrukt in °dH. Voor meting van de hardheid zijn ook weer testsetjes te koop met reagentia die door kleurverandering de hardheid aangeven. Een meer nauwkeurige, snellere, maar vrij kostbare methode is de meting van de geleidbaarheid van het water.

Waterhardheid

PPM $CaCO_3$ (miljoenste delen calciumcarbonaat)	dH	Watertype
0-50	3°	zacht
50-100	3-6°	matig zacht
100-200	6-12°	iets hard
200-300	12-18°	matig hard
300-450	18-25°	hard
> 450	> 25°	zeer hard

De zoutgraad

Zout water wordt alleen in zee- en brakwater-aquaria gebruikt. Het zoutgehalte wordt gemeten met een hydrometer, die het soortelijk gewicht (s.g.) van het water aanwijst. Het soortelijk gewicht is in dit geval de verhouding van het gewicht van 1 liter aquariumwater ten opzichte van 1 liter gedestilleerd water van 4 °C (dat een s.g. van 1,000 heeft). Zeewater heeft een hoger s.g. dan zoet water omdat er veel zouten en ook wat spoorelementen in zijn opgelost; daarom ook blijven we in zeewater gemakkelijker drijven. Het water van tropische zeeën heeft een s.g. tussen 1,020 en 1,027; het s.g. van brakke wateren (waar zee- en zoet water zich vermengen, zoals in mangrovemoerassen en riviermonden) ligt ergens tussen 1,000 en de voor zeewater normale waarden.

Het s.g. van het aquariumwater wordt op een bepaald niveau gehandhaafd door ofwel zout, ofwel water toe te voegen. Als u een meting uitvoert, zorg dan wel dat het water even warm is als in het aquarium; het s.g. hangt immers mede van de temperatuur af en daalt als het water warmer wordt. Als u kunstmatig zeewater maakt, gebruik dan alleen zeezout uit de aquariumwinkel, en nooit gewoon keukenzout.

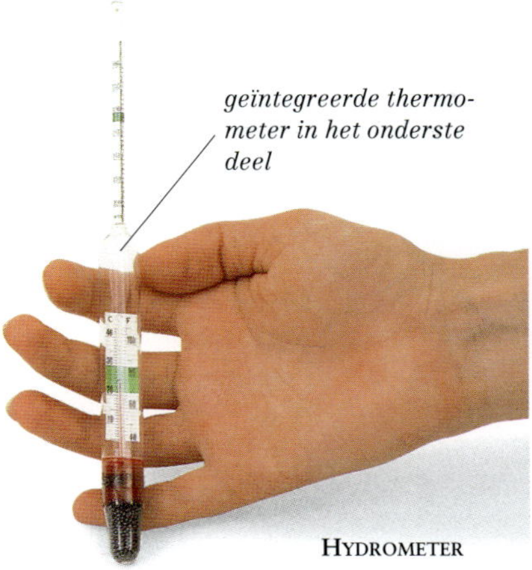

geïntegreerde thermometer in het onderste deel

HYDROMETER

Waterwaarden corrigeren

De zoutgraad, hardheid en pH kunnen zo nodig worden bijgesteld, maar dat moet altijd geleidelijk gebeuren. Grote veranderingen in de waterchemie zijn erg slecht voor de dieren. In een zoetwaterbak kan men gebruik maken van planten en van decoratiemateriaal om de waterwaarden te veranderen. Weelderige beplanting maakt het water meestal iets zachter, want de planten nemen zouten op. Hout, met name kienhout, maakt het water zuurder door afgifte van looizuren. Op die manier bereikt u een ideale omgeving voor veel Zuid-Amerikaanse tetra's en maanvissen. Maar als u hardwatervissen wilt houden, zoals Malawicichliden, dan kunt u koraalgruis, schelpen of kalksteen gebruiken als substraat of als filtermedium, zodat calcium wordt opgelost en het water harder maakt. Zeewater is altijd hard en neigt ertoe zijn pH tussen 8,3 en 8,4 te stabiliseren; maar het laat zich beïnvloeden door zure uitscheidingsproducten van vissen en ongewervelden. De meest voorkomende oorzaken van slechte waterkwaliteit en onstabiele waterwaarden zijn een slecht werkend filter, overbevolking en overmatige voedering. Meet de waterwaarden regelmatig met een testsetje. Er zijn ook buffervloeistoffen in de handel om de watereigenschappen te corrigeren. Is het nodig uw leidingwater te veranderen voor u er vissen in kunt houden, vergeet dan niet dat altijd opnieuw te doen, ook bij waterverversing; en dan bij voorkeur een dag voor gebruik.

Nitriet

Giftige ammonia (uit uitwerpselen van vissen of uit rottende voederresten) wordt via de stikstofcyclus (vooral in het filter) afgebroken, eerst tot giftige nitrieten, daarna tot minder schadelijke nitraten, die via de filteruitlaat weer in de bak terugkeren. Ophoping van nitriet is levensgevaarlijk voor alle aquariumdieren (vooral mariene ongewervelden). Nitrietophoping ontstaat meestal door overbevolking, overmatige voedering en weinig frequente waterverversing; ook het leidingwater kan met nitriet verontreinigd zijn. U kunt testsetjes kopen waarmee u zowel het ammonia- als het nitrietgehalte kunt meten.

Hoewel door waterverversing het nitriet- en ammoniagehalte dadelijk afneemt, moet u toch onderzoeken waar het probleem nu eigenlijk vandaan kwam. Als u niet de oorzaak opspoort en de omstandigheden verbetert, keert het probleem snel terug. Vaak raakt u vissen kwijt als u zo'n gevaarlijke toename van giftige stoffen niet tijdig ziet aankomen. Let dus steeds goed op het gedrag van uw vissen; samen met de gegevens van uw testsetjes moet dat genoeg zijn om erge rampen te voorkomen.

Waterverversing

Om ophoping van nitriet en ammonia te voorkomen moet u eens per 10-14 dagen een gedeeltelijke waterverversing uitvoeren. Ververs echter niet meer dan 10-15% van het water uit de bak ineens, anders raakt de stikstofcyclus ontregeld. Het verse water moet dezelfde temperatuur hebben als het aquariumwater (plus of min 1 graad), en ook dezelfde pH en hardheid. Is het nodig het leidingwater te veranderen voor het in de bak mag, trek voor die correcties dan voldoende tijd uit. In zee- en brakwater-aquaria moet u de zoutgraad meten met een hydrometer; afwijkingen moeten door toevoeging van zeezout (uit de aquariumwinkel) worden gecorrigeerd. Zorg dat het verse water op temperatuur is als u de zoutgraad meet, want het soortelijk gewicht verandert met de temperatuur.

Breng het verse water geleidelijk in het aquarium. Tijdens het waterverversen kunt u ook goed een deel van de filtermedia vervangen; vervang nooit alle filtermedia ineens. Op de nieuwe filterwatten ontstaan weldra nieuwe kolonies van nuttige filterbacteriën die gaan meehelpen afvalstoffen af te breken. Als u water uit de bak hevelt, zuig dan gelijk de molm weg die op zich op de bodem of tussen de planten en stenen heeft verzameld.

AQUARIUMONDERHOUD

OM HET EVEN WELK SOORT aquarium u hebt, altijd moet u vaste routines voor de verzorging van uw vissen ontwikkelen. In het onderhoudsprogramma moet aandacht zijn besteed aan alle aspecten van de instandhouding van hun leefomgeving. Houd een logboek bij als hulpmiddel voor de planning en begin met de hieronder gegeven aanwijzingen. Factoren als visbezetting, de gehouden soorten en de verstrekte voedertypen bepalen het door u te voeren beleid. Op den duur ontwikkelt u vanzelf een eigen onderhoudsplan, waarin ook de vervanging van apparatuur en de aanschaf van nieuwe planten een plaats vinden.

ESSENTIËLE ONDERHOUDSTAKEN

DAGELIJKS	• Controleer de dieren • Controleer de temperatuur • Controleer de werking van de apparatuur • Geef de vissen voer en verwijder resten die blijven liggen • Ledig de eiwitafschuimer (bij zeeaquaria)
WEKELIJKS	• Maak de dekruit of het condensatierooster schoon • Vul weggedampt water weer aan • Verwijder algen van de ruiten met een algenschraper
ELKE 14 DAGEN	• Ververs een deel van het water (afhankelijk van de visbezetting) • Verwijder dood blad en snoei te lange planten terug • Controleer de pH en de hardheid • Controleer de ammonia-, nitriet- en nitraatwaarden • Controleer het s.g. (bij zee- en brakwater-aquaria) • Kijk of het filter goed doorstroomt; maak zo nodig schoon • Hevel vuil van de bodem; doorwoel daarbij de toplaag
ELKE 2-3 MAANDEN	• Vervang de filterkool • Maak de eiwitafschuimer grondig schoon (bij zeeaquaria) • Geef motorfilter en luchtpomp een servicebeurt en vervang versleten onderdelen; vul de onderdelenreserve weer aan • Maak alle slangen van het filter schoon, ook de sproeibuis (gaatjes met speld doorprikken) • Reinig de kwartsmantel van de UV-sterilisator
ELK HALF JAAR	• Controleer de verlichting (zitten de beschermkapjes nog goed en zijn de tl-buizen niet grijs bij de einden? Vervang slechte buizen.) • Vervang de UV-lamp van de sterilisator

VOEDSEL EN VOEDERING

Vissen voer geven is een van de leukste bezigheden in de aquaristiek. Veel liefhebbers zweren dat hun vissen naar ze toe komen als ze voer willen. Maar vergeet niet dat sommige soorten van nature nieuwsgierig zijn, andere terughoudend; dus als vissen enthousiast komen aanzwemmen betekent dat nog niet dat ze honger hebben. Geef nooit te veel voer – een hongerige vis is een gezonde vis. Voedsel van het verkeerde soort of formaat kan ook schadelijk zijn, evenals te veel van hetzelfde voer. Geef uw vissen een passend, uitgebalanceerd, gevarieerd dieet, dan hebt u een van de sleutels tot succes in de aquariumhouderij in handen.

◁ GOUDVISSEN IN DE HOOPVOLLE VERWACHTING VAN AANSTONDS GEVOERD TE WORDEN

WAT ETEN VISSEN?

DE NATUURLIJKE LEEFOMGEVING en de daar aanwezige voedselbronnen geven een goed inzicht in de eisen die een vis aan zijn dieet in het aquarium stelt. Gelukkig heeft men in de aquariumbranche al veel van dat onderzoek voor ons gedaan. De handelaren zorgen er immers voor dat de vissen die ze te koop aanbieden al aan het aquariumleven gewend zijn en de betere reguliere voedersoorten uit de handel dankbaar accepteren. Voor u vissen koopt, vooral als u de soort niet kent, moet u de handelaar wel vragen wat ze eten en hoe vaak ze gevoerd moeten worden. Een bonafide handelaar zal u gaarne van advies dienen en ook later terzijde staan als zich voederproblemen voordoen.

NATUURLIJKE VOEDSELBRONNEN EN DIËTEN

In de natuur is in alle lagen van de waterkolom wel voedsel te vinden. In en op de bodem leven talloze kleine diertjes, her en der groeien waterplanten en elk oppervlak dat voldoende licht ontvangt is met een algenlaag bedekt. Kleine ongewervelden zwemmen overal rond, insecten en andere dieren vallen in het water, waar ze blijven drijven of omlaag zinken. Alles dient haast wel als voedsel voor iets anders. Ook vissen hebben zich gedurende hun evolutie op bepaalde voedselsoorten gespecialiseerd.

Vissen zijn carnivoor (eten dus andere dieren), of herbivoor (planteneters), of omnivoor (alleseters, die plant noch dier versmaden); scherp zijn die grenzen echter zelden. Ook binnen een categorie zijn nog weer specialismen voorhanden. Zo kan bij carnivoren het aandeel en het type van de dierlijke voedselbronnen aanzienlijk uiteenlopen. Piscivore soorten eten vis, bij voorkeur levend; maar vele kunnen ook gewend worden aan dood dierlijk voedsel. Molluscivoren eten weekdieren zoals slakken, insectivoren eten kleine geleedpotige waterdiertjes, waaronder muggenlarven en kleine kreeftjes zoals watervlooien. Limnivoren ziften allerlei eetbare deeltjes uit het bodemslik.

Herbivoren leven in hoofdzaak van plantenkost, maar daarbij kan de keuze variëren, van forse waterplanten tot nietige algjes. Omnivoren zijn opportunistisch wat hun voedselkeuze betreft. Aaseters zijn wel het minst kieskeurig; ze knabbelen aan lijkjes die in het water drijven, aan etensafval dat van boten wordt gegooid, en ook zoeken ze de bodem af op alles wat verteerbaar is.

Bodembewonende vissen zoals deze pantsermeerval (Corydoras sp.) doorwoelen haast onafgebroken het substraat, op zoek naar voedsel, dat ze met hun onderstandige bek gemakkelijk kunnen opnemen. Veel meervallen zijn omnivoor, al zijn er soorten die in de natuur vooral insecten eten, en ook een aantal zuivere herbivoren.

Voedselgewoonten

Bij het voedselzoeken volgt elke soort instinctief bepaalde gedragspatronen. Grootte, vorm en plaatsing van de bek zijn bepalend voor de wijze waarop vissen zich voeden. Oppervlaktevissen hebben geen aandacht voor voedsel op de waterbodem; bodemvissen versmaden alles wat drijft. Zelfs roofvissen zijn kieskeurig en verdoen hun tijd niet met de jacht op jonge visjes. Voedselstrategie en gedrag zijn van nature voorbestemd en kunnen in een aquarium maar ten dele worden gewijzigd. Vissen eten ook op bepaalde tijden: de meeste als het licht is, maar sommige alleen in de schemering of het holste van de nacht. In gevangenschap passen ze hun gedrag vaak wel aan, maar soms zijn ze niet van hun gewoonten af te brengen en nemen ze alleen op gezette tijden voer aan.

Deze Noord-Amerikaanse beekvoorn (Semotilis atromaculatus) leeft in scholen in ondiep water en eet allerlei afval en diertjes die hij al zwemmend of in de bodem wroetend tegenkomt. Hij heeft een worm verschalkt die maar nauwelijks in zijn bek past.

Correct voeren

Aquariumvissen zijn aan hun natuurlijke leefomgeving ontrukt, maar moeten toch precies het voer krijgen waarvoor hun darmkanaal 'ontworpen' is. Geeft u uw vissen het verkeerde voer, dan kan hun lichaam daar weinig mee en zullen ze acute en chronische gezondheidsklachten ontwikkelen. Carnivoren hebben een kort darmkanaal omdat eiwitrijk voedsel snel wordt verteerd; herbivoren hebben een lange darm, want plantenkost wordt veel trager door het lichaam verwerkt. Piscivore (vis-etende) soorten zullen geen groenvoer aannemen; herbivore vissen halen hun neus echter niet altijd op voor een dierlijk hapje. Het is uw verantwoordelijkheid om u op de hoogte te stellen van de voedselbehoeften van uw vissen, en om ze dan ook het vereiste voer aan te reiken. Dus: hoe mooi u ze ook vindt, koop geen vissen die 'lastige eters' zijn, tenzij u zeker weet dat u ze regelmatig het juiste voer kunt geven; en bereid u dan voor op een prijzige rekening.

Veel karperachtigen wroeten in de bodem naar voedsel. Het zijn echter opportunisten die in gevangenschap snel wennen aan voer dat op het water wordt gestrooid.

AQUARIUMVOER

In de winkel kunt u kiezen uit een breed assortiment voedersoorten: levend voer, diepvriesproducten en droogvoer. Er is altijd wel iets bij dat uw vissen lusten, of u nu zoetwater- of zeevissen houdt, uit tropische dan wel koele wateren. Ook uit een nabije sloot, uw eigen tuin of zelfs de keuken kunt u voer betrekken. Soms is het zinvol zelf voedseldieren te kweken, vooral als u een nest jonge visjes wilt grootbrengen. Wilt u vissen in kweekconditie brengen of jongbroed opfokken, zet dan een kweekje met artemia-larven op.

DROOGVOER

De visvoerindustrie bloeit, en de liefhebber kan kiezen uit een ruim assortiment. Beschikten we in de oertijd van de aquaristiek alleen over vlokvoer en nog een paar zaken zoals miereneieren, thans staan ons specialiteiten ter beschikking zoals spirulina-algentabletten, eiwitrijk krachtvoer voor carnivoren en voer op basis van sponzen. Uw handelaar zal een reeks van droogvoerproducten in voorraad hebben, waaronder vlokken, korrels, sticks, tabletten en wafels, en daarmee legt u de grondslag voor het dieet van uw vissen. Maar vissen houden van variatie. Droogvoer bevat ook geen ruwe vezels, die nodig zijn voor een goede spijsvertering. En omdat het in water opzwelt, kan de vis er ook een opgeblazen maag van krijgen; te veel voer kan zo zelfs dodelijk zijn.

VLOKVOER

TABLETTEN

KORRELS

EIGEN RECEPTEN

Ervaren liefhebbers ontdekken vaak bijzondere voedersoorten of combinaties waarmee goed valt te werken. Zo blijkt men met een pasta van gedroogde brandnetels (uit de reformwinkel) jonge harnasmeervallen groot te kunnen brengen; smeer de pasta op een paar kiezelstenen, laat hem indrogen en zet de steentjes dan in de opfokbak. Van vis en ander dierlijk voer kan ook vloeibaar basisvoer worden gemaakt, waaraan nog vitaminen, groenvoer en granen kunnen worden toegevoegd. U kunt ook zelf voer invriezen. Wees wel voorzichtig als u zelf eiwitrijk voer gaat bedenken. Van krachtvoer worden vissen zwaarlijvig en ongezond.

DIEPVRIESVOER

Diepvriesproducten zijn erg handig in het gebruik. Vaak worden ze in blokvorm in een doordrukstrip geleverd; zo kunt u gemakkelijk een portie ontdooien. Er is ruime keus, uit rode, witte en zwarte muggenlarven, watervlooien, mysisgarnaaltjes, gemalen kokkels en mosselen, zandspiering en plankton (voor mariene vissen en ongewervelden); voorts specialistenvoer zoals spinazie (voor herbivoren) en compleet discusvoer. Zulke producten zijn bruikbaar als opfokvoer of om er dieren mee in kweekconditie te brengen. Gebruik ze naast droogvoerproducten; op die manier voegt u waardevolle vezelstoffen aan het dieet toe.

Verse groenten, vis en vlees

Diverse producten uit onze eigen keuken zijn ook bruikbaar voor het aquarium. Erwten, sla, komkommer, courgettes en aardappels zijn prima voer voor herbivoren. Sla kunt u in het substraat 'planten'; ontdooide diepvrieserwtjes moeten even worden geplet om de taaie zaadrok te verwijderen. Van komkommers, courgettes en aardappelen snijdt u plakjes die in de bak gelegd worden; u kunt ze het beste even voorkoken (maar niet gaarkoken). Ook verse vis of schelpdiervlees kan in kleine porties gegeven worden; haal wel onopgegeten restjes weg, zodat de bak niet vervuild raakt. Sommige aquariumhouders geven ook lever en runderhart, maar wees daar spaarzaam mee; het is erg vet- en eiwitrijk en vissen kunnen er te dik van worden. Dergelijke verse producten moet u altijd fijnsnijden voor u ze aan de vissen aanbiedt.

Levend voer

Een blik in een beekje, plas of vijver leert u dat daarin talrijke kleine waterdiertjes leven; en die vormen een uitstekend, vezelrijk voer voor uw vissen. Ze bevatten ook veel voedingsstoffen waarmee u vissen in kweekconditie kunt brengen. In de handel worden vooral watervlooien en cyclopskreeftjes, rode, witte en soms zwarte muggenlarven, pekelkreeftjes alsook tubifex aangeboden. Pekelkreeftjes kunt u ook zelf kweken. Tubifex kunt u beter als diepvriesproduct kopen, of zelfs gevriesdroogd, want de levende wormpjes kunnen ziekten overbrengen.

U kunt ook zelf levend voer vangen, met een fijnmazig net; breng dan geen roofinsecten in uw bak, zoals libellenlarven, die vissen kunnen doden of verwonden. In uw tuin kunt u regenwormen en bladluizen verzamelen; er mag dan niet met gif gespoten zijn. Grote vissen zijn dol op regenwormen; voor kleinere vissen kunt u ze fijnhakken. Ook pissebedden zijn een goed voedsel voor grote vissen. Als u 's zomers een emmer water in de tuin zet, vindt u daar weldra muggenlarven in. Hebt u een regenton, dan kunt u daar watervlooien in uitzetten, zodat u het hele jaar door verse voorraad hebt.

RODE MUGGENLARVEN

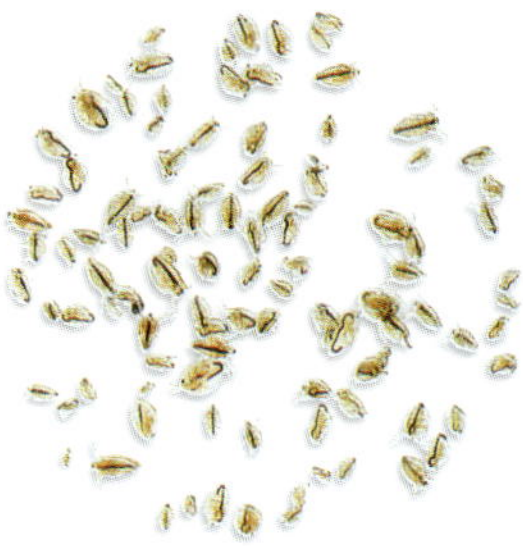

WATERVLOOIEN

PEKELKREEFTJES

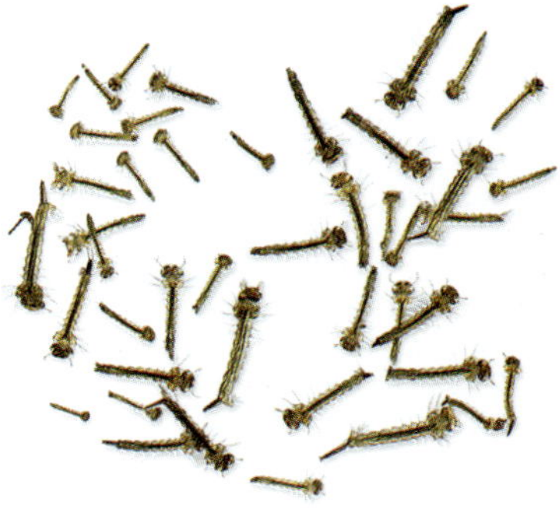

ZWARTE MUGGENLARVEN

VOEDERDIEREN KWEKEN

Er zijn allerlei diertjes die u als voedsel voor uw vissen kunt kweken. Het bekendst zijn pekelkreeftjes en enchytreeën, maar het kan ook met grindalwormpjes, aaltjes, raderdiertjes en infusoriën. Voor herbivoren (en omnivoren) kunt u algen kweken, en dat zal vaak nuttig zijn als u weinig algen in uw bak hebt. Leg dan platte stenen buiten, in een ondiepe bak met water; zijn ze goed begroeid geraakt, dan kunt u ze in het aquarium zetten, zodat de vis er op kan grazen, en daarna brengt u ze weer naar de buitenbak om aan te groeien.

ARTEMIA-NAUPLIËN KWEKEN

De pas uitgekomen larven (naupliën) van *Artemia*-soorten (pekelkreeftjes) zijn ideaal als basisvoer voor jonge visjes. U kunt ze zelf kweken; de eitjes zijn in de winkel te koop, en verder hebt u een fles van kleurloos glas of plastic nodig, met een plastic schroefdop ook (geen metaal!). Vul de fles voor driekwart met een zeezoutoplossing (25 gram per liter water). Doe een mespuntje eieren in de fles en zet die op een niet te koude plaats (minstens 18 °C). De eitjes moeten in beweging blijven, dus breng een luchtsteentje in de fles en laat het water flink bruisen. Maak daartoe een gat in de dop en laat de slang zover zakken dat het luchtsteentje nog een beetje boven de bodem hangt.

De eitjes zullen na 12-72 uur uitkomen, afhankelijk van de soort en de temperatuur. Om de larven te oogsten haalt u het luchtsteentje weg, waarna de larven naar de bodem zinken; het water krijgt er ter plaatse een roze kleur van. Met een eind luchtslang hevelt u ze dan uit, over een zeer fijn zeefje of doekje, zodat er geen zout water in de opfokbak komt; spoel de naupliën nog even na in zoet water, voor u ze in de bak doet. Breng ook het luchtsteentje weer in de kweekfles en ga door met beluchten; u kunt zo'n kweekje wel 2-3 dagen gebruiken. Als u telkens na 1 of 2 dagen nieuwe kweekjes opzet, tot vier in totaal, kunt u er om de beurt larven uit oogsten, net zo lang als u daar behoefte aan hebt.

ARTEMIA-KWEEKJE

ENCHYTREEËN KWEKEN

Een startcultuur van enchytreeën kunt u per postorder bestellen. Voor de kweek gebruikt u een flinke plastic doos met deksel. Vul de doos voor de helft met compost, goed vlakgestreken, en breng daar de startcultuur op aan. Leg er dan een vochtige snee brood op en dek de compost grotendeels af met een plaatje glas. De kweek moet donker staan, dus doe het deksel op de doos, maar maak er wel gaatjes in die goede ventilatie toestaan.

Na enkele dagen verschijnen kleine wormpjes op de glasplaat. Gaat het brood schimmelen, vervang het dan door een nieuwe plak. Grote stukken brood gaan vaak al schimmelen voor de wormpjes er van gegeten hebben; gebruik liever kleine porties. Is de kweek goed op gang, dan kunt u de schone wormpjes zo van het glasplaatje oogsten.

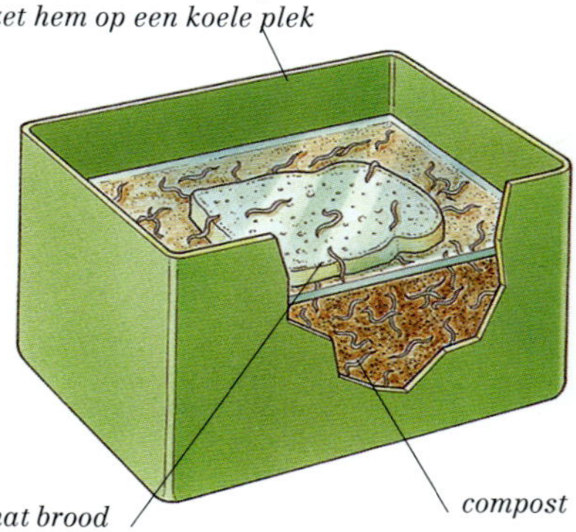

ENCHYTREEËNKWEEKJE

VOER AANBIEDEN

Vissen voeren is een leuk verzetje, en u hebt op zo'n moment ook een goede gelegenheid de gezondheidstoestand van uw vissen te beoordelen. Hoe vaak en hoe veel u moet voeren hangt af van het aantal vissen in de bak, hun grootte en hun diëetgewoonten. Probeer de optimale tijd voor de voedering van uw vissen te vinden. Zorg dat elke soort voldoende krijgt, en van het juiste voer; ook eventueel aanwezige jonge visjes. Maar geef altijd bescheiden porties. Rottende voedselresten of grote hoeveelheden uitwerpselen van vissen kunnen het filter overbelasten, wat rampzalige gevolgen kan hebben.

HOE MOET IK VOEREN?

In een normaal gezelschapsaquarium is 1-2 maal voeren per dag voldoende. Let wel op of alle dieren hun deel krijgen. Vlokvoer dat op het water drijft zal dadelijk gegeten worden door oppervlaktevissen, even later ook door vissen uit de middelste waterlagen als het voer doorweekt is en omlaagzakt. Voor bodembewoners kan aldus te weinig overblijven, zodat ze honger lijden. Voeg speciaal voor hen snelzinkend voer toe (een of twee voedertabletten); ook erwten zijn voor bodemvissen een goede aanvulling op het menu.

Herbivoren grazen haast onafgebroken op algen en bladeren. Op die manier houden ze de algengroei mooi onder bedwang, maar ze kunnen zo ook de beplanting verwoesten. Dat voorkomt u door een slablad in het zand te 'planten' of met een steentje op de bodem te verankeren. Daarmee zijn de vissen uit de onderste en middelste waterlagen gelijkelijk bediend: de laatste komen wel een stukje omlaag, en bodemmeervallen grazen langs het blad omhoog.

OVER- EN ONDERVOEDING

Vissen die gretig op het voer afstormen raken gemakkelijk overvoerd. Geef daar niet aan toe, want de dieren worden er zwaarlijvig van, leven minder lang en worden soms onvruchtbaar. In het aquarium krijgen ze toch al weinig lichaamsbeweging. In de natuur moeten ze hard werken voor hun voedsel; vaak krijgen ze maar enkele keren per week iets te eten. Jongbroed moet wel elke dag voer krijgen; maar ook weer niet te veel, anders ontstaan groeistoornissen.

Ondervoeding kan ook een probleem zijn, vooral bij jonge vissen. Verkeerd voer is de belangrijkste doodsoorzaak bij jonge visjes. Om een nest groot te brengen moet u voldoende voorraad van het juiste (fijne) voer hebben. Ondervoed jongbroed groeit op tot kommervormen, vaak met misvormingen. Geeft u jonge visjes geen uitgebalanceerd voer, dan krijgt u nooit goede volwassen dieren.

LASTIGE ETERS

Soms eten vissen niet, als het voer ze niet bevalt of niet de goede grootte heeft. Is het te grof, dan zullen uw vissen verhongeren, ook al staan ze er midden in. De bekgrootte zegt lang niet alles: planktoneters hebben wel een grote bek maar verlangen toch grote hoeveelheden heel fijn voer dat ze uit het water kunnen zeven. Omgekeerd zijn er roofvissen die op grote prooien loeren, die ze in een keer verzwelgen; maar achter kleine visjes gaan ze niet aan. Ga goed na welke eisen uw vissen stellen en koop geen dieren die u in het aquarium niet kunt geven wat ze nodig hebben. Zo heeft een piscivore vis beslist levende visjes nodig. Denk maar niet dat u ze eraan kunt wennen dood voer te eten; dat weigeren ze vaak categorisch. Sommige herbivoren zijn ook nukkig; geef ze genoeg zelf gekweekte algen, dat is een aantrekkelijk, natuurlijk voedsel.

VISSEN GEZOND HOUDEN

Als vissen het verkeerde voer krijgen of in slechte omstandigheden moeten leven, worden ze ziek – net als mensen. In een overbevolkte bak zullen ze zuurstofgebrek krijgen. Door overmatig voeren en te weinig zwemruimte worden ze zwaarlijving en gaan ze vaak vroegtijdig dood. Gezondheidsproblemen ontstaan ook door slecht onderhoud of een slechte plaatsing van het aquarium, bijvoorbeeld in een rokerige keuken waar schadelijke stoffen uit de lucht in het water neerslaan, of een smalle gang waar veel gelopen wordt en de vissen zich constant bedreigd voelen. Wilt u de dieren gezond houden, geef ze dan een leefomgeving waar ze hun natuurlijke gedrag zo goed mogelijk kunnen ontplooien. Zo kunt u blijven genieten van een bak met kerngezonde vissen.

◁ GEZONDE ZWAARDDRAGERS VERTONEN SCHITTERENDE KLEUREN EN EEN GAAF VINNENSTELSEL

Primaire gezondheidszorg

Observeer regelmatig uw vissen en onderhoud de bak nauwgezet, dan hebt u al het belangrijkste gedaan om uw dieren gezond te houden. Ziekten kondigen zich niet altijd duidelijk aan, maar als u goed op het gedrag van uw vissen let, zult u tijdig de subtiele veranderingen opmerken die aan ziekte voorafgaan. Negeer ook kleine afwijkingen niet; abnormaal gedrag zoals verlies van eetlust, knijpen met de vinnen of schuren langs stenen is vaak het eerste symptoom van een milieuprobleem of een ziekte die op uitbreken staat. Houd een bak klaar om zieke vissen te isoleren en te behandelen; door snel optreden kunt u een ernstige crisis voorkomen.

Let ook altijd goed op de omstandigheden in de bak. Het kleine, gesloten oecosysteem van een aquarium raakt snel uit zijn evenwicht, door chemische processen of overmatige bacteriegroei. Richt de bak goed in en onderhoud hem zorgvuldig. Voorkomen is altijd beter dan genezen.

Waken tegen ziekte

Slechte waterkwaliteit en drukke medebewoners zijn zaken waar Kegelvlekbarbelen niet tegen kunnen.

Zorgvuldige observatie is van groot belang als u de vissen gezond wilt houden. Als beginner zult u vooral moeten afgaan op boekenwijsheid en adviezen van meer ervaren liefhebbers, maar weldra ontwikkelt u zelf een zintuig voor zulke zaken. Het is nuttig een logboek bij te houden, waarin u aantekening houdt van de waterkwaliteit en het gedrag van de vissen; zo komt u afwijkingen op het spoor die de gezondheid van de dieren bedreigen. Maak een goed onderhoudsplan en houd u daar aan; zo kunt u vaak optredende problemen verlichten en merkt u sneller op dat vissen zich vreemd gedragen of planten gaan kwijnen. Moet u vaker dan normaal water verversen, dan zijn delen van de apparatuur blijkbaar aan vervanging toe.

Als vissen met de gezondheid sukkelen is dat meestal de schuld van het baasje: een keer vergeten water te verversen, een incompatibele vis in de bak gezet, te veel voer gegeven, enzovoorts. Zulke verzorgingsfouten veroorzaken stress voor de vissen, die daardoor vatbaar voor ziekte worden. Ziektekiemen liggen altijd op de loer, ook in een schijnbaar gezond aquarium, en zullen aanvallen als de vis verzwakt is. Witte stip kan door nieuwe vissen in de bak gebracht worden, maar wordt ook vaak opgelopen en verergerd door stress.

ZIEKTEN BEHANDELEN

In een aquarium dat in de regel gezond is, zijn ziekten vaak eenvoudig te genezen. Grijp niet in paniek naar het eerste de beste geneesmiddel; stel eerst de oorzaak vast en pas dan de juiste behandeling toe.

Volg bij medicijnen nauwgezet de gebruiksaanwijzing van de fabrikant. Een kuur werkt niet op slag; er kunnen dagen of weken mee gemoeid zijn. Als een kuurbehandeling na 24 uur niet schijnt te werken moet u toch ermee doorgaan en niet naar andere middelen grijpen – twee medicijnen door elkaar kunnen een dodelijke cocktail voor uw vissen vormen. Vergeet ook niet dat veel ziekteverwekkers alleen kunnen worden gedood in het vrijzwemmende stadium van hun levenscyclus; dan moet de hele cyclus dus zijn doorlopen voor de behandeling effect sorteert.

Sommige vissen zijn overgevoelig voor bepaalde medicijnen. Zo zijn koperhoudende preparaten voor bepaalde soorten erg giftig. Lees goed de bijsluiter om te zien of dat ook voor uw vissen geldt. Ook kunnen medicijnen schadelijk zijn voor de planten, of voor de nuttige filterbacteriën. In dat geval kunt u de zieke vis beter in een quarantainebak behandelen. Dat is ook verstandig als de vis voor behandeling regelmatig moet worden uitgevangen – bijvoorbeeld om het medicijn direct op open wonden aan te brengen. Bij ziekteverwekkers met een vrijzwemmend stadium moet de vis wel in het normale aquarium worden behandeld; als u de levenscyclus van zulke organismen niet verbreekt, blijven ze in de bak aanwezig en kunnen ze opnieuw een gastheer infecteren. Haal tijdens de behandeling de filterkool uit het filter, anders wordt het medicijn dadelijk weggevangen.

Zelfs in een gezond aquarium drijft wel eens een lijkje rond. Is ouderdom gewoon de doodsoorzaak, dan is dat geen reden voor bezorgdheid.

Soms zult u zieke of gewonde vissen moeten afmaken, hoe naar dat ook is. De zachtzinnigste methode is het doorsnijden van het ruggemerg achter de kop, met een vlijmscherp mes. Krijgt u dat zelf niet netjes voor elkaar, vraag dan de dierenarts of iemand anders dat voor u te doen.

EEN ZIEKENBOEG INRICHTEN

Zorg dat u altijd een reservebakje klaar hebt staan om als hospitaal te dienen. U kunt daar eventueel tijdelijk een ongebruikt quarantaine- of kweekbakje voor gebruiken, maar voor noodsituaties moet u eigenlijk altijd een leeg aquarium beschikbaar hebben. In het normale aquarium zou altijd ergens een sponsfiltertje moeten meedraaien dat met al zijn nuttige bacteriën naar de ziekenboeg kan worden overgebracht; vul het hospitaalbakje ook met water uit het gewone aquarium. De bodem laat u gewoon kaal, of u brengt een dun laagje grind in. Een plant in een pot en een stuk kienhout geven de zieke vis een veiliger gevoel; breng het dier ook voorzichtig naar de ziekenboeg over. Zet de hospitaalbak op een rustige plaats en verduister hem zo nodig, zodat de vis minder bang is.

Richt de hospitaalbak eenvoudig in, voor de hygiëne; maak wel een paar schuilplaatsen.

EHBO-TROMMEL

Zorg dat u medicijnen bij de hand hebt, maar houd het simpel. Met een middel tegen witte stip, een bacteriedodend preparaat en een fungicide kunt u de meeste problemen aan. Medicijnen zijn beperkt houdbaar, ook als dat op de verpakking niet is aangegeven. Noteer de datum van aankoop op het flesje of pakje en vervang de medicijnen na een jaar, ook al hebt u ze nooit gebruikt. Koop ook reserveonderdelen voor filters en luchtpompen, waar het leven van uw vissen van afhankelijk is.

VAAK VOORKOMENDE ZIEKTEN

De meeste ziekten vinden hun oorzaak in het milieu, en ziekteverwekkers steken vaak pas de kop op als vissen verzwakt raken door stress of slecht water. Een juiste diagnose van de oorzaken is de eerste stap op weg naar genezing. Veel ziekten zijn goed te behandelen, maar gooi niet in paniek met medicijnen, want dat kan dodelijk zijn. Raadpleeg bij twijfel een ervaren aquariumhouder. Corrigeer ook de leefomstandigheden in de bak, anders komt de ziekte terug.

ANKERWORMEN (*LERNAEA*)

Symptomen: vis zwemt ongericht, schuurt zich aan stenen, hout of substraat; kleine wormachtige parasieten zichtbaar op lichaam, en groenwitte draadjes lijken van ontstoken huid te hangen.
Oorzaken: volwassen parasiet *Lernaea*, die zijn ankervormige kop in de vis boort; vooral vijvervissen worden aangetast.
Behandeling: vang de vis en trek met een pincet voorzichtig de worm uit, zonder de kop te laten afbreken. Behandel de wond met een antisepticum. Bij zware aantasting: dien metriponaat toe (0,25-0,40 mg per liter water).

CONSTIPATIE

Symptomen: onregelmatige en onvoldoende darmwerking; blijft behandeling uit, dan raakt de vis ernstig verzwakt. Aangetaste vissen eten niet, produceren weinig of geen uitwerpselen, gaan op de bodem liggen en krijgen vaak een opgezwollen buik. In het laatste geval is verwarring met schubbenruigte denkbaar.
Oorzaken: verkeerd of bedorven voer, soms overmatig voeren.
Behandeling: los 1 theelepel magnesiumsulfaat per 10 liter aquariumwater op. Ook als de vis herstelt moet het dieet worden verbeterd.

SCHUBBENRUIGTE

Symptomen: gezwollen buik; vaak afstaande schubben. Er zijn veel ziekten waarbij de buik abnormaal opzwelt; zonder sectie is diagnose vaak lastig. Bij acute vormen zwelt de buik snel op; er zijn ook chronische vormen die zich geleidelijk ontwikkelen. Bij cichliden komt een bijzondere vorm voor (Malawi-waterzucht).
Oorzaken: orgaanschade of milieufactoren: te veel zouten (NaCl, nitraten) of bacteriën in het water; of ongeschikt voer.
Behandeling: geen. Soms helpt verbetering van het dieet en de leefomstandigheden in de bak.

Vinrot

Symptomen: ontsteking (rood worden) van vinstralen of wegteren van vinmembranen of (bij meervallen) baarddraden. Vissen met lange sluiervinnen zijn het vatbaarst.
Oorzaken: bacteriële infectie, uitgelokt door slechte waterkwaliteit; ook vinbijten, ruwe behandeling in vangnet en een slecht (vitamine-arm) dieet kunnen bijdragen.
Behandeling: verbeter de waterkwaliteit en corrigeer de leefomstandigheden. Vang de vis en behandel de aangetaste delen met myxazine of gentiaanblauw. Ga met ernstige gevallen naar de dierenarts.

Visluis (*Argulus*)

Symptomen: vis schuurt zich tegen stenen etc.; op de huid zitten kleine, plat schijfvormige, kleurloze parasieten.
Oorzaken: visluizen hechten zich met zuignapjes aan de vis, boren door de huid en zuigen bloed. Vrouwtjes verlaten de vis om eitjes te leggen; de larven zoeken een nieuwe gastheer.
Behandeling: vang de vis en trek de parasiet met een pincet uit; behandel de wond met een antisepticum. Ook de larven moeten gedood worden; bij ernstige aantasting (meestal alleen in vijvers) dient u metriponaat toe (0,25-0,40 mg per liter water)

Schimmelinfecties

Symptomen: witte, watachtige plukjes schimmeldraden, of een algemene, vies-uitziende huiduitslag. Alle lichaamsdelen waar de slijmhuid is beschadigd kunnen worden aangetast.
Oorzaken: secundaire infectie na verwonding of beschadiging door parasieten, of slechte waterkwaliteit; vaak volgend op witte stip.
Behandeling: de hele bak behandelen met een fungicide om de uitbraak tot stand te brengen. Neem de grondoorzaak van de infectie weg; let op de waterkwaliteit en ga na of de vissen elkaar bijten.

Kieuwwormen (*Dactylogyrus*)

Symptomen: moeizame of snelle ademhaling (kan ook op andere ziekten wijzen); bij ernstige aantasting vaak troebele ogen, verdiepte kleuren, ontstoken kieuwen en gebrekkige oriëntatie (omdat de hersenen te weinig zuurstof krijgen). De vis schuurt zich soms tegen voorwerpen.
Oorzaken: aantasting van kieuwmembranen door kleine, wormachtige parasieten, nog net met het blote oog zichtbaar.
Behandeling: speciale preparaten zoals sterazine (aquariumhandel). *Dactylogyrus*-eitjes zijn erg resistent; vaak werkt de behandeling pas als de larven zijn uitgekomen.

Kopgatenziekte (*Hexamitiasis*)

Symptomen: zintuigporiën op de kop vallen open en vullen zich met pus; lange, draderige ontlasting. Vooral discusvissen zijn vatbaar. Bij zeevissen een vergelijkbaar ziektebeeld (kop-en-zijlijnerosie).
Oorzaken: *Hexamita*, algemene parasiet in de darm van jonge cichliden en goerami's; vaak onschadelijk tot de vis door stress, ouderdom of slecht milieu verzwakt raakt.
Behandeling: de hele bak behandelen met (di)metronidazol (dierenarts), dosis 10-12 mg per liter (vooraf oplossen); na 3 dagen herhalen. Het middel kan ook in het voer worden gemengd. Toevoeging van vitamine A, C en E aan het voer kan ook helpen.

Darmparasieten

Symptomen: vis eet goed maar vermagert toch; bij ernstige aantasting hangen vaak parasieten uit de aarsopening. Vooral bij pas geïmporteerde wildvangdieren, maar de parasiet wordt soms pas na maanden manifest; dat verschilt per soort.
Oorzaken: diverse parasitaire wormen die het darmweefsel doorboren en lichaamssappen opzuigen.
Behandeling: consulteer een dierenarts. Vraag een wormdrijvend middel dat door het voer kan worden gemengd, maar ook een middel om de parasieten in de bak te doden.

Visbloedzuigers

Symptomen: vis schuurt zich tegen stenen etc.; op de huid zijn wormachtige parasieten zichtbaar, die zich bij aanraking samentrekken.
Oorzaken: visbloedzuigers; met zuignappen aan kop en staart aan de vis gehecht. Volwassen parasiet laten los en leggen eitjes op stenen en planten; de larven zoeken een nieuwe gastheer.
Behandeling: vang de vis en trek de bloedzuiger voorzichtig met een pincet los; ontsmet de plek met een antisepticum. Bij zware aantasting: behandel de bak of vijver met metriponaat (25-40 mg per liter) en vervang het substraat.

Uitpuilend oog (*Exophthalmia*)

Symptomen: oog puilt uit de kas en ziet er soms ontstoken uit; vis vermagert vaak.
Oorzaken: meestal slechte waterkwaliteit; de vatbaarheid neemt toe na beschadiging (ruw uitvangen, vechtwonden). Meestal is sprake van bloedvergiftiging (septicaemie) door bacteriën, of van vistuberculose; soms spelen parasieten een rol.
Behandeling: corrigeer de omstandigheden in de bak. Genezing verloopt traag. Behandel septicaemie met een antibioticum. Tuberculose en parasitaire oorzaken zijn onbehandelbaar; dan is euthanasie aangewezen.

Huidslijmcatarrh

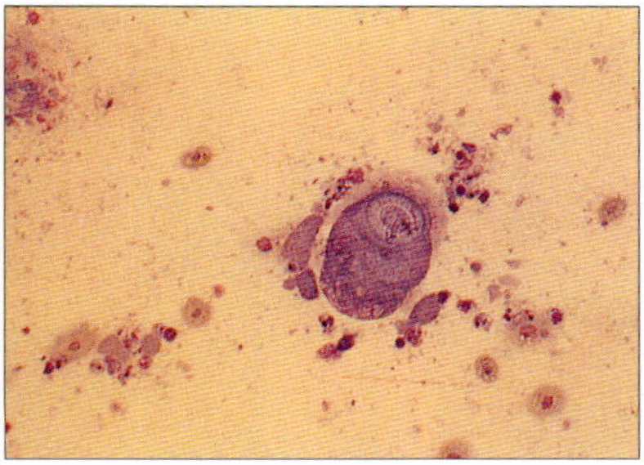

Symptomen: doffe kleuren; zeer fijne, grijswitte, slijmige aanslag op romp; soms duidelijke kieuwbeschadiging en algehele verzwakking. De vis zwemt vaak schommelend en schuurt zich tegen voorwerpen.
Oorzaken: slechte waterkwaliteit, waardoor de slijmhuid wordt aangetast en parasieten een kans krijgen (m.n. *Chilodonella*, *Ichthyobodo* en *Cyclochaeta*).
Behandeling: lastig, want deze parasieten zijn erg resistent. Heeft de aantasting de kieuwen nog niet bereikt, behandel dan de hele bak met een speciaal medicijn. Bij gevorderde stadia helpt alleen een formalinebad; haal daar wel een expert bij.

Zwemblaasproblemen

Symptomen: vis kan het evenwicht niet bewaren, zwemt op de rug of op de zij.
Oorzaken: zwemblaasbeschadiging door ruw uitvangen of vechtwonden; secundaire bacteriële infecties; slechte waterkwaliteit; soms aangeboren afwijkingen.
Behandeling: de diagnose is vaak moeilijk te stellen; bij bacteriële infecties moet u de waterkwaliteit verbeteren en een antibioticum toedienen. Vermoed u uitwendige oorzaken, zet dan de vis apart in een hospitaalbakje met lage waterstand. Is na een week geen verbetering te zien, overweeg dan euthanasie.

Zand- of peperstip

Symptomen: gelige, fluwelige aanslag op romp en vinnen (bij zeevissen ook kieuwen), als stofgoud; snelle ademhaling; de vis schuurt zich vaak tegen voorwerpen.
Oorzaken: *Piscinoodinium* (in zoet water) en *Amyloodinium* (bij zeevissen); deze parasieten boren huidcellen aan met 'worteltjes' waarmee ze voedsel opnemen.
Behandeling: speciale medicijnen, die echter giftig zijn voor ongewervelden; haal die dus weg. Haal ook de filterkool uit het filter, anders wordt het medicijn weggevangen. Verduister de bak en beroof de parasiet zo van lichtenergie, waarvan hij ook kan leven.

Witte stip (*Ichthyophthirius*)

Symptomen: witte stipjes op lichaam en vinnen, binnen 3-4 dagen snel uitbreidend; zwaar aangetaste vissen ademen snel.
Oorzaken: *Ichthyophthirius* (bij zeevissen *Cryptocaryon*), een algemene parasiet die onder de huid leeft. Om zich voort te planten boort hij een gang naar buiten en vormt hij een cyste. Als die later openbarst komen talrijke jonge parasieten vrij. Bij het gat treden vaak secundaire infecties op.
Behandeling: speciale medicijnen, toe te dienen voor de cysten gevormd worden of nadat ze zijn gebarsten; in andere stadia is de parasiet niet te bestrijden. Haal ongewervelden uit de bak en verwijder de kool uit het filter.

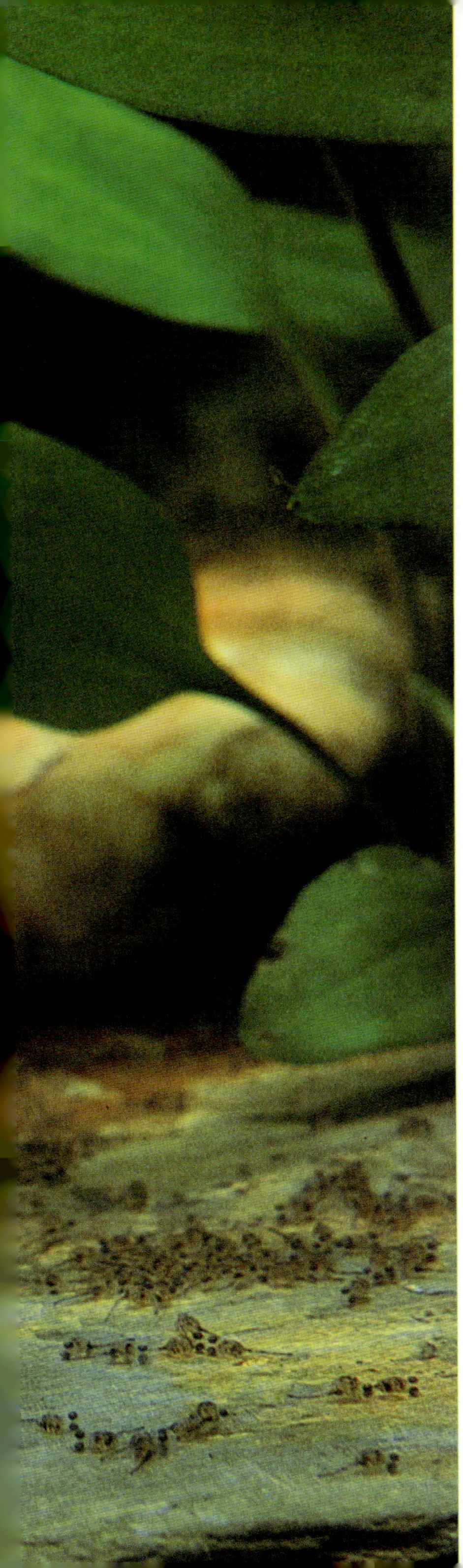

AQUARIUM-VISSEN KWEKEN

U kunt al uw vissen in de winkel kopen, maar het is ook erg leuk ze zelf te kweken. Om vissen tot voortplanting aan te zetten, moet u ze een goede leefomgeving bieden en hoogwaardig voer geven. En om te beginnen hebt u natuurlijk een mannetje en een vrouwtje nodig! Als de vissen het in de bak naar hun zin hebben, zullen ze zich vaak spontaan voortplanten. Zien uw vissen er gezond en fit uit, maar blijft ei-afzetting toch achterwege, dan hebt u vast een paar kritische factoren over het hoofd gezien. Misschien zijn de waterwaarden onjuist, of geeft u het verkeerde voer. Misschien wordt de balts verstoord, kunnen de vissen geen geschikt territorium vormen of een broedplaats aanleggen. Misschien willen ze alleen in een schooltje afzetten en hebt u te weinig dieren. Veel zoetwatervissen zijn eenvoudig te kweken als u de bak zo inricht als we op de volgende bladzijden beschrijven. Zeevissen kunt u echter niet dwingen!

◁ RAMIREZI-VROUWTJE MET EEN NEST TWEE DAGEN OUDE JONGEN

Een kweek opzetten

De beginner maakt vaak voor het eerst kennis met het kweken van vissen als een vrouwtjesgup of -platy pardoes een paar jongen in de gezelschapsbak werpt. Voor veel bewoners van het aquarium opent dat dan uitzichten op een lekker hapje, en de meeste jongen gaan dan ook spoedig verloren. Misschien had er nog een bakje kunnen worden ingericht om het visbroed in groot te brengen, maar dat was toevallig bezet door een zieke vis, of er was even niet genoeg reserveapparatuur in huis. Bij soorten die verdergaande broedzorg kennen had mogelijk een groter deel van de jongen overleefd; maar dat had dan wellicht weer een overbevolkingsprobleem geschapen.

Zulke moeilijkheden kunt u voorkomen door vooraf een solide kweekprogramma te maken. Overweeg goed met welke vissen u wilt kweken, waar u kweekstel en broed in gaat huisvesten en of u de jongen voldoende van het juiste voer kunt aanbieden. Kweken met vissen is een heel aardige uitdaging, maar het vergt wel tijd en toewijding.

Een kweekstel selecteren

Als u niet weet of een soort in een groep afzet dan wel paarsgewijs (zoals deze Pristella's), koop dan uit voorzorg een groepje van 5-6 dieren.

Voordat u besluit met een bepaalde soort te gaan kweken moet u nagaan hoeveel jongen u kunt herbergen – sommige vissen produceren honderden eieren. U kunt beter 30 gezonde jongen grootbrengen dan 100 kwakkelende exemplaren.

Selecteer voor de kweek een paar jonge volwassen dieren met mooie kleuren en zonder misvormingen aan lijf en vinnen. Sommige liefhebbers kopen hun kweekstellen heel jong, om ze onder optimale omstandigheden en met perfect voer tot volle wasdom te kunnen brengen.

Zijn vissen al in de bak van de handelaar een paarbinding aangegaan, dan is het verstandig beide partners te kopen. Maar men kan even goed een groep jonge dieren kopen en ze uit eigen beweging paren laten vormen.

De kweekconditie

Als u een paartje, trio of groepje vissen voor de kweek hebt geselecteerd moet u ze navolgens in kweekconditie brengen. Het is vaak het beste om mannetjes en vrouwtjes in deze fase te scheiden. Geef alle dieren rijkelijk voer, zodat er veel eieren en sperma worden aangelegd. Sommige soorten vragen bijzonder voer zoals zwarte muggenlarven, die rijk zijn aan aminozuren die het vrouwtje nodig heeft voor de eiproductie. Ook de waterkwaliteit is van belang; in slecht water komen vissen vaak niet tot voortplanting.

Maak een speciaal afzetbakje in gereedheid, waar de eieren zich in kunnen ontwikkelen en kunnen uitkomen. Hierin kunt u ook de ouders in kweekconditie brengen, mits u de bak erg goed schoonhoudt; legsels worden gauw aangetast door bacteriën en schimmels. Het is vaak beter de kweekstellen in een andere bak op de afzetting voor te bereiden.

Ritueel en rivaliteit

Bij soorten die baltsrituelen en rivaliserende mannetjes kennen zijn de mannetjes meestal opvallender gekleurd dan de vrouwtjes. In de voortplantingstijd verdiepen die kleuren zich nog, als de mannetjes kibbelen over een territorium en pronkend met hun (vaak vergrote) vinnen een vrouwtje naar hun uitgekozen plekje pogen te lokken.

Bij andere vormen van baltsgedrag neemt het mannetje onduidelijke, zwoele houdingen aan, of geeft hij het vrouwtje duwtjes in de buik, of stimuleert hij haar met borstels die op zijn wangen groeien.

Het schoonmaken van de afzetplaats (een blad, platte steen, aquariumruit of desnoods een filterslang) is bij veel soorten een vast onderdeel van het voortplantingsgedrag. Later worden het legsel en de jongen op die plek vaak fel verdedigd.

Rivaliteit is wat anders dan naakte agressie. De zwakkere vis blijft vaak ongedeerd maar moet worden weggehaald als de aanvallen serieus worden

Broedzorg

Wilt u met territoriumvormers kweken, laat dan het vrouwtje (bij trio's: de vrouwtjes) tevoren aan de kweekbak wennen en zet het mannetje er pas later bij. Brengt u – andersom – vrouwtjes in een gevestigd territorium van een mannetje, dan loopt het meestal slecht af. Let in de paaitijd goed op uw vissen; in zijn vurige stemming kan het mannetje de partner genadeloos achtervolgen en na de ei-afzetting zelfs doden. Haal al te agressieve mannetjes weer weg en probeer het na een paar dagen nog eens, of geef het vrouwtje bossen Javamos of synthetisch afzetmateriaal om in weg te vluchten.

Vissen die in schoolverband paaien kunt wel als groep in de kweekbak zetten. De ei-afzetting volgt dan meestal na 1 of 2 dagen; duurt het langer, breng dan de temperatuur omhoog of juist omlaag (ga na wat bij de betrokken soort stimulerend werkt). Faalt ook dat, dan zijn de dieren blijkbaar nog niet in kweekconditie. Veel *Apistogramma*-soorten paaien alleen als kleinere vissen in de bak rondzwemmen en door hun onbekommerde gedrag tonen dat er geen roofvissen in de buurt zijn.

Deze Ramirezi's hebben juist eieren afgezet; als deze later zijn uitgekomen, leiden ze de zwerm jongen overal in het aquarium rond.

Afzetting stimuleren

- Verhoog (of, bij sommige soorten: verlaag) de temperatuur een paar graadjes. Imiteer bij een afkoeling een regenbui, door een flinke waterverversing met koel water.
- Stel de kweekbak zo op dat de zon er 's ochtends direct in schijnt; veel vissen worden daardoor tot afzetting gestimuleerd.
- Vissen die lastig te kweken zijn, of waarvan u de voortplantingsgewoonten niet kent, kunt u soms stimuleren door eerst een stel gemakkelijk te kweken vrijleggers (tetra's, danio's) te laten afzetten; de daarbij in het water afgegeven hormonen werken vaak stimulerend op andere vissen

Na de ei-afzetting

Na de ei-afzetting zijn de vissen altijd uitgeput; ze moeten dan in een rustige omgeving met veel hoogwaardig voer weer op krachten komen. Wilt u het genoegen hebben uw vissen in hun natuurlijke gedrag te observeren, laat de ouders dan hun jongen zelf grootbrengen. Vaak echter eten onervaren kweekstellen hun eigen kroost op; gebeurt dat een tweede keer of vaker, haal dan de ouders toch maar weg en breng het legsel apart groot.

Vissen zonder broedzorg eten vaak hun eieren en jongen op. Soms wordt het legsel nog wel verzorgd, maar worden de jongen aan hun lot overgelaten; dan moet u de ouders weghalen als de eieren uitkomen. Bij schuimnestbouwende goerami's moet u het mannetje bij het nest laten, dat hij als een leeuw bewaakt en repareert tot de jongen uitzwemmen; maar vang het vrouwtje na de ei-afzetting uit, anders wordt het door de man in zijn beschermingsdrift vreselijk toegetakeld. Bij *Ancistrus*-soorten kunt u beide ouders in de bak laten, mits daarin voldoende schuilplaatsen voor het vrouwtje zijn; intussen bewaakt het mannetje dan het legsel en de jongen. Soms moeten beide ouders bij hun kroost gelaten worden, zoals bij discusvissen, waarvan de jongen leven van het huidslijm van hun ouders.

Muilbroeders kunt u gewoon hun gang laten gaan, al zetten veel liefhebbers de broedende ouder in een aparte bak als de jongen op het punt staan uit te zwemmen, zodat ze niet door andere vissen worden opgegeten.

Vrouwtjes van levendbarenden kunt u vlak voor de geboorte van de jongen (voorzichtig!) in een (niet te klein!) kweekbakje zetten. Zijn de jongen geboren, dan kan het vrouwtje terug naar het normale aquarium.

Bij bodemleggende killivissen moet u de ouders na de ei-afzetting verwijderen en gescheiden huisvesten, want het vrouwtje doet er veel langer over om te herstellen dan het mannetje.

Jonge discusvisjes leven de eerste dagen van het huidslijm van hun ouders, die dus niet mogen worden weggehaald. Later nemen ze ook artemia-naupliën.

Veel cichliden bewaken hun legsel en verzorgen hun jongen tot die zichzelf kunnen redden; zo ook deze Ramirezi's, waarvan de jongen vier dagen geleden uit het ei zijn gekomen en nu als een wolk om de ouders heenzwermen.

LEGSELS AFZONDEREN

Wilt u zoveel mogelijk jongen grootbrengen, dan kunt u het beste de eieren naar een aparte bak overbrengen en daar laten uitkomen. Zijn de eieren aan planten of aan een afzetmop afgezet, breng ze dan compleet met het substraat over. Zijn ze aan een ruit gekleefd, snijd ze dan met een scheermesje los en vang ze op in een fijnmazig zeefje dat u eronder houdt. Hang het zeefje daarna in de kweekbak, in lichte stroming die u met een luchtgedreven sponsfiltertje kunt opwekken. Ook als het legsel op een blad of een steen vastzit moet er een lichte stroming overheen gaan die zuurstofrijk water aanvoert; in de natuur zorgen de ouders daar vaak voor, door met de borstvinnen te waaieren.

Maanvissen kunt u bij de jongen laten, die ze meestal trouw verzorgen; laat u het legsel toch elders uitkomen, verwijder dan alle beschimmelde en onbevruchte eieren.

Houd de kweekbak angstvallig schoon en controleer het legsel regelmatig. Verwijder onbevruchte eieren (die meestal troebel wit worden) en beschimmelde eieren (die er harig gaan uitzien), zodat de rest van het legsel niet wordt aangetast. Sommige liefhebbers voegen een schimmel- of bacteriedodend middel in een lage dosis toe, om infecties te voorkomen. U kunt ook waterpissebedden (*Asellus* spp.) in de kweekbak zetten; deze diertjes leven in beken en plasjes en voeden zich met micro-organismen en rottend plantenmateriaal. Eén of twee exemplaren in de kweekbak zijn voldoende; ze scharrelen over het legsel en eten alle slechte eieren op, maar laten de gezonde ongemoeid. Als de eieren beginnen uit te komen kunt u de waterpissebedden bij een volgend legsel zetten, of naar de beek of plas terugbrengen.

JONGBROED OPFOKKEN

Een flinke voorraad van het juiste voer is de sleutel tot succes bij de opfok van de jongen. Zeer klein visbroed moet u voeren met zelfgekweekte infusoriën (afgietseldiertjes) en wat later met pas uitgekomen artemia-naupliën. Grotere jongen eten vaak dadelijk gezeefde watervlooien en gewreven vlokvoer. Herbivoren hebben geregelde aanvoer van algen nodig, al kunt u het in noodgevallen ook met erwten, sla en spinazie proberen.

Jonge visjes moeten regelmatig voer krijgen – twee, drie of zelfs vier keer per dag. Voor u nieuw voer geeft moeten onopgegeten restjes worden weggeheveld, om bacteriegroei te voorkomen.

In uw enthousiasme over een gelukte kweek met heel veel jongen moet u niet vergeten dat ze weldra ook veel ruimte zullen vragen. Tijdens de groei moeten de jongen steeds naar een grotere bak verhuizen, of over meer kleine bakken worden verdeeld; anders gaan groeistoornissen optreden. Bij sommige carnivore soorten zijn de jongen kannibalistisch; zet ze dan in aparte bakjes of maak afscheidingen in het aquarium, om verliezen te voorkomen.

Ook in deze fase kan het belang van een perfecte hygiëne niet genoeg worden benadrukt. Een beetje extra zorg maakt vaak het hele verschil tussen een nest gezonde jongen of een paar verkommerde exemplaren.

Besteed veel aandacht aan de voeding van het jongbroed, anders groeit het niet goed op. Zorg dat u altijd voldoende voer in huis hebt, van het juiste type en formaat.

Kweekbak voor vrijleggers

De eieren van vrijleggers zijn al of niet klevend. Vissen met klevende eieren, zoals tetra's, behoeven een bos Javamos of andere fijnbladige planten (of synthetisch afzetmateriaal dat daar op lijkt) om er op af te zetten. Voor alle vrijleggers zijn planten trouwens nuttig, want het uitgeputte vrouwtje kan er naderhand een schuilplaats in vinden. Voor vrijleggers met niet-klevende eieren, zoals danio's, kunt u de bodem het beste bedekken met een laag knikkers; de eieren vallen daar dan tussen en worden niet door de ouders opgegeten. U kunt ook gaas spannen waar de eitjes veilig doorheen vallen. De grootte van de kweekbak en de watereigenschappen hangen uiteraard af van de soort waarmee u wilt kweken. Ook het aantal dieren varieert: soms is een enkel paartje voldoende, maar andere soorten paaien alleen in een groep van minstens 4 dieren. Na de ei-afzetting moeten de ouders worden verwijderd, om eiervraat tegen te gaan.

Kweekbak met substraat van knikkers

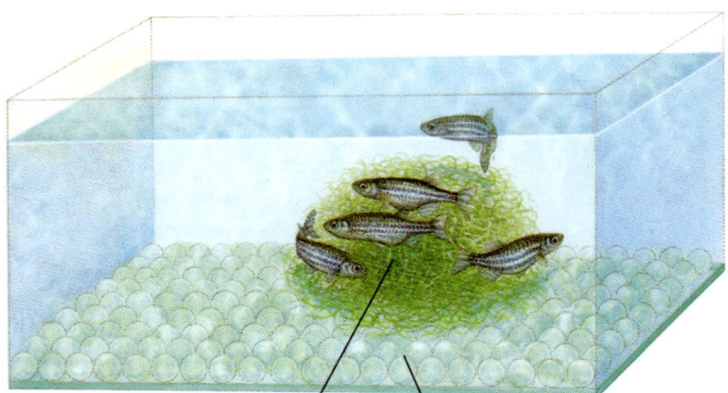

een paartje Zebrabarbeeltjes zal zich uit de school losmaken en de eieren over de planten of de knikkers uitstrooien

de eieren vallen onbereikbaar tussen de knikkers

Maak eerst alle materialen schoon. Bedek dan de bodem met een enkele laag knikkers (voorzichtig, zodat de ruit niet knapt). Vul de bak met water, installeer verwarming en een luchtgedreven sponsfiltertje. Voeg eventueel een bos Javamos toe. Zorg dat de temperatuur precies goed is voor u de kweekstellen inzet, en breng een dekruit aan. Is de afzetting voltooid, dan verwijdert u eerst de ouders en daarna ook de knikkers; zo is de bak beter schoon te houden terwijl u de eieren laat uitkomen en de jongen opfokt.

Kweekbak met gaas

Sherrybarbeeltjes kweekt u in een trio (2 vrouwtjes, 1 mannetje)

een schone bodem voorkomt aantasting van het legsel door bacteriën of schimmels

Maak de bak schoon en vul hem met water; installeer een verwarming. Maak het gaas stofvrij en hang het in de bak; zorg dat de ouders geen gaatjes vinden om eronder te komen. Zet het gaas met wasknijpers aan de bakrand vast, of buiten op de ruiten met tape. Controleer de temperatuur, zet de ouderdieren erin en breng een dekruit aan. Na de afzetting verwijdert u de ouders en het gaas. Installeer een luchtgedreven sponsfiltertje en houd de omstandigheden gelijk terwijl u de eieren laat uitkomen en de jongen opfokt.

KWEEKBAK VOOR SUBSTRAATLEGGERS

Substraatleggers zetten de eieren af op planten, op de bodem, op stenen of andere vlakke objecten, die voor de ei-afzetting op rituele wijze worden schoongepoetst. Javamos wordt vaak als afzetmateriaal gebruikt, maar bij soorten die dagen achtereen afzetten (zoals regenboog- en killivissen) is een afzetmop van kunstwol handiger: die kunt u geregeld uit de bak halen om het legsel af te zonderen, en door een nieuwe mop vervangen. Zet dus verscheidene afzetmoppen klaar. Als u niet eerder met de soort hebt gekweekt kunt u het beste lange en korte moppen maken; sommige soorten paaien het liefst bij het oppervlak, andere nabij de bodem. Cichliden zetten op een vlak object af: een steen, een plantenblad of het plafond van een hol. Bij substraatleggers moet u soms een of beide ouders verwijderen, soms ook geen van beide; probeer daarover gegevens te vinden in de vakliteratuur.

KWEEKBAK MET AFZETMOP

Maak de kweekbak schoon en vul hem met water; installeer een verwarming en een luchtgedreven sponsfiltertje. Breng twee afzetmoppen of twee bossen Javamos in de bak (of een van beide). Is de temperatuur correct, dan zet u de vissen in – een paartje of trio, wat voor de soort het beste is. Na de afzetting verwijdert u de ouders; laat de eieren uitkomen en breng de jongen op de juiste wijze groot.

EEN AFZETMOP MAKEN

Voor de kweek van vissen met kleverige eieren kunt u heel goed een afzetmop gebruiken, in plaats van fijnbladige planten. U kunt de mop laten drijven of op de bodem leggen; de eieren worden verspreid tussen de draden afgezet. Maak de mop van synthetische wol (van een lichte kleur die niet afgeeft in water), een stevig stuk karton en een kurk of schuimplastic (of een flinke kiezelsteen, als u wilt dat hij zinkt). Wind het garen om het karton, leg er aan de top een knoop in en trek de hele streng eraf; knip de draden tegenover de knoop door en bevestig het geknoopte eind aan de kurk of het schuimplastic (of de kiezelsteen).

KWEEKBAK MET STENEN EN EEN HOL

dichte beplanting bij de zijruit als vlucht- en rustplaats voor het vrouwtje

Javamos geeft extra dekking bij de ingang van het hol

Breng in een schone bak een laag fijn grind aan, en vul de bak met water. Installeer een verwarming en een luchtgedreven sponsfiltertje. Maak een dicht woud van planten als vluchtplaats voor het vrouwtje. Leg platte stenen in de bak, en een bloempotje als hol. Controleer de temperatuur en lees kweekverslagen voor u de vissen inzet (soms moet het vrouwtje een paar dagen eerder worden ingezet). Breng een dekruit aan. Na de afzetting verwijdert u een of beide ouders, of geen van beide (wat voor de soort van toepassing is).

KWEEKBAK VOOR BODEMLEGGERS

De voornaamste groep van bodemleggers zijn de eenjarige killivissen. Deze kleine, zeer kleurige vissen zijn niet zo eenvoudig te houden; ook de kweek is lastig en vereist een zorgvuldige voorbereiding. Het kweekstel moet met een rijk aanbod van levend voer in kweekconditie worden gebracht. Bij sommige soorten wordt het vrouwtje door de man in de bodem geduwd als ze afzet; een laag van 2,5 cm turf op de bodem van de bak is in dit geval voldoende. Bij andere soorten duiken beide ouders diep in het substraat om af te zetten; hier moet 5-20 cm turf voorhanden zijn, afhankelijk van de grootte van de vissen. Breng een bos planten of een afzetmop in de bak, als schuilplaats voor het vrouwtje, dat door de man fel wordt bejaagd en soms zelfs gedood. Houd de bak angstvallig schoon, want de turf met de eieren moet vaak maandenlang in een warme omgeving worden opgeslagen, en in die tijd kan gemakkelijk rotting ontstaan, bijvoorbeeld door voederresten.

KWEEKBAK VOOR BODEMLEGGERS

een klein bakje (25 x 20 x 20 cm) is ideaal voor killivisjes

door een kleine temperatuurverhoging kunt u de eiafzetting stimuleren

Breng in een schone bak een laag turf aan (zie kadertekst hieronder) en vul de bak met water. Installeer een verwarming; een filter is overbodig. Breng een afzetmop of een bos Javavaren in de bak, als schuilplaats voor het vrouwtje (of 2 vrouwtjes, als u met een trio kweekt). Zet dan de vissen in. Als ze in kweekconditie zijn, beginnen de paringen binnen weinige uren. Let op dat het overactieve mannetje een uitgeput vrouwtje niet aanvalt. Na de afzetting verwijdert u de vissen; voor het legsel volgt u de hieronder beschreven procedure.

DE OPSLAG VAN DE TURF MET EIEREN

Gebruik aquariumturf of hoogveenturf (veenmosturf) zonder additieven. Meestal wordt de turf gekookt, zodat hij niet opdrijft; dat stinkt, dus zet de ramen open en reserveer een pan speciaal voor dit doel. Laat de turf afkoelen en bedek er de bodem van een schoon aquarium mee, tot de voor uw soort vereiste dikte bereikt is.

Is de ei-afzetting voltooid, verwijder dan de vissen en laat het water uit de bak lopen. Doe de turf in een doek, laat de rest van het water weglopen en pers de turf zachtjes verder uit, tot hij kruimelig is en hier en daar kleine eitjes zichtbaar zijn. Doe de vochtige turf in een polyetheen zak, knoop die dicht en hang er een label aan met de naam van de vissoort en de datum waarop de afzettingen begonnen. Noteer deze gegevens ook in uw aquariumlogboek; hebt u dat nog niet, dan is dit een goed moment om ermee te beginnen. Bewaar de zak met turf op een warme, donkere plaats.

Hebben de eieren zich zover ontwikkeld dat ze op uitkomen staan, maak dan een klein, schoon bakje klaar met ongeveer 10 cm water van 22-24 °C; leg daar de turf met de eieren in. Binnen een uur moet u de eerste, zeer kleine jongen al zien; breng die voorzichtig naar een aparte opfokbak. Herhaal het hele proces van ontwateren, labelen en opslaan, en breng de turf later opnieuw in water; en dat alles dan nog een keer. De eieren van killivissen zijn ingericht op het doorstaan van herhaalde uitdroging, en een enkel legsel zal verschillende nesten jonge visjes opleveren.

KWEEKBAK VOOR MUILBROEDERS

De bekendste muilbroeders vinden we onder de cichliden, maar het verschijnsel komt ook bij sommige labyrintvissen en meervallen voor. Muilbroeders produceren weinig eieren, maar verzorgen hun legsel en jongen heel goed; u hoeft er ook geen aparte kweekbak voor in te richten. Ze vragen alleen een hoekje in het aquarium met een substraat om op af te zetten; daarna worden de eieren door een van de ouders opgehapt en in de bek uitgebroed. Dat kan allemaal in het normale aquarium gebeuren, maar u kunt het broedende dier ook overbrengen naar een aparte opfokbak, waarin meer jongen zullen overleven. Neem daarvoor een bak die groot genoeg is voor het ouderdier en de opgroeiende jongen. Er hoeft geen bodemlaag in, maar wel een paar potjes met planten of een paar stenen om tussen te schuilen, dit om stress bij het ouderdier te vermijden. Als de jongen worden vrijgelaten, kan het ouderdier terug in het normale aquarium, en kunt u de jongen in de veilige opfokbak grootbrengen.

BROEDEND OUDERDIER

Omdat muilbroeders in het normale aquarium afzetten, moet u in staat zijn op te merken wanneer een mannetje of vrouwtje (dat verschilt per soort) eieren in de bek heeft; meestal ziet u dat aan de wijd uitgezette bek en keel. Beginners vrezen dan wel eens voor ziekte of verwonding door een gevecht. Tijdens het broeden eet de vis niets, en vaak trekt hij zich op een rustige plaats terug. Maak u geen zorgen als het dier op de eieren lijkt te kauwen; in feite worden ze alleen in de bek verplaatst om ze steeds vers ademwater toe te voeren.

DE VRIJLATING VAN DE JONGEN

De eieren komen in de bek uit en de jongen blijven daar nog een tijd, terend op hun dooierzak, tot ze groot genoeg zijn om voor zichzelf te zorgen. Het ouderdier laat ze dan vrij; de jongen blijven de eerste tijd nog wel in de buurt zwemmen en keren bliksemsnel naar de bek terug als er gevaar dreigt (bijvoorbeeld als een andere vis nadert, die zo'n hapje wel lust, maar ook als u in de bak onderhoudswerkjes gaat doen). De duur van de broedtijd varieert per soort, van enkele dagen tot een week of meer.

Kweekbak voor nestbouwers

In een kweekbak voor nestbouwers moet materiaal aanwezig zijn waar de vissen hun nest van kunnen bouwen. Soms is het nest een ingewikkeld bouwwerk van plantendelen, zoals bij stekelbaarzen, of een drijvende bellenmassa zoals het schuimnest van labyrintvissen, dat verankerd wordt aan een plantenblad (of een plaatje schuimplastic). Het nest kan ook uitgegraven zijn in het substraat (zoals bij veel cichliden). De hieronder afgebeelde bak is vooral geschikt om er schuimnestbouwers in te huisvesten. De grootte moet passen bij de te kweken vissen; voor kleine soorten is een bakje van 50 x 25 x 25 al genoeg. Ga goed na wat de temperatuurgrenzen zijn voor de vissen waarmee u wilt kweken. Bij schuimnestbouwers bewaakt meestal het mannetje het legsel en de jongen. Het vrouwtje moet worden verwijderd, zodat het kan herstellen van de inspanning die de ei-afzetting vergt; anders wordt het aangevallen door het overactieve mannetje.

Kweekbak voor schuimnestbouwers

de ouders omklemmen elkaar bij de ei-afzetting onder het schuimnest

dichte bossen planten bieden het vrouwtje schuilplaatsen

In een schoon aquarium met een laag grind zet u een paar dichte bossen fijnbladige planten, die tot de waterspiegel moeten oprijzen zodat het schuimnest eraan kan worden verankerd. Vul de bak met water uit het gewone aquarium van de dieren, en installeer een verwarming. Een filter is overbodig; te sterke waterbeweging vernielt zelfs het nest. Zet eerst het vrouwtje in de bak en laat haar 6-12 uur wennen, voor u het mannetje erbij zet. Breng ook een goed sluitende dekruit aan.

Het bewaken van het nest

Schuimnestbouwers hebben meer hulp van de aquariumhouder nodig dan vissen die hun nest op de bodem aanleggen, want het legsel grenst hier aan een levensvijandig milieu (de lucht). Het nest wordt bewaakt door het mannetje, dat gedurig verse belletjes aanmaakt om de geknapte te vervangen. Er moet een goed sluitende dekruit zijn, om koude tocht bij het nest te voorkomen. Ook de larven worden bewaakt, tot ze vrijzwemmen. Haal de dekruit niet weg; de lucht boven water moet zeer vochtig blijven, anders vatten de jongen kou en gaan ze dood.

KWEEKBAK VOOR LEVENDBARENDEN

Sommige levendbarenden laten hun jongen met rust, maar vaak zijn de jongen toch niet veilig voor hun ouders. U kunt veel drijfgroen en fijnbladige planten zoals Javamos in de bak te zetten, zodat de jongen kunnen wegvluchten. Er zijn ook broedzeefjes te koop, waar u het moederdier in kunt zetten; de jongen zijn dan beter beschermd, maar het vrouwtje heeft veel te weinig ruimte, behalve bij de allerkleinste soorten. Een gaasafscheiding (zoals in de kweekbak voor vrijleggers op p. 240) is dan beter. De beste resultaten bereikt u echter met een V-vormig compartiment tussen glazen ruiten; dan hebben de jongen en de moeder voldoende ruimte. Als alle jongen geboren zijn haalt u de moeder en de glasplaatjes weg; de bak dient dan verder als opfokbak. Hij moet groot genoeg zijn voor het hele nest; meestal zal een bakje van 50 x 25 x 25 cm toereikend zijn. De watertemperatuur moet gelijk zijn aan die in de bak van de ouders.

V-VORMIGE GAASAFSCHEIDING

Voor een serieuze kweekpoging is het nuttig een speciaal aquarium in te richten. In dit ontwerp zijn twee glasplaatjes schuin in de bak gezet, in een V-vorm; ze rusten in gleufjes op twee blokjes, zodat er een smalle opening bij de bodem overblijft waar de jongen doorheen vallen. Installeer een verwarming, een luchtgedreven sponsfiltertje en breng een dekruit aan.

EEN BAK MET EEN BROEDZEEF

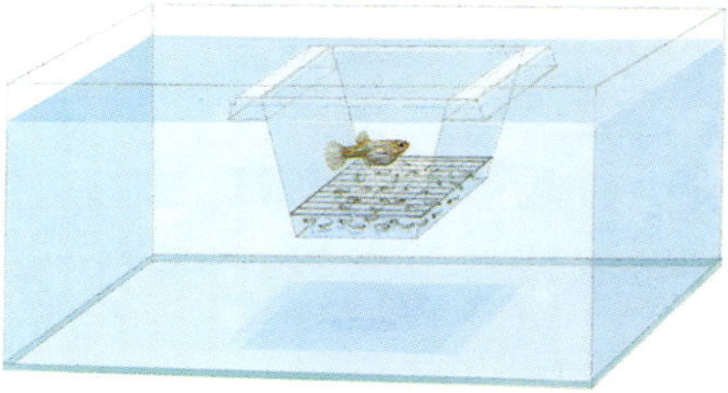

Broedzeefjes zijn bruikbaar voor zeer kleine soorten. Hier is een drijvend model afgebeeld, met talrijke sleuven waar de jongen veilig door vallen. Vul de bak met water uit de bak van de ouders; installeer een verwarming, een sponsfiltertje en breng een dekruit aan. Zijn alle jongen geboren, haal dan de moeder weg; de bak dient dan verder als opfokbak.

DE GEBOORTE VAN EEN JONG

In het gewone aquarium zoeken vrouwtjes van levendbarenden vaak een rustig plekje tussen de planten, om hun jongen ter wereld te brengen. Tussen fijnbladige planten en drijfgroen (bijv. *Riccia*) vinden de jongen wel wat bescherming, maar vele zullen onvermijdelijk ten prooi vallen aan grotere vissen in de bak. De grootte van een worp varieert aanzienlijk; sommige soorten produceren maar een paar jongen, andere hebben grote nesten van zeer kleine jongen. Hoe groter de jongen bij de geboorte zijn, des te meer kans hebben ze te overleven.

COMMERCIËLE KWEEK

De aquariumhouderij is al jaren onverminderd populair, dus heeft ook de handel zich er op geworpen; en met groot succes. In veel ontwikkelingslanden is de commerciële kweek van zee- en zoetwatervissen voor de hobby nu een economisch belangrijke bedrijfstak; en de natuur- en milieubescherming in die landen profiteert daarvan mee. Sommige soorten kan men nog steeds niet of nauwelijks in gevangenschap kweken, en daarvan bereiken ons dus alleen wildvang-exemplaren; de Kardinaaltetra is een goed voorbeeld. Men houdt zich tegenwoordig zorgvuldig aan vangstbeperkingen, om de wilde populaties in stand te houden. Sommige kwetsbare soorten, vooral zeevissen, worden actief beschermd via een fokprogramma. De methoden bij het verzamelen, acclimatiseren en op grote schaal kweken van vissen worden nog elk jaar verbeterd, zodat er in de handel een groeiend aanbod is van kerngezonde, goed geacclimatiseerde nakweekdieren.

VISKWEKERIJEN

Veel zoetwatervissen, zowel uit tropische als koele wateren, worden op commerciële schaal gekweekt, en ook steeds meer zeevissen worden op die wijze vermenigvuldigd. Kwekerijen voor aquarium- en vijvervissen zijn haast in ieder land te vinden; de voornaamste centra zijn Singapore, Hong Kong, Maleisië, Zuid-Afrika, Sri Lanka, Israël en de Verenigde Staten (Florida!). Voor veel Derde-Wereldlanden is de export van tropische dieren nu een belangrijke bron van inkomsten, en om die lucratieve bron niet te laten opdrogen hebben veel exporteurs naast vangstations ook eigen kweekprogramma's opgezet, om de handel goed te kunnen bevoorraden. De marktprijzen voor gezonde tropische vissen zijn zo gunstig dat zelfs in koele gebieden kwekerijen zijn opgericht, met name in Polen en Tsjechië; ondanks de extra verwarmingskosten kunnen deze kwekers toch concurrerend op de markt opereren. Koudwatervissen zoals goudvissen en de veel grotere, daarom vaker in een vijver gehouden Koi-karpers worden ook overal ter wereld in grote aantallen geproduceerd.

De meeste kwekerijen zijn in bepaalde visgroepen gespecialiseerd, zoals labyrintvissen of levendbarenden. Sommige werken met een enkele soort, zoals de Gup, en brengen daarvan steeds weer nieuwe kweekvariëteiten in de handel, met uiteenlopende kleuren, romp- en vinvormen. Andere kwekerijen houden zich vooral bezig met eenjarige 'seizoenvissen', zodat ook die het hele jaar door leverbaar zijn.

Commerciële viskwekerijen zijn soms grote, zelfstandige maatschappijen, maar er zijn ook veel vangstations met bescheiden kweekfaciliteiten onder. De vissen worden daarvandaan eerst naar de grote exportcentra vervoerd, aldaar verpakt en naar het buitenland verzonden.

KWEEKVARIËTEITEN

In de aquariumhandel worden steeds weer nieuwe rassen aangeboden, want de klant vraagt er om. Door eeuwenlange selectie is bij goudvissen zo een breed assortiment van vormen ontstaan. Van tropische soorten zijn kleurvormen zoals de Rode Oscar geproduceerd en door verdere selectie ook vormen met grote vinnen, zoals sluierdanio's. Daar wordt goed aan verdiend, maar de vissen zijn er misschien minder gelukkig mee. Veel mensen vinden het wreed om vissen te fokken die door hun zware vinnenstelsel amper meer kunnen zwemmen, maar er zijn er ook die zulke bizarre kweekvormen prachtig vinden. Extreem doorgefokte vissen zijn ook meestal minder sterk dan de wilde vorm en worden dus vaker ziek.

Een andere praktijk die weerstand oproept is het toedienen van kleurinjecties aan vissen. Het bekendste voorbeeld is de Glasbaars (*Chanda ranga* en verwanten), die soms wordt volgespoten met fluorescerende verf om het doorzichtige lichaam als een regenboog te laten glinsteren. Ook daar zijn liefhebbers voor, maar de gevolgen voor de gezondheid van de vis zijn onbekend. Een bonafide handelaar zal zulke producten niet verkopen.

Mooi of lelijk? De een houdt van kweekproducten zoals deze Suihogon of Blaasoog-goudvissen, de ander verafschuwt ze. Deze vissen vragen extra zorg, zodat de uiterst tere oogzakken niet beschadigd raken.

BESCHERMDE SOORTEN

Door CITES (Convention on the International Trade in Endangered Species) is de handel in een flink aantal soorten verboden, al zijn de beperkingen deels weer opgeheven. Zo wordt de Indische beentongvis (*Scleropages formosus*) tegenwoordig in het Verre Oosten commercieel gekweekt en zijn nakweekdieren vrijgegeven voor export; er wordt een chip bij de vis aangebracht en er gaat een kweekcertificaat bij.

In het belang van de natuurbescherming is ook veel bereikt met het in gevangenschap kweken van bedreigde zeevissen, met name bij zeepaardjes. Veel dierentuinen en publieke aquaria hebben zelf kweekprogramma's opgezet, soms in samenwerking met ervaren amateurs, om bedreigde soorten in stand te houden. Het doel kan zijn de vissen (steeds in kleine aantallen) terug te zetten in de natuur, of alleen soorten te behouden waarvan de natuurlijke leefomgeving door de mens of door natuurrampen is verwoest. Initiatieven om een eind te maken aan de soms zeer grove visserijmethoden, waaronder het gebruik van cyaankali op koraalriffen, hebben ook bijgedragen aan de doelstellingen van de natuurbescherming. De aquariumbranche speelt zijn eigen rol, door reclame te maken voor het thuis nakweken van vissen en planten, en door steun aan onderzoek naar de instandhouding van wilde soorten.

Een enorm showaquarium in Monterrey (Californië). Publieke aquaria steunen de natuurbescherming door eigen kweekprogramma's en door begrip te kweken voor de wijze waarop dieren leven en van elkaar afhankelijk zijn.

Register van soortnamen

Voor niet-afgebeelde plantensoorten zie het zakenregister (p. 252 e.v.).

Acanthurus leucosternon 130
Acetabularia spp. 156
Actinia equina 154
Adoniszalmpje 45
Algeneter, Siamese 71
Amazone-zwaardplant, Brede 107
Amphiprion clarkii 114
Amphiprion ocellaris 115
Anableps spp. 94
Ancistrus spp. 40
Anemoon, Gewone 154
Anemoonvis, Clarks 114
Antennemeerval, Gevlekte 43
Anthias squamipinnis 137
Anubias nana 106
Aphyosemion australe 76
Aplocheilus lineatus 77
Aplysia spp. 153
Aplysia dactylomela 153
Aponogeton rigidifolius 104
Archocentrus spilurus 56
Argusvis, Gewone 99
Arius seemani 95
Arnoldichthys spilopterus 44
Aspidontus lineatus 135
Asterias rubens 155
Astronotus ocellatus 56
Astyanax fasciatus mexicanus 51
Ayamaru-regenboogvis 85
Baardmeerval 40
Bacopa caroliniana 109
Bacopa, Grote 109
Balantiocheilus melanopterus 70
Balistoides conspicillum 132
Barbus filamentosus 62
Barbus gelius 63
Barbus oligolepis 63
Barbus schwanefeldi 64
Barbus tetrazona 65
Barbus titteya 64
Barclaya longifolia 104
Betta splendens 34
Bijlzalm, Gemarmerde 48
-, Gestippelde 48
Bijouterie-lipvis, Valse 134
Bittervoorn 92
Bloedvlektetra 47
Botervis 149
Botia sidthimunki 74
Brachirus salinarum 100
Brachydanio albolineatus 66
Brachydanio rerio 66
Brachygobius xanthozona 96
Breedvintandkarper 99
Brochis splendens 38
Cabomba caroliniana 109
Cabomba, Gewone 109
Calloplesiops altivelis 136
Carassius auratus 90
Carnegiella strigata 48
Caulerpa prolifera 156
Celebes-zeilvis 95
Centropyge argi 122
Centropyge bicolor 122
Centropyge bispinosus 123
Centropyge eibli 123
Chaetodon auriga 124
Chaetodon chrysurus 125
Chaetodon collare 125
Chaetodon melanotus 126
Chanda ranga 96
Chelmon rostratus 126
Chelonodon nigroviridis 100
Chilodus punctatus 51
Chocoladegoerami 35
Chromileptis altivelis 137
Chromis cyanea 117
Chrysiptera parasema 117
Citroencichlide 59
Citroentetra 47
Cobitis taenia 89
Codiacea spp. 157
Colisa lalia 35
Congozalm 45
Coris gaimard 134
Coris julis 149
Corydoras barbatus 39
Corydoras paleatus 39
Cottus gobio 89
Crangon spp. 155
Crenicara filamentosa 54
Crossocheilus siamensis 70
Cryptocoryne wendtii 106
Daffodil 58
Dambordcichlide 54
Danio aequipinnatus 67
Danio, Chinese 67
Dardanus megistos 151
Dascyllus aruanus 118

Dascyllus carneus 118
Dascyllus melanurus 118
Dascyllus trimaculatus 119
Dermogenys pusillus 98
Diamantgoerami 37
Diamantzalm 47
Discusvis 57
Drieband-anemoonvis 115
Dwergbarbeel 63
Dwergbotia 74
Dwerggoerami 35
Dwergharnasmeerval 41
Dwergkeizersvis, Blauwe 122
-, Blauwgele 122
-, Eibl's 123
-, Gestreepte 123
Dwergrasbora 69
Dwergspeerblad 106
Dwergtandkarper 79
Dwergzwaardplant 107
Echinodorus bleheri 107
Echinodorus tenellus 107
Ecsenius midas 138
Eilandbarbeel 63
Enneacanthus chaetodon 88
Epalzeorhynchus bicolor 71
Forcipiger longirostris 127
Fromia monilis 152
Gambusia affinis 78
Garnalen 155
Gasteropelecus maculatus 48
Gasteropelecus sternicla 48
Gasterosteus aculeatus 93
Geelbandgrondel 96
Geelmasker-keizersvis 209
Glasbaars 96
Glasmeerval, Indische 43
Glossolepis incisus 84
Gobius niger 148
Goerami, Getipte 36
Gomphosus varius 135
Gouddanio 66
Goudstaartjuffertje 117
Goudvis 90
Gramma loreto 140
Grondbarbeel, Siamese 70
Grondel, Gestippelde 97
-, Zwarte 148
Gup 80
Gymnocephalus cernuus 93
Gyrinocheilus aymonieri 71
Haaibarbeel 70
Haaimeerval 95
Halfsnavelbekje 98
Helostoma temminckii 37
Hemigrammus erythrozonus 46
Hemigrammus pulcher 46
Heniochus acuminatus 127
Heremietkrab, Rode 151
Hertogsvis 120
Heteractis malu 151
Heterandria formosa 79
Hippocampus kuda 143
Hippolyte spp. 155
Holacanthus tricolor 120
Holenzalm, Blinde 51
Hygrophila corymbosa 109
Hypancistrus zebra 40
Hyphessobrycon erythrostigma 47
Hyphessobrycon pulchripinnis 47
Hypostomus plecostomus 41
Iriatherina werneri 85
Jack-in-the-box 141
Jadeoog-zebracichlide 56
Javavaren 107
Juffertje, Azuren 119
-, Fluwelen 119
-, Javaans 116
Julidochromis dickfeldi 58
Kaap Lopez 76
Kalkwieren 157
Karbonkelzalm 46
Kardinaaltetra 47
Kegelvlekbarbeel 68
Keizertetra 47
Kempvis, Siamese 34
Kersenbuikcichlide 55
Knipstaart, Grote 68
Koekoeksmeerval 42
Kogelvis, Groene 100
Koningsgramma 140
Koningsvis 121
Kopstaander, Gestippelde 51
Koraalduivel, Gewone 142
Koraalgrondel, Dall's 140
Koranvis 121
Kryptopterus bicirrhis 43
Kuda-zeepaardje 143
Kussenster, Oranje 152
Labeotropheus trewavasae 60
Labidochromis caeruleus 60
Labroides dimidiatus 135
Lactoria cornuta 142
Lamprologus sp. 'Daffodil' 58
Langhoorn-koffervis 142
Lepadogaster candollei 148
Lepidarchus adonis 45
Limia melanogaster 79

Lipophrys pholis 146
Lipviscichlide, Blauwe 58
Luipaard-trekkervis 132
Lysmata amboinensis 152
Lythripnus dalli 140
Maanvis, Gewone 57
Malabardanio 67
Mandarijn-pitvis 139
Markiezinnetje 118
Meerval, Rugzwemmende 42
Melanochromis johanni 61
Melanotaenia boesemani 85
Microsorium pteropus 107
Midas-kamtandslijmvis 138
Misgurnus anguillicaudatus 75
Modderkruiper, Indische 75
-, Kleine 89
Moenkhausia pittieri 47
Molly 81
Monodactylus argenteus 98
Mosselplant 105
Muskietenvisje 78
Nannobryçon eques 49
Nannostomus beckfordi 49
Nemateleotris magnifica 141
Nematobrycon palmeri 47
Neolamprologus brevis 59
Neolamprologus leleupi 59
Neontetra 47
Nothobranchius palmqvisti 77
Notropis lutrensis 92
Odonus niger 133
Oogvlek-koraalvlinder 124
Opisthognathus aurifrons 141
Oscar, Rode 56
Otocinclus affinis 41
Oxycirrhites typus 139
Paarden-anemoon 154
Palaemon spp. 155
Palet-doktersvis 131
Panchax, Gestreepte 77
Pangio kuhli 75
Panterbaars 137
Pantsermeerval, Bruine 39
-, Gevlekte 39
Papiliochromis ramirezi 55
Parablennius gattorugine 147
Paracanthurus hepatus 131
Paracheirodon axelrodi 47
Paracheirodon innesi 47
Paraglyphidodon oxyodon 116
Parapluutjeswier 156
Pauwoogcichlide 56
Pelvicachromis pulcher 55
Pencillus capitatus 157
Penseelvisje 49
Periophthalmus spp. 97
Phenacogrammus interruptus 45
Pholis gunnellus 149
Picasso-trekkervis 133
Pimelodus pictus 43
Pincetvis 126
Piranha, Rode 50
Pistia stratiotes 105
Platy, Bonte 83
Poecilia latipinna 99
Poecilia reticulata 80
Poecilia sphenops 81
Poecilia velifera 81
Poetsgarnaal, Molukse 152
Poetslipvis, Gewone 135
Poetsvis, Valse 135
Pomacanthus annularis 121
Pomacanthus semicirculatus 121
Pomacanthus xanthometopon 209
Pomacentrus caeruleus 119
Pos 93
Potloodvisje, Gewoon 49
Prachtbarbeel, Ceylonese 62
Premnas biaculeatus 115
Pseudocolochirus axiologus 153
Pseudotropheus estherae 61
Pseudotropheus livingstonii 61
Pseudotropheus zebra 61
Pterois volitans 142
Pterophyllum scalare 57
Pyjama-kardinaalbaars 138
Ramirezi 55
Rasbora caudimaculata 68
Rasbora heteromorpha 68
Rasbora maculata 69
Rasbora pauciperforata 69
Regenbooglipvis 149
Regenboogvis, Rode 84
-, Werners 85
Rhinecanthus aculeatus 133
Rhodeus spp. 92
Rhodophyceae spp. 157
Rifbaars, Blauwe 117
Rifwachter 136
Rivierdonderpad 89
Roodborst-glansvoorn 92
Roodoogzalm, Arnolds 44
Roodtand-trekkervis 133
Roodvin-zilverbarbeel 64
Roodwieren 157
Rotala, Rode 109
Rotala macrandra 109

Sabellastarte spp. 150
Salvinia auriculata 105
Scatophagus argus 99
Scheerkwast, Neptunus' 157
Schijfbaars 88
Schuttervis 101
Semotilis atromaculatus 221
Serrasalmus nattereri 50
Sherrybarbeel 64
Siganus vulpinus 143
Slakcichlide, Gedrongen 59
Slijkspringer 97
Slijmvis, Gehoornde 147
-, Gewone 146
Smaragdpantsermeerval 38
Snavellipvis, Groene 135
Sphaeramia nematoptera 138
Sphaerichthys osphromenoides 35
Spiegelplaty 83
Spinachia spinachia 147
Spitssnuit-koraalklimmer 139
Spitssnuit-pincetvis 127
Stekel-anemoonvis 115
Stekelbaars, Driedoornige 93
Stigmatogobius sadanundio 97
Sumatraantje 65
Symbiose-anemoon, Paarse 151
Symphysodon spp. 57
Synchiropus splendidus 139
Synodontis multipunctatus 42
Synodontis nigriventris 42
Tanichthys albonubes 67
Telmatherina ladigesi 95
Toxotes jaculatrix 101
Trichogaster leeri 37
Trichogaster trichopterus 36
Tweevlak-koraalvlinder 125
Urticina crassicornis 154
Urticina felina 154
Vallisneria spiralis 107
Vallisneria 107
Valonia ventricosa 157
Vieroogvis 94
Viltkokerworm 150
Vlagbaars, Rode 137
Vlotvaren, Geoorde 105
Vossenkopvis, Gele 143
Vuurneon 46
Vuurpijlvis 141
Vuurstaartlabeo 71
Vuurstreep-rasbora 69
Weeraal, Chinese 75
Wimpelvis, Gewone 127
Witborst-doktersvis 130
Witkraag-koraalvlinder 125
Witstaartjuffertje 118
Xiphophorus helleri 82
Xiphophorus maculatus 83
Xiphophorus variatus 83
Zebrabarbeel 66
Zebrameerval 40
Zebrasoma flavescens 131
Zeeanemonen 154
Zeeappel 153
Zeedahlia 154
Zeehaas 153
Zeemansogen 157
Zeestekelbaars 147
Zeester, Gewone 155
Zeesterren 155
Zeilvin-doktersvis, Gele 131
Zeilvintandkarper 81
Zilverbijlzalm 48
Zilverbladvis 98
Zoengoerami 37
Zoutpannentong 100
Zuigmeerval, Gewone 41
Zwaarddrager 82
Zwartbuiklimia 79
Zwartrug-koraalvlinder 126
Zwartstaartjuffertje 118

ZAKENREGISTER

A

aankoop van vissen 206-209
Aarfonteinkruid, Gekroesd 104
-, Golfbladig 104
aarsvin 20
accessoires 174-175
acclimatiseren 211
achterwand 175
acrylglas 162
ademhaling 23
afzetmop 241
Aglaonema simplex 107
agressie 211
algen, mariene 156-157
Alternanthera reineckii 'Rosaefolia' 108
Amazone-zwaardplant, Brede 107
Ammania senegalensis 108
ammonia 27
anemoonvissen 114-115
ankerwormen 230
anatomie 15
Aponogeton boivinianus 104
Aponogeton crispus 104
Aponogeton madagascariensis 104
Aponogeton ulvaceus 104
Aponogeton undulatus 104
apparatuur
  brakwater-aquarium 192, 194-195
  koudwateraquarium 190-191
  rifaquarium 198-199
  Riftvallei-aquarium 188-189
  zachtwaterbak 186-187
  zeeaquarium 193, 196-197
  zoetwateraquarium 180-185
aquaristiek, historie 9-13
aquarium
  benodigdheden 174-175
  brakwater 173
  constructie 162
  decoratie 174-175
  dekruit 162
  lichtkap 162
  onderhoud 217
  onderstel 162-163
  ontwerp 179
  plantenmest 106
  quarantainebak 229
  rijping 204
  zeewater 173
  zoetwater 173
aquariumhandel 206-207
aquariumvereniging 206-207
Argulus 231
Artemia-nauplien 223-224

B

baarddraden 25
baltsrituelen 237
basisch water 214
beenplaten 18
Belgisch blad 108, 109
beschermde soorten 247
binnenfilter 166-167
bodemfilter 167
bodemleggers, kweekbak voor 242
Bolbitis heudelotii 107
borstvin 21
bovenstandige bek 17
brakwater-aquaria 173
  inrichting 192, 194-195
brakwaterplanten 109
brakwatervissen 94-101
buikvin 21
buitenfilter 164-165V

C

Cactuswier 157
Caulerpa peltata 157
Caulerpa pinnata 157
Caulerpa racemosa 157
Caulerpa scalpelliformis 157
Caulerpa sertularioides 157
Caulerpa taxifolia 157
Ceratophyllum spp. 105, 108, 109
Ceratophyllum demersum 109
Ceratopteris cornuta 105
Ceratopteris thalictroides 105
cichliden 54-61
Cognacplant 108
compatibiliteit 208
condensatierooster 171
Congovaren 107
constipatie 230
constructie van aquaria 162
Cryptocoryne affinis 107
Cryptocoryne balansae 107
Cryptocoryne ciliata 107, 109
Cryptocoryne crispatula 107
Cryptocoryne nevilli 107
ctenoïdschubben 18
cycloïdschubben 18

D

Dactylogyrus 231
darmparasieten 232
decoratiemateriaal 174-175
  brakwaterbak 192, 194-195
  koudwaterbak 190-191
  rifaquarium 198-199
  Riftvallei-aquarium 188-189
  zachtwaterbak 186-187
  zeeaquaria 193, 196-197
  zoetwaterbak 180-181, 184-185
dekruit 162
Didiplis diandra 108
dieet 220, 236, 237
diepte zien 24
diepvriesvoer 222
doosfilter 166
droogvoer 222
drijfplanten 105
Dwergcrypto 107
Dwergpijlkruid 107, 109
Dwergzwaardplant 109

E

Echinodorus bleheri 107
Echinodorus major 107
Echinodorus martii 107
Echinodorus tenellus 109
Egeria densa 108, 109
ei-afzetting 236-238, 242
  afzetmop 241
eieren, uitkomen van 239

Eikenbladvaren 105
eindstandige bek 17
eiwitafschuimer 167
elektrische organen 26
Elodea canadensis 108, 109
enchytreeën 224
euthanasie 229
evenwichtszin 25
evolutie van vissen 15
Exophthalmia 232

F

soortfilters
binnenfilters 166-167
buitenfilters 164-165
historie 11
motorgedreven 164
filterslangen 179
filterzand 165, 172V

G

ganoïdschubben 18
garnalen 152, 155
gedrag observeren 212
gehoor 15, 25
geluiden bij vissen 26
geurzin 25
gezichtsvermogen 24
gezondheidszorg 228-233
glas 162
gloeilampen 171
grind 172, 179

H

Halimeda opuntia 157
Halymenia spp. 157
Hamerslag-aarfonteinkruid 104
Heteranthera zosterifolia 108
Hexamitiasis 232
Hoornblad 105, 108, 109
Hoornblad, Grof 109
hospitaalbakje 229
hout 174, 179
huid 18-19
huidslijmcatarrh 233
Hygrophila difformis 108
Hygrophila polysperma 108, 109
Hygrophila salicifolia 108

I

Ichthyophthirius 233
informatiebronnen 206
installatie 178-179
brakwater-aquaria 192, 194-195
koudwaterbak 190-191
rifaquarium 198-199
Riftvallei-aquarium 188-189
zachtwaterbak 186-187
zeeaquarium 193, 196-197
zoetwateraquarium 184-185
instinct 24-26
inzetten van vissen 204-205, 210-211

J

Javamos 105, 109
Javavaren 109
jonge vissen, geschiktheid van 209
juffertjes 116-119

K

kannibalisme bij jongen 239
karperachtigen 62-71
karperzalmen 44-51
keizersvissen 120-123
kienhout 174
kieuwwormen 231
killivissen 76-77
kleuren van vissen 19
knolgewassen 104
koelapparatuur 169
kop-en-zijlijnerosie 232
kopgatenziekte 232
koraalvlinders 124-127
koraalzand 172
koralen 175
koudwateraquarium 205
inrichting 190-191
visbezetting 205
koudwaterplanten 109
koudwatervissen 88-93
kroos 105
kweek 240-245
commerciële kweek 246-247
selectieve kweek 13
territoriaal gedrag 26
kweekbak 240-245
kweekconditie 236
kweekstel, selectie van 236
kweekvariëteiten 237

L

labyrintorgaan 23
labyrintvissen 34-37
legsel, uitkomen van 239
leidingwater 216
Lernaea 230
levendbarenden 78-83
kweekbak 245
levend voer 223
lichaamstemperatuur 22
lichaamsvloeistoffen 22
lichaamsvorm 16
lichtgevende organen 19
lichtkap 162
Limnophila aquatica 108
lipvissen 134-135
luchtpomp 168
Ludwigia mullertii 108
Ludwigia repens 108

M

Madagascar-gaasplant 104
meervallen 38-43
membraanpomp 168
Microsorium pteropus 109
migratie over land 34
modderkruipers 74-75
mondbouw 17
muggenlarven 223
muilbroeders, kweekbak voor 243
Myriophyllum aquaticum 108
mysisgarnaaltjes 222

N

natuurlijk voedsel 220
nestbouwers, kweekbak voor 244
nitraat 27
nitriet 27, 216
Nymphaea maculata 104
Nymphaea stellata 104

O

oecosysteem 27
onderhoud

van apparatuur 175
van aquaria 217
onderstandige bek 17
onderstel 162-163
ondervoeding 225
ongewervelden
tropische 150-153
uit koud water 154-155
oogvlekken 19
opfok van jongbroed 239
Orgaan van Weber 25

P

Papegaaienblad, Rood 108
parasieten 230-233
pekelkreeftjes 223-224
peperstip *zie* zandstip
pH-waarde 214
planten
algen 196-199
brak water 192, 194-195
knolgewassen 104
koud water 190-191
plastic 175
rozetplanten 106-107
stekken 108
stengelplanten 108-109
zacht water 186-187
zeewater 196-197
zoet water 182, 184-185, 188-189
plantenmest 106
plastic planten 175
Pijlkruid, Groot 107, 109

Q

quarantaine 211
quarantainebak 229

R

regenboogvissen 84-85
Reuzenambulia 108
Riccia fluitans 105
rifaquarium, inrichting 198-199
Riftvallei-aquarium, inrichting 188-189
rotspartij 174, 179
rozetplanten 106-107
rugvin 20
rijping van aquaria 204

S

Sagittaria platyphylla 107, 109
Sagittaria subulata 107, 109
schelpen 175
schimmelinfecties 231
Schroefvallisneria 107, 109
schubben 18-19
schubbenruigte 230
schuimnest 244
selectie van vissen 207
selectieve kweek 13
siliconenkit 162, 179
slaap 23
snuitvormen 17
soortelijk gewicht 215
sponsfilter 166
spotlight 171
sproeibuis 179
sproeifilter 165
staartvin 21
steenwol 106
stekken 108
stenen 174
stengelplanten 108-109
Sterkruid, Zeegrasbladig 108
Sterwaterlelie 104
stikstofcyclus 27
substraat 172, 179
substraatleggers, kweekbak voor 241
Sumatravaren 105

T

tanden 17
tastzin 25
temperatuur, regulatie 22
territoriumgedrag 26, 211
terughevelen van water 163
thermometer 169
thermostaat 169, 179
tl-buizen 171
transport van vissen 210
tropisch zoetwater-aquarium 184-185
visbezetting 205
tuin als voedselbron 223
turf 242
Tijgerlotus 104

U

uitpuilend oog 232
uitstulpbare bek 17
uitvangen van vis 213
UV-sterilisator 165

V

Vaantjesplant 108
valfilter 165
Vallisneria, Gewone 109
Vallisneria spiralis 109
Vallisneria tortifolia 107, 109
vangklok 213
vangnet 213
Vederkruid, Braziliaans 108
veilingen 206-207
verlichting 170-171
historie 9
vervoer van vissen 210
verwarming 169
historie 10-11
installatie 179
verzorgingseisen 109-210
Vesicularia dubyana 105, 109
vetvin 20
vinnen 20-21
vinrot 231
visbezetting 10, 205
visbloedzuigers 232
viskwekerijen 246
visluis 231
visziekten 229-233
irritatie door steenwol 106
voedertijd 225
voedsel 225
handelsvoer 222
levend 223
natuurlijk 220
overvoeren 225
zelf maken 222, 223
zie ook dieet
voedseldieren kweken 224
voedselgewoonten 221
volwassen vissen, geschiktheid van 209
vrijleggers, kweekbak voor 240

W

water
basisch 214
eigenschappen 216
hardheid 215
leiding- 216
neutraal 214

pH-waarde 214
terugheveleffect 163
verversing 216
zuurgraad 214
zie ook rijping
waterchemie 216
zie ook aquarium, rijping
Waterlepeltje, Kruipend 108
Waterpest, Argentijnse 108, 109
-, Canadese 108, 109
Waterpostelein, Amerikaanse 108
waterverversing 216
watervlooien 223
Watervorkje 105
witte stip 233
wijnstokken 174

Z

zachtwaterbak, inrichting 186-187
zand 179
filterzand 172
koraalzand 172
zandstip 233
zeeanemonen 151, 154
zeeaquaria
inrichting 193, 196-197
visbezetting 205
watereigenschappen 173
Zeesla-aarfonteinkruid 104
zeesterren 152, 155
zeevissen 114-149
anemoonvissen 114-115
doktersvissen 130
juffertjes 116-119
keizersvissen 120-123
koraalvlinders 124-127
lipvissen 134-135
overige groepen 136-143
trekkervissen 132-133
uit koud water 146-149
zeewieren 156-157
ziekten 228-233
zintuigen 24-26
zoetwateraquaria 180-185
inrichting 190-191, 196-197
watereigenschappen 173
zoetwaterplanten 103-109
drijfplanten 105
knolgewassen 104
rozetplanten 106-107
stengelplanten 108-109
zoetwatervissen 34-93
cichliden 54-61
karperachtigen 62-71
karperzalmen 44-51
killivissen 76-77
koudwatervissen 88-93
labyrintvissen 34-37
levendbarenden 78-83
meervallen 38-43
modderkruipers 74-75
regenboogvissen 84-85
zoutgraad 215
zuigbek 17
zuigerpompen 168
zuurgraad 214
zwemblaas 15
zwemblaasproblemen 233
zijlijnorgaan 19

VERANTWOORDING

De schrijfster dankt de volgende personen: Keith Banister en Brian Walsh, omdat ze altijd openstonden voor vragen en (soms langdurige) discussies over de inhoud van dit boek;
mijn gezin – Mike, Jenny, Elaine en Rowan – omdat ze zich in leven hebben weten te houden terwijl ik met andere dingen bezig was;
tenslotte Tigger, Wiffle en vele anderen (helaas niet allen meer in leven) die al zoveel jaren mijn belangstelling voor vissen hebben gaande gehouden, en niet te vergeten ook Vlad, die mij gezelschap hield in de kleine uurtjes.

Dorling Kindersley (de oorspronkelijk uitgever) dankt Frank Greenaway van de afdeling fotografie van het Natural History Museum voor zijn grenzenloze creativiteit en zijn geduld bij de inrichting, het onderhoud en het op de gevoelige plaat vastleggen van de voorbeeldaquaria op de pagina's 151b, 156b, 184-185, 186-187, 188-189, 190-191, 194-195, 196-197, 198-199. Voorts Jason Rainbow en James McKeown van het Syon Park Aquatic Centre voor het ter beschikking stellen van vissen en apparatuur; Robin James van het Weymouth Sealife Centre voor zijn adviezen en hulp; en Margaret MacCormack voor het samenstelling van de registers.

FOTOVERANTWOORDING

Dank is verder verschuldigd aan de volgende personen, voor hun toestemming foto's in dit boek te publiceren, zoals hieronder opgegeven. (Afkortingen: b = boven, l = links, m = midden, o = onder, r = rechts.)

Ardea London Ltd 11b; P. Morris 93o, 148o; Biofotos 231 mo; Biophoto Associates 105r, 157lb, 157lo; Bruce Coleman Ltd: Franco Banfi 115o, Jane Burton 221o, Kevin Cullimore 12-13, Andrew J. Purcell 16ro, 146, 147o, 148b, 149, Hans Reinhard 89b, Kim Taylor 101o, Nick Dakin 163, R.K. Doyle 60r, 61rb; Fisheries Western Australia 231o, 233b; JPH Foto: Michael Jensen 208, 220, 232mo; Frank Lane Picture Agency: Gerard Lacz 50o, F.W. Lane 18mr, Linda Lewis 118b, 218-219, 237b, 238b; B. James 104l; Natural Science Photos: Hal Beral 134, David B. Fleetham 139o; N.H.P.A.: A.N.T. 84, 85b, G.J. Cambridge 154, Nigel J. Dennis 246, Gerard Lacz 108lb, 228, Trevor McDonald 204, B. Jones & M. Shimlock 153b, Norbert Wu 211; Oxford Scientific Films: Kathie Atkinson 151o, George I. Bernard 232mb, Max Gibbs 1, 4, 9, 11o, 13b, 17ro, 21mr, 39b, 40o, 41b, 49l, 52-53, 54, 55o, 57b, 61lb, 70o, 72-73, 75o, 77o, 79o, 80o, 81o, 82b, 86-87, 91mr, 94, 96b, 97, 100b, 101b, 114, 125b, 128-129, 130, 131b, 135b, 137o, 138, 140o, 141o, 142b, 143o, 144-145, 158-159, 176-177, 202-203, 207, 209, 212, 226-227, 230, 231b, 231mb, 232b, 233mb, 233o, 234-235, 237o, 238o, 239b, 243o, 244o, 245o, 247b, Howard Hall 153o, Richard Herrman 247o, Paul Kay 150, 155, Breck P. Kent 221b, Rudie H. Kuiter 152b, Zyg Leszcynski 123o, 156l, Hans Reinhard 89o, K.G. Vock 58o; Photomax: 2, 6-7, 8, 14, 30-31, 32-33, 91lb, 91ro, 110-111, 112-113, 157rb, 157ro, 160-161, 170-171, 200-201, 206; Photos Horticultural: Michael & Lois Warren 105l; Planet Eurth Pictures: Vaughan Bean 125o, Gary Bell 126b, 141b, Georgette Dounma 135o, Chris Huxley 243b, Ken Lucas 61lo, Paulo Oliveira 232o, 236, 239o, Linda Pitkin 152o, Carl Roessler 127b; Mike Sandford: 10, 16lb, 16ml, 16mr, 16rb, 17mr, 18lb, 18lo, 20ml, 20mr, 21lb, 21ml, 21rb, 25, 35o, 36b, 36ro, 37b, 37ro, 39o, 40b, 42b, 43lo, 43b, 44-45, 46l, 47lb, 47lo, 47mr, 47ro, 48, 51b, 56b, 57o, 59, 60l, 61ro, 62, 64, 66o, 67b, 68o, 69b, 71o, 74, 77b, 79b, 81b, 83b, 83rb, 85o, 88, 91ml, 92b, 93b, 95, 96o, 99, 100o, 102-103, 104r, 121, 122o, 132-133, 136, 137b, 139b, 140b; Tetra: Dr Pool 233mo; Jerry Young: 3, 16ml, 17rb, 19o, 20lo, 21lo, 22, 28lo, 28ro, 29, 34, 37lo, 41o, 43ro, 50b, 51o, 55b, 58b, 65b, 76, 80b, 83lb, 91lo, 91rb, 92o, 115b, 116, 117b, 118o, 119, 120, 122b, 123b, 124, 126o, 131o, 142o, 147b, 168m, 169.

Illustraties van: Kuo Kang Chen 15, 23, 24, 27, 164-165, 166-167, 168o, 224; Carl Ellis 205, 240-241, 242, 244b, 245b.